二战经典战役（二）

《时刻关注》编委会·编

中国铁道出版社有限公司
CHINA RAILWAY PUBLISHING HOUSE CO., LTD.

图书在版编目（CIP）数据

二战经典战役.二/《时刻关注》编委会编.—北京：
中国铁道出版社，2017.1（2022.1重印）
ISBN 978-7-113-22263-5

Ⅰ.①二…Ⅱ.①时…Ⅲ.①第二次世界大战战役－史料
Ⅳ.①E195.2

中国版本图书馆CIP数据核字（2016）第199391号

书　　名：二战经典战役（二）

作　　者：《时刻关注》编委会

责任编辑：田　军　刘建玮　　　　电　　话：（010）51873005

装帧设计：艺海晴空

责任印制：赵星辰

出版发行：中国铁道出版社有限公司（北京市西城区右安门西街8号　邮编100054）

印　　刷：永清县晔盛亚胶印有限公司

版　　次：2017年1月第1版　　　2022年1月第2次印刷

开　　本：787mm×1092mm　1/16　印张：18　字数：450千

书　　号：ISBN 978-7-113-22263-5

定　　价：69.80元

　　20 世纪的历史，可以说是一部战争史。两次世界大战均发生在这个世纪，而且空前惨烈，对人类造成了空前浩劫。特别是第二次世界大战，规模之大，波及之广，影响之深，令人触目惊心。第二次世界大战，以法西斯德国发动入侵波兰的战争拉开序幕，直到美军相继在日本广岛、长崎两地投下两颗原子弹迫使日本无条件投降而告终，共历时 6 年，先后有 80 多个国家和地区（其中参战国 61 个），20 亿以上的人口被卷入战争，各国军民累计死伤一亿多人，是人类有史以来最大的灾难。

　　70 多年前，德、意、日法西斯发动的侵略战争，让世界各国都饱受了战争的蹂躏与摧残。如今，第二次世界大战已经结束七十余载，这场人类历史上空前的世界大战不仅是有史以来规模最大的战争，而且对于战后的世界格局也产生了深远的影响。

　　在这场决定了人类命运的世界大战中，正义的"同盟国"与邪恶的"轴心国"两大阵营进行了殊死的搏杀，无意间将"战争史"推向了前所未有的历史高度，上演了一场场精彩绝伦的经典战役。德军突袭苏联，第二次世界大战中最大的东线战场达成，但在莫斯科战役和库尔斯克会战中接连受挫；日军与美军在珊瑚海海域和瓜岛进行了长达半年的殊死拼杀；盟军为了快速消灭德国法西斯并开辟欧洲第二战场，发动了西西里登陆战和诺曼底登陆战；盟军在欧洲战场发起的市场花园行动却成了空降兵的噩梦；德军为了反攻盟军而策划的阿登反击战；苏军攻克柏林后，德国法西斯宣告灭亡，之后苏军决战中国东北，对日本关东军

进行了最后的打击……这些"二战"经典战役，在人类战争史上留下了辉煌灿烂的一页。

在第二次世界大战中，德、意、日法西斯发动战争企图瓜分全世界。在法西斯头子们的野心和残暴之下，法西斯主义的铁蹄势不可挡，但是，最终还是难以改写"邪不胜正"的历史定律，在和正义的盟军的决战中败下阵来，湮没在了滚滚的历史洪流中。虽然世界反法西斯战争取得了辉煌胜利，但是硝烟散去、和平归来之后，历经战火摧残的大地留给世人的是巨大的伤痛。胜利的背后，是无数血泪和无数生命的代价。战争，从来没有胜利者，只有伤痛。

第二次世界大战结束之后，全世界都笼罩在战争带来的哀伤之中，在战后很长一段时间内都没有从战争的阴影中走出来。世界各国人民在饱受战争所带来的伤痛之时，也在不停地思索着人类的未来。英国军事思想家李德·哈特预言："隧道的确有其终点，欧洲文明列车虽已从黑暗的隧道中冲出，眼前的光明却只是一片幻影。"但是，历史的进程告诉我们，第二次世界大战之后，人类的和平与发展并不是幻影。

当我们通过第二次世界大战中的一些经典战役，回首那一段段激情燃烧的岁月，重温那血火漫天的战争场景，和渐渐远去的硝烟的时候，也许能让我们多一份心灵的震撼，从而懂得和平的来之不易。

目 录 ｜二战经典战役（二）

第一章　　莫斯科保卫战

希特勒亲自制订"台风"作战计划，企图攻占莫斯科。他希望在冬天到来之前，就能在苏联首都发表胜利宣言。但严酷的冬天提前来临了，这令德军猝不及防……

NO.1　巴巴罗萨计划 /11
NO.2　希特勒的"台风" /14
NO.3　打开地狱之门 /19
NO.4　全民皆兵 /23
NO.5　大战前夕 /27
NO.6　挨饿受冻的德国兵 /28
NO.7　红场阅兵 /31
NO.8　大反攻 /33

第二章　　决战库尔斯克

1943 年，在苏联的一个叫波涅里的小镇，战争双方都把目光聚焦在此地。德军计划在此地重新撕开苏联的防线，而苏军也预感到了危机……

NO.1　东线战场 /38
NO.2　希特勒的决心 /41
NO.3　"堡垒"计划 /44
NO.4　钢铁防线 /49
NO.5　枕戈待旦 /56
NO.6　惨烈的战斗 /60
NO.7　四面楚歌 /61
NO.8　希特勒的失败 /65

第三章　　珊瑚海海战

日本偷袭珍珠港成功后，国内一片乐观。美军经珍珠港事件后，损失惨重，元气大伤。日军新的目标是控制远在大洋洲的澳大利亚。敌对双方在澳大利亚东北方向的珊瑚海相遇……

NO.1　珊瑚海上的大战 /68
NO.2　日本的野心 /70
NO.3　海空鏖战 /74
NO.4　珊瑚海的胜利 /78
NO.5　史上最经典的海战 /79
NO.6　不分胜负 /81

第四章　　瓜岛战役

瓜岛是通往澳大利亚的门户，靠近日本本土，战略意义重大。由于瓜岛日军较少，被美军轻易夺取。当日本发现瓜岛的重要意义之后，决心夺回瓜岛……

NO.1　瓜岛的前世今生 /86
NO.2　登陆瓜岛 /87
NO.3　东所罗门海战 /90
NO.4　机场血战 /93
NO.5　瓜岛海战 /97
NO.6　收复瓜岛 /99
NO.7　瓜岛绞肉机 /103
NO.8　铁血兵王约翰·巴斯隆 /105
NO.9　注定失败的战争 /107

第五章　　登陆西西里

盟军决定登陆西西里岛，以控制地中海地区。但是，德意联军的重重防守固若金汤，同盟国必须欺骗协约国，以达到声东击西的效果。一场绝妙的斗智斗勇展开了……

NO.1　大国博弈 /114

NO.2　登陆前的准备 /117

NO.3　一具"立功"的尸体 /120

NO.4　兵不厌诈 /123

NO.5　地中海的战火 /130

NO.6　两位将军的角逐　　　/134

NO.7　西西里的胜利 /137

第六章　　诺曼底登陆战

斯大林要求英美开辟第二战场，以夹击德国纳粹。就这样，一次人类有史以来最大规模的登陆战即将在法国的诺曼底展开……

NO.1　领袖意见不统一 /140

NO.2　紧锣密鼓的登陆计划 /144

NO.3　战前的忙碌 /150

NO.4　大战前夕 /153

NO.5　天气预测的胜利 /155

NO.6　竣工的"大西洋堡垒" /159

NO.7　登陆诺曼底 /165

NO.8　血战奥马哈 /170

NO.9　一寸沙滩一寸血 /174

NO.10　希特勒的噩梦——诺曼底 /177

第七章　　市场花园行动

盟军解放法国、比利时后，士气高涨，并豪言要赶在 1944 年"圣诞节前结束战争"。英国蒙哥马利元帅首当其冲，短时间内提出了一个冒险的计划即市场花园行动……

NO.1　大胆的计划 /182

NO.2　诺曼底后遗症 /185

NO.3　市场花园行动 /189

NO.4　无比漫长的战斗 /193

NO.5　地狱公路 /195

NO.6　一将功成万骨枯 /200

第八章　　阿登反击战

盟军在西线不断推进，一步步蚕食着德国纳粹的生存空间。狡猾的希特勒梦想策划一次反攻，以遏制盟军的前进步伐，乃至将盟军赶回英国。于是，德军选在阿登山区进行反攻……

NO.1　希特勒的反攻 /204

NO.2　最后的疯狂 /207

NO.3　"格赖夫"计划 /212

NO.4　斗智斗勇 /214

NO.5　血腥阿登 /219

NO.6　德国"鹰"伞兵 /222

NO.7　胜败已定 /225

第九章　　攻克柏林

美苏盟军的夹击使得德国纳粹彻底崩溃。胜利就在眼前。苏联红军加紧时间攻打德国首都柏林，但疯狂的纳粹还要作殊死的抵抗，由德军最后的一百万左右的军民组成的柏林保卫防线，使苏联红军前进缓慢……

NO.1　易北河会师 /230

NO.2　兵临城下 /231

NO.3　最后一战 /234

NO.4　步履维艰的苏军 /238

NO.5　激烈的巷战 /243

NO.6　他们为法西斯殉葬 /245

NO.7　帝国大厦保卫战 /248

NO.8　"狼穴"枪声 //252

NO.9　战后的柏林 /255

NO.10　红军的胜利 /259

NO.11　希特勒死因之谜 /263

第十章　　决战东北

同盟国达成协议，由苏联红军出兵中国东北，以给日本关东军最后一击。中国军队和美国军队对日本的反攻，已迫使日本投降。但顽固不化的关东军却试图忤逆日本天皇的决定，誓要决战到底……

NO.1　日本关东军 /268

NO.2　十四年的血泪 /271

NO.3　罪恶的关东军 /273

NO.4　关东军的末日 /275

NO.5　血战东北 /277

NO.6　困兽犹斗 /281

NO.7　历史的伤痛 /286

第一章

莫斯科保卫战

　　希特勒惯用的闪电战，在苏德战争初期，很快摧毁了苏军的防线，一路凯歌直抵苏联首都莫斯科城下。希特勒亲自制订"台风"作战计划，企图攻占莫斯科。他希望在冬天到来之前，就能在苏联首都发表胜利宣言。但严酷的冬天提前来临了，这令德军猝不及防。德军还未预备过冬的物资，它真的能在冬天到来之前占领莫斯科吗？而莫斯科方面是否能抓住这次良机挽救颓势呢？

▲ 在莫斯科保卫战中，阵亡的德军士兵。

No.1 巴巴罗萨计划

1940 年 7 月，希特勒召集了一次高级军事会议，会上希特勒狂妄地宣布了一个预谋已久的作战计划：突袭苏联，要一举将这个苏维埃社会主义国家摧毁。这就是著名的"巴巴罗萨计划"。"巴巴罗萨计划"的实施，揭开了第二次世界大战中规模最为宏大、场面最为激烈残酷、战争损失最为惨重的苏德战争的序幕。希特勒得意地说："当巴巴罗萨计划开始实施时，全世界将大吃一惊，并感到难以置信！"

1941 年 6 月 22 日凌晨 3 点半，希特勒撕毁苏德互不侵犯条约，下达了向苏联进攻的命令，霎时，苏联静谧的黎明被千万发炮弹的爆炸声撕裂，德军的 2000 架飞机像乌云一样压向苏军的阵地，炸弹如雨点般降落在苏联国土之上。面对德军突如其来的猛烈轰炸和炮击，苏军一时陷入了被动挨打，无法抵抗的局面。到了当天中午，苏军就失去了 1200 架飞机，其中有 800 架是在机场上尚未起飞就被炸毁的。傍晚时分，德军的坦克部队已经向苏联境内推进了 50 公里。

偷袭获得成功后，德军动用了 190 个师，3700 辆坦克、4900 架飞机、47000 门大炮和190 艘舰艇，从波罗的海到黑海 2000 多公里的战线上，对苏联全境发动了大规模的全面进攻。德军兵分三路，北路攻打苏联波罗的海沿岸和列宁格勒，中路指向莫斯科，南路欲夺苏联"粮仓"乌克兰。1941 年 7 月 3 日，斯大林向苏联人民发表广播演说，号召全体苏联人民行动起来，坚决同法西斯斗争，苏联卫国战争正式拉开序幕！

当时的形势对于苏联来说十分危急，北路德军在 18 天内深入苏联腹地 400 公里。到 11 月，德军占领了苏联 150 万平方公里的土地，横扫了几乎大半个苏联欧洲部分，歼灭了数以百万计的苏军。希特勒得意忘形地说："我们只要在门上踢一脚，整个破房子就会倒下来。"希特勒计划在一个半月到两个月的时间内打垮苏联，以便在冬季到来之前结束战争。

其实，在武器的对比上，苏联占有许多优势，比如在坦克上，苏军的优势特别明显，苏军拥有的坦克总数高达 23000 多辆，其中有 12000 多辆坦克分布在德苏边境的最前线。而德国国防军拥有的坦克总数总共才 5000 多辆，其中只有 3350 辆参与了对苏联的作战，这使得苏军与德军在可用坦克数量上的差距高达 4：1。而且苏联还拥有当时世界上最先进的 T-34 坦克和速度最快的 BT-8 坦克，苏联也拥有压倒性的火炮优势，122mm 的 A-19 火炮甚至可以说是当时世界上最好的火炮。直到在 1941 年的前半年，苏联军事机器所生产的 100% 的坦克和 87% 的战机都已经属于先进的设计。

但是这不得不让人们产生诸多疑问，那就是为什么战争初期，在德军的猛攻下，苏联一

▲ 莫斯科保卫战中，苏军迫击炮手正在投弹

开始就被打得毫无还手之力呢？其实，这和斯大林的"大清洗"有很大的原因。斯大林在卫国战争之前发动了一系列的政治清洗运动，大批优秀的具备战争经验的红军军官和指挥官在"大清洗"期间被斯大林杀害，三分之一的红军军官和几乎全部的高级将领都被处死或流亡西伯利亚，而取代他们的则是大批的具备政治经验却毫无作战经验的"秀才"军官。五名元帅就被枪毙了三个，最能打的图哈切夫斯基就被枪毙了，三分之二的军团及师团的指挥官也遭遇到相同的下场。

"大清洗"期间，被处决的红军领导人总共加起来就高达 30000 多人，这很大程度上造成了红军战斗力和军队素质的降低。所以，红军内部充斥大量年轻而缺乏训练的军官。战争爆发之初，红军的军官里有 75% 尚未任职超过 1 年，红军军团指挥官的平均年龄比德军师指挥官的平均年龄小了整整 12 岁，这些军官在战场上往往缺乏积极行动的意愿，而且很大一部分根本没有能力胜任其职位。然而相比之下，德国空军和陆军却有着极为精良的训练和经验，在质量上的优势大幅抵消了苏联军队的人数优势，这在很大程度上导致了战争初期苏军的大溃败。

而且大多数苏军单位在战争爆发时都保持着和平时期的状态，毫无警戒，苏联空军的战机都紧密排列在跑道旁，所以被德国空军的轰炸部队轻而易举地摧毁。由于斯大林的一意孤

▲ 莫斯科保卫战中，德军在撤退时遗弃的远程火炮。

行，不愿让德国找到任何发动战争的理由，所以苏联空军一直到战争爆发前都被禁止攻击德国的侦查飞机，而任由大量德军侦查飞机进入苏联领空勘测，这也解释了战争初期为什么苏联的很多道路、桥梁、工业和军事设施被德军一举摧毁，也从而影响了苏军的应战防御能力。

苏联空军虽然拥有数以千计的战机，但大多数都缺乏无线电装置，拥有无线电的战机也常常出故障，而缺乏信息加密的设备则让德军得以轻易窃听，同时苏联飞行员的空战经验和技术也都极为落后。

因为红军部队的部署相当分散且缺乏系统，所以在德军进攻时，部队之间往往无法互相联系，而且也缺乏运输工具把军队集合起来。虽然红军有非常多先进的火炮，但这些火炮很多都没有配备弹药，火炮单位同样因缺乏运输工具而无法迅速部署。坦克单位数量庞大且装备良好，但却极为缺乏经验和后勤支援，维修保养的水平也非常差劲。坦克单位往往被草率地送上战场，而没有任何燃油、弹药或人员补给的安排，通常在经过一次作战后坦克便报销了。

综合以上条件，我们可以知道，在战争的初期苏联根本不具备应对德国大规模入侵的条件和能力。并且在战前，苏联的宣传机器总是不断宣传红军的强大，宣称任何针对苏联的侵略都会被轻易击退，这也造成了苏联红军内部出现了骄傲自大、轻敌的风气。斯大林刚愎自用的个性也使他无法接受任何逆耳的属下建议，加上他对于《苏德互不侵犯条约》的盲目自信，导致他高估了苏联的军事实力，认为希特勒不会违反条约对苏联发动进攻。

所以，在 1941 年春季，当苏联的情报机关不断告知斯大林，德国即将展开侵略的警告时，都没有被斯大林重视。尽管斯大林也意识到攻击的可能性，不过他认为德国并不会这么快地发动入侵苏联的战争，由于斯大林对于红军实力的迷信，斯大林觉得暂时还不会爆发战争。这一连串的错误造成的后果，就是在德国入侵苏联时，苏联的边界部队都没有进入警戒状态。由于斯大林不想被德国抓住口实，让德国找到开战的借口，所以严令苏军不得武力回应任何德军方面的挑衅，以至于苏军在遭受攻击时也必须先向高层请求许可才准许反击。虽然苏联在 4 月 10 日开始实行局部的警戒，但这在德军攻击展开时根本没有发挥作用，斯大林也拒绝彻底动员军队。

这一系列的错误，导致苏军在战争的初期被德军打得毫无还手之力，苏军的伤亡和被俘者高达上百万，苏联西部的广大领土几乎被德军全部占领。斯大林在战争初期的错误指挥，让苏军遭受到了极大的损失。随着基辅等一些重要城市的沦陷，德军很快逼近了苏联首都莫斯科。

No.2　希特勒的"台风"

1941 年 6 月 22 日，法西斯德国集中了 190 个师的兵力，以闪电战入侵苏联，苏联因准备不足，在战争初期节节败退。1941 年秋天，穷凶极恶的希特勒制订了"台风计划"，向莫斯科发动了"闪电战"。德军直趋莫斯科城下，德军一直认为占领莫斯科，是彻底打垮苏联这个强大的国家的关键，关系到战争的前途和命运。所以攻占这座城，成了希特勒入侵苏联的最重要的行动。

从 1941 年 9 月底，希特勒已经占领了苏联在欧洲的大部分土地，北翼封锁了列宁格勒，南翼占领了基辅，在中央攻占了斯摩棱斯克，打开了通往莫斯科的门户。此时的莫斯科，已经完全暴露在德军的进攻中。希特勒认为，最多只要短短的两个月，在冬季来临之前，就能攻占莫斯科，彻底摧毁苏联这个强大的对手。于是在 9 月底，德军开始实施攻占莫斯科，代号为"台风"的作战计划，集中兵力向苏联首都莫斯科发动进攻。

"台风"作战的计划，主要是由德军最高统帅部协商制订，然后其各项计划都由希特勒审定批准。德军最高统帅部制订的"台风作战"计划中，规定以 3 个装甲集群分别从杜霍夫希纳、罗斯拉夫尔、绍斯特卡地域向东和东北方向对苏军实施突击，以此来割裂苏军防御，

▲ 1941 年 6 月 22 日，德国军队越过苏德边境，开始了对苏联的侵略。

▼ 1941 年 6 月 22 日，莫斯科的工人们正在通过广播电台收听苏联政府的声明。

▲ 正在参加军事训练的莫斯科民兵。

在维亚济马和布良斯克地区围歼苏军主力，然后以快速机动集团从南北两面包围莫斯科，同时以步兵兵团从正面进攻莫斯科，在冬季到来前攻占莫斯科。

德军的进攻兵力是博克元帅指挥的中央集团军群，出动总兵力大约180万人，共78个师，有各种火炮1.4万门、坦克1700辆、飞机1390架，气势汹汹地朝莫斯科的方向进攻，企图一举拿下莫斯科。而这时，苏军最高统帅部决定全力保卫莫斯科，为此集中了苏军当时全部作战兵力的近三分之一的军队，并先后在莫斯科以西建立了纵深达300公里的三道防线；同时组织游击队，在德军后方进行袭扰。苏军准备尽最大努力阻止德军向莫斯科推进，在这过程中大量杀伤德军，为积聚力量反攻创造条件。苏军调集保卫莫斯科的总兵力有三个方面军，共125万人，装备有各种火炮7600门、坦克990辆、飞机677架，死守通往莫斯科的门户，准备与德军决一死战。

其实自7月起，苏联政府便征用民工在莫斯科以西两道防线上匆忙地构筑工事，民工中有四分之三以上是妇女。前一道防线称作维亚兹马防线，它的最北端在奥斯塔什科夫以东约三十英里处，距瓦尔代山不远，中间穿过维亚兹马以西地区，最南端在基洛夫以南，全长二百余英里。后一道防线名为莫日艾斯克防线，在莫斯科以西约八十英里，自沃洛科拉姆斯克至提赫文，长约一百六十英里。此外，在莫斯科以西还有四道弧形防线。

▲ 即将被派往前线的苏联战士，正在发表誓言。

　　同时，苏联从中亚和远东抽调大部分的兵力来保卫莫斯科。由于得到确切的情报，苏联得知日本在远东地区认定的主要对手是美国而不是苏联，所以苏联方面从远东地区调集大量部队，以巩固首都莫斯科的防御。另外，苏联还使用坦克伏击战，这是由卡图科夫首次提出的，主要在姆岑斯克附近进行的。事实证明坦克伏击战还是很有用的，卡图科夫为巩固图拉防线赢得了时间，并削弱了古德里安对莫斯科南部的攻势。

　　事实上，在进攻莫斯科之前，德国情报机关对于莫斯科正前方部署的苏联红军部队的判断，准确性很高，但仍有不完善之处。当时的德军统帅部认为苏联红军的战斗序列是：在前方部署的是铁木辛哥的西方方面军的七个集团军，在它的南面是叶廖缅科的布良斯克方面军的两个集团军，但是却对后方的苏联红军部队情况一无所知，所以当苏联元帅朱可夫从远东调来大批苏军部队的时候，德国统帅部对此毫无对策。

　　根据"台风"计划，德军第2装甲集群在布良斯克方向，第3、第4装甲集群在维亚济马方向，相继对苏联红军发起了猛烈的进攻。德军一开始的进攻势如破竹，确实有"台风"的气势。尽管苏联方面进行了艰苦的抵抗，但德军还是突破了它的防线。德军第2集团军突破了苏联红军第50集团军的防线，于1941年9月下旬夺取了布良斯克，10月3日德军攻占了奥廖尔，之后德军沿着奥廖尔－图拉的公路推进。德军10月7日则进抵莫斯科以西的维亚济马地域，苏联红军西方面军和预备队方面军进行了艰苦的防御战斗，苏联两方面军大部分军队在此被德军陷入合围，一直顽强抵抗到 10 月 12 日。13 日，苏联红军维亚济马集团大部被德军歼灭，苏军中只有 8.5 万人突出德军防线。被围军队中有一部分突出重围后，留在了德军后方开展游击斗争。苏联红军布良斯克方面军也陷于战役合围的困境后被迫向后退却。直至 10 月 23 日，苏联红军布良斯克集团大部被歼。德军在维亚济马－布良斯克战役中，俘虏苏联红军 58 万人，缴获坦克 1242 辆，大炮和迫击炮 5412 门。

　　战争初期，苏军损失巨大。据德方的材料，到 10 月初，苏军被俘达 65 万人，也就是说，超过半数的苏军被俘了。虽然对维亚济马和布良斯克的包围消灭了苏军大量的有生力量，但是苏军及时地作出调整，并从外地调来一批兵力来保卫莫斯科。到 10 月底，苏最高统帅部开始抽回一些部队作为预备队，使其得到必要的休整，新的预备队也在源源不断地赶到。10 月 15 日，由于形势越来越严峻，苏联政府机关和外交使团撤出莫斯科，但斯大林仍坐镇莫斯科指挥苏军。

▲　赶赴前线的苏联红军战士。

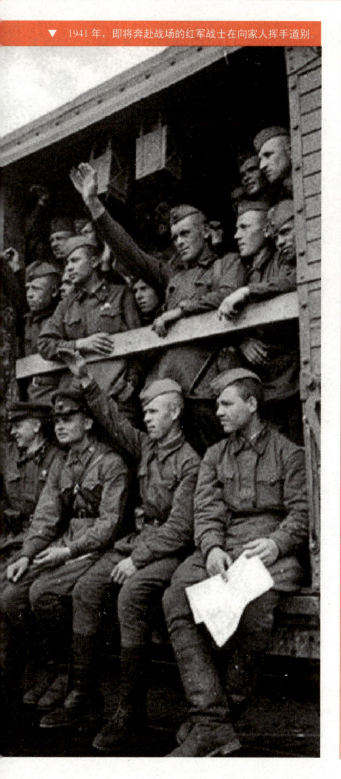

1941 年，秋天来得特别快，"嗖嗖"的凉风让只穿着单薄衣服的德军感到了阵阵的寒意。天气的变化，使道路开始变得泥泞难行，德军的摩托化部队和坦克部队都受到了很大的阻碍，行动十分缓慢。天气的恶化使德军的攻势锐减，不得不暂停行进，这给了苏军宝贵的休整时间。

No.3　打开地狱之门

希特勒对拿下莫斯科信心十足，史料显示，他当时给各部队的命令中充满了乐观之态，他说："进行最后一次打击的条件终于成熟。这一打击应在冬季到来前致敌于死命。"

"台风计划"最初的时期，喜报频频传来，希特勒得意地认为，在冬天的来临之前，莫斯科就会被德军占领。希特勒幻想着在德军胜利后，他在苏联首都莫斯科的红场检阅德国部队的情景，享受占领这个未曾被征服的国度的荣誉。对于斯大林这个强大的对手，此时的希特勒已经不放在了眼里。希特勒认为，苏联必定会在他的"台风"的攻势下被摧毁，而只要彻底打垮了苏联，那么他就战胜了欧洲最强大的对手，就可以称霸欧洲，成为欧洲的霸主，到时候只需要和日本一

▲ 斯大林号召苏联的全体人民抵抗德国法西斯的进攻，图为苏联妇女正在修筑防御工事

起对付最后一个强大集团——美国了。

只不过希特勒不会想到，由于他的过度轻敌和盲目自信，他将会开启一扇地狱之门，并将把自己和整个德国拉入一道深渊。

此时的希特勒为什么如此的自信？因为这个时候，德军已经逼近了莫斯科，距离莫斯科市中心只有短短的几十公里。可以说，德军只需稍微一踏步，就可以踩到红场的地面上。只不过，希特勒忽略了莫斯科的天气问题，这给数以百万计的德军造成了毁灭性的打击。其实进攻苏联的日期，如果考虑到苏联的天气问题，"巴巴罗萨计划"至少应该提前两至三个月，这才能够在冬季到来之前攻陷莫斯科。但为时已晚，希特勒已经打开了地狱之门，等待他和数百万德军的，将是一场灾难。

当苏联的秋天过早来临之后，德军士兵还一直身穿着夏季作战的单薄衣服，德军闪电战的速度明显放慢，正是在这段时间里，苏联已经部署好了防御设施，并从远东调集来了百万军队。

▲ 莫斯科的工厂里，几个苏联妇女正在组装炮弹。

　　德军最高统帅部向希特勒报告了德军的进展情况，希特勒立即下令给德军预备过冬的冬装。只不过苏联的疆域太过辽阔，德军的补给线已经拉得太长，基本上能在初冬到来之前把所有的冬装配发给数以百万计的德军就不错了。再加上之前德军在西欧的闪电战所举得的辉煌战绩，基本上是不需要太多的补给。德军在西欧进行闪电战的时候，因为进攻速度太快，导致盟军都很快缴械投降，所以德军从来都是靠"捡"盟军遗落下的物资，后期补给一直都很脆弱，但被盟军的无能掩盖了。但是这次不一样，德军的战线拉得太长，而斯大林在战争之后便下令所有的苏军士兵，如果撤退就必须炸掉一切德军可以利用的资源。斯大林的"焦土政策"，使得德军在苏联国土所获甚少。更何况，德军从来没有打过像苏联这样的远距离的战事，加之后勤补给一直进展得很缓慢，苏联游击队对德军后勤部队的频频袭击，所以前线德军在很多时候基本上都是"节衣缩食"的状态。

　　更糟糕的是，德国运输物资的火车到了苏联之后基本上都傻眼了。因为德国和苏联的铁轨不一样，德国的铁轨宽度要比苏联的窄，于是德军后勤部队要改装铁轨，这又在很大程度

◀ 莫斯科郊外，为了阻止德军进攻而部署的反坦克障碍。

上拖延了后勤的进展速度，使前线的德军物资极度短缺。而德军内的不平等，使勉强送到前线的一点点物资，基本上也分发给了德军的军官和高级将领。对于普通的德军士兵来说，留给他们的只是一点点"残羹剩饭"，甚至有时连这些都得不到。

相比于德军的困窘，苏军方面要好得多。毕竟苏军是在自己的国家作战，所以后勤供给一直很充足。同时，广袤的西伯利亚地区有源源不断的物资供应，苏军基本上是不存在后勤补给的问题。当苏军士兵每顿都能吃上热乎乎的饭时，德军那边却在喝凉水吃面包。更要命的，也是直接影响了苏德双方战斗力的重要原因，那就是武器物资的问题。在苏联卫国战争期间，斯大林命令所有的工厂都停止一切非战争必需的生产，比如很多生产农用拖拉机的工厂改为生产坦克和炮弹。所以这让苏军有了源源不断的作战军械，极大提高了苏军装备的战斗力。可以这样说，当苏军一辆坦克被德军击毁的时候，另一辆崭新的坦克已经从后方的工厂生产出来，正在运往前线的路上。

而德军就没有这么幸运，由于后勤补给的严重脆弱，德军士兵基本上是打一发炮就没一发炮弹，打一枪就没一颗子弹，毁一辆坦克就少一辆坦克，有限的资源很快消耗殆尽。后勤补给的严重缺乏，直接影响了德军的战斗力，并缓慢拖延了德军进展的速度。

这时候，希特勒坐不住了，他下命令必须尽快解决德军的后勤保障问题，他可不想重蹈拿破仑的覆辙。胜败在此一举，希特勒必须要马上给在苏联前线的百万德军配发物资。

在前线的德军士兵熬了很久，才等到了盼望已久的食品和弹药，只不过他们发现运来的还只是那么一点，大部分的士兵仍旧是得不到相应的物资保障。眼见天气在渐渐转冷，很快，德军士兵内部就怨声连连，连德军统帅部也不得不为这种情况担忧。在这样的情况下，之前一直打胜仗的德军士兵开始变得士气低落，拖着沉重的脚步朝着莫斯科缓慢地进发。

值得一提的是，那年的秋天只是短短持续了一个月，冬天便紧接着到来，天气的骤变打乱了希特勒原有的布置。

No.4 全民皆兵

正当德军大举逼近莫斯科的时候，斯大林号召全体国民行动起来，加入到反抗德国法西斯的战斗中。苏联人民积极响应，开始了全民抗击法西斯的高潮。在德军兵临城下的那段时间里，莫斯科人民不分男女老少，纷纷行动起来，拿起武器和铁锹等工具，投入到了保卫首都莫斯科的战斗中。他们不顾自身的危险，冒着头顶上盘旋的德国轰炸机，构筑着战壕和各种防御设施。处于防御状态的莫斯科城，被街垒、路垒、工事严密地封锁起来，食品因此短缺。

莫斯科人民运用自己的智慧，发明了很多对付德国法西斯的"妙招"。有一个莫斯科妇女听前线下来的苏军士兵说，德军的坦克当遇到一些深沟的时候，经常陷入其中动弹不得，

▲ 莫斯科前线，苏军士兵在机枪的掩护下迎击德军。

▲ 在列宁墓观礼台上观看阅兵的苏联党和政府领导人。

所以不得不绕行。她便想到在莫斯科附近的郊区"人工挖坑"，这一想法得到了很多莫斯科市民的相应，于是他们集合起来，拿着他们对付德军坦克的武器——铁锹，到郊区"挖坑"。这种方法的确很有效，很多德军坦克当遇到这些"深坑"的时候，要么是陷入其中，要么就是不得不绕行，大大延缓了德军进攻的速度。

当冬天来临的时候，整个莫斯科已经"全副武装"了起来，虽然之前莫斯科城内有过混乱，但现在已经完全不一样了，所有人都团结在一起，静静地而又庄严地等待着即将发生的大战。这时候，莫斯科的市民，要么已经转移到了后方，要么就躲在堡垒和地下室，通往莫斯科的道路已被封锁，整个莫斯科已经进入了戒备森严的状态。莫斯科的街头出现了很多志愿民兵，他们站在莫斯科街头的每一处，严密看管着莫斯科城内的一切。其实这个时候，德军已经派出了很多间谍进入莫斯科城内，想要探察莫斯科城内的军事部署。不过莫斯科城内戒备森严，几乎所有被派往莫斯科的间谍都被发现，有来无回。

有一天，一位苏联军官在视察莫斯科城内军事部署的时候，看到一个男人在一处军事设施前抽烟。这位苏联军官命令手下，将这个男人抓到他的面前。当这个男人被带到这位军官面前的时候，这位军官问他："你是什么人？"这个男人说："我在家里待着无聊，所以出来走走"。这位苏联军官呵斥到："你这个德国人派来的奸细！"这个男人马上狡辩说他是

▲ 苏德战争爆发前，莫斯科红场的景象。

▲苏联边防官兵正在西部边境巡逻。

俄国人，并且说出的话也是地道的俄语。不过这位军官说道："那么请问你鞋子上的泥土是哪来的？莫斯科早已经被封锁，严禁一切出入。你如果是在家，那么你鞋子上的泥土是哪里来的？所以你肯定是越过封锁线，从德军阵地跑进来刺探情报的间谍"。苏联军官的话让他百口莫辩。莫斯科全民皆兵，几乎人人都是警察的现状，让德军放弃了派间谍进入莫斯科城来刺探情报，以获得莫斯科城内的军事部署的方法。所以，德军对莫斯科城的现状几乎一点也不了解。

处在西伯利亚大后方的苏联人民，也投入到了反抗法西斯的战斗中。苏联人民男女老幼，日夜不停地、加班加点地工作，为前线的苏军战士供给足够的物资。

到了 10 月下旬的时候，整个苏军的战斗能力已经大大提高，每位苏军战士都配发了棉服，有很好的保暖措施。而德军此时却顶着苏联初冬的寒冷，穿着薄军装，艰难地抵达莫斯科的城郊。

No.5 大战前夕

1941 年 10 月的一天，在莫斯科郊外，一场激烈的战斗之后，苏联上尉杜罗夫抱着枪躺在战壕内，痛苦地望着阴云笼罩的天，那是炮火连天的景象。此时，对面德军阵地上，德军的大喇叭在用蹩脚的俄语高声向他们喊道：列宁格勒已经被德军占领了，而苏联首都莫斯科的形势也岌岌可危……斯大林元帅和苏联政府机构已经从莫斯科往西伯利亚逃跑了。

这名年轻的上尉感到不安，他不知道德国人说的到底是不是真的，如果此事是真的，他该如何行动，是守？还是退？尽管身边有两个参加过"一战"的老兵，但面对如此复杂的形势，他们也不敢轻易下结论。

事后，杜罗夫上尉得知这不过是德军的攻心计，但在当时，这一消息曾让杜罗夫一度惊慌失措，德国大军压境，令这位年轻的军官心里十分恐慌。类似的情绪逐渐在苏军中蔓延开来，莫斯科城内外已是万分紧张，战争一触即发。据史料记载，斯大林当时也是心急如焚，他一连将几十个将军枪毙和撤职，但战争形势仍然未见好转。

当得到祖国征召并派往莫斯科前线时，年轻的上尉杜罗夫刚刚从军校毕业不久，他受命率领一支 70 人的小部队。杜罗夫见证了大战之前莫斯科城的慌乱，德军大兵压境的流言到处流传，一些市民"像疯了一样"设法离开——尤其是犹太人。莫斯科的街道上也曾一度陷入混乱，有人趁机打砸商店，抢东西。不过这样糟糕的状况并没有持续多久，大批的警察和民兵及时地上街维护秩序，莫斯科城终于稳定下来。

在杜罗夫的前方，他即将要面对的是德国战争机器中最精锐的部队。从 1941 年 9 月 30 日起，德军发起"台风"行动之后，希特勒下令决不接受莫斯科的投降，他希望像台风一样，席卷整个苏联首都。除了屠杀犹太人的嗜好，布尔什维克是希特勒的另一个"眼中钉"，是他欲杀之而后快的对象。

杜罗夫在后来回忆莫斯科保卫战时说，德军像撒豆子一般扔炸弹，每当此时，他便和战友们跳进弹坑里躲避。幸运的是，炸弹没有伤及他，但巨大的爆炸声让他难以忍受，他的左耳被震聋了。在和德军反复的争夺中，杜罗夫见识了德军的残酷与冷血。德军兵临城下，莫斯科告急。更多类似杜罗夫这样的年轻人被推向莫斯科战场。

在此紧要关头，斯大林想到了一个人：朱可夫。此前，这位大将刚刚挽救了即将沦陷的列宁格勒，斯大林命令朱可夫立即赶赴莫斯科，统帅莫斯科守军。朱可夫接到命令，来到莫斯科后，马上开展起战争准备的工作，着手构筑防线，加大防御纵深，建立第二梯队和方面军预备队等。因为得到日军短期内不会进攻苏联的情报，斯大林得以将原先部署在远东地区与日本关东军对峙的部分部队调回，总计共有 25 个步兵师和 9 个装甲旅的精锐部队陆续被调往莫斯科近郊。

如今已经年过九旬的杜罗夫至今记得，朱可夫接替莫斯科职务之后，下的第一道命令便是："不准后退！"

No.6　挨饿受冻的德国兵

事实上，虽然德军已经打到了莫斯科的城郊，但是相比苏军士兵，他们其实更惨。德军因为后勤没有得到充分保障，很多物资都没有运送上来，而此时莫斯科的冬天已经进入摄氏零下的温度，寒冷彻骨。大部分的德军士兵还没有得到过冬的棉衣，只有少数人得到了冬装。

由于后勤供应的不足，这些德国士兵连一口热水、一顿热饭都吃不到，很多人因此被冻伤，失去了战斗力，被转送到后方的医院。不过能被转送到医院的也只是极少数，因为能用的车辆很少，汽油也不够了。苏联的游击队经常袭击后方运送补给的车辆，这让德军面临的态势更为严峻。

虽然希特勒不停地督促后勤部队，但是因为苏联已经进入冬季，很多道路都已经不适合车辆的行进，再加之运往前线的物资基本上都要从德国本土抵送，这就更使得前线吃紧。而

▲ 苏军的坦克部队缓缓开过红场

希特勒又命令德军统帅部，必须赶在苏联纪念十月革命之前拿下莫斯科，这样的话，前线的德军又不得不忍受着严寒的天气向莫斯科行进，根本得不到喘息的机会。

"元首打算 11 月 7 日进入莫斯科，在那里举行阅兵，我建议您加紧攻势。"德国陆军总司令勃劳希契对围攻莫斯科的德军中央集团军司令冯·博克说。希特勒希望在十月革命节这个特别的日子里，在莫斯科标志性的红场，向全世界展示德军的胜利。

对于苏联人来讲，每逢十月革命胜利纪念日，都要举行盛大集会和庆祝活动。尽管前线吃紧，兵源不足，但斯大林拍板仍要举行红场阅兵，他也认为这样做意义重大。于是，十月革命胜利纪念日的红场阅兵，成为苏德双方共同竞争的同一目标。

而在德军这里，很多人开始抱怨希特勒的命令，他们发牢骚说：元首根本不知道莫斯科究竟有多冷。而事实上，莫斯科当时的温度已经降到了零下十几摄氏度，德军内已经出现了很多冻伤的士兵，希特勒的一意孤行，注定了这些德国士兵悲惨的结局。

▲ 在红场阅兵式上的苏联步兵

　　其实在"台风"计划开始两周后，德军就已品尝到苏联恶劣天气的厉害。连日的秋雨，让苏联的土路变成一片泥沼，重型武器陷入其中不得动弹，而不得不依靠拖拉机或者牛马车来牵引，这极大影响了德军的推进速度。

　　德军步兵在泥泞的路上艰难向莫斯科挺进，有时甚至在齐腰深的泥水中拼命前行。没有坦克协同，没有空中支援，甚至一些重型火炮也被丢在身后，于是当这支疲惫不堪的部队抵达莫斯科约三四十公里处时，这已是德军推进最远的部队——他们其实已属强弩之末。

　　史料记载，1941 年的严寒来得比以往更早一些，刚进入 11 月份，莫斯科地区的气温就迅速降到零下，地面一切被冰冻住，其后，气温更是一路走低，一个月后，天上飘下鹅毛大雪，每天都是大雪，积雪很深，最深处齐胸。天时已经完全站在了苏联这一边。

　　德军部队在深深的积雪中开挖出雪中通道，以方便武器的推进。苏军有莫斯科广大人民的帮助，而对于孤军深入的德军来说，就没这么好的帮手，从将军到士兵，德军从上到下吃尽了严寒的苦头。希特勒显然忘记了，在发动旨在攻占莫斯科的"台风行动"之前，当身旁有参谋提醒注意苏联恶劣的天气时，是他自己乐观地说："这一打击应在冬季到来前致敌于死命。"在自负、顽固、对苏联严重认识不足的希特勒面前，参谋只能无奈地接受。

担当德军先锋的古德里安对莫斯科的严寒刻骨铭心，事后他回忆道：初雪是在 10 月 6 日的夜间下的，这样的坏天气提醒了他，他再一次要求后方送来防寒的冬装，因为当时他的士兵还是穿着单薄的夏装。

11 月 3 日，苏联的第一次寒潮到来，气温骤降；11 月 7 日，德军开始出现严重的冻伤；到 13 日，气温已经降到零下 8 摄氏度；至 12 月初，气温已跌到了零下三四十摄氏度。如此严寒之下，大部分德军还穿着夏装，结果数以万计的德军士兵都被冻伤，甚至活活地被冻死，德军士气一落千丈。

极端的严寒天气，使德军士兵的枪栓被冻住了，打不出子弹，这在战场上是致命的。坦克和车辆被冻得无法启动，甚至连汽油都冻成了黏糊糊的蜂蜜状，很多坦克和车辆基本上已经报废，这大大影响了德军的战斗力。

而在德军的对面，苏军许多师团都来自严寒的西伯利亚地区，对这样的天气见怪不怪，他们身穿厚厚的冬装，脚踩冬靴，穿着白色的伪装服，把枪也涂成了白色，带着温暖的手套，自如使用已经涂了防冻油的自动武器，新型 T–34、T–35 型坦克照常发动。

心高气傲的古德里安不得不向现实低头："由于供坦克履带防滑的尖铁没有运到，路上的冰引起不少困难。天冷使得大炮上的瞄准镜失去了效用，士兵在发动坦克的时候，还要先在底下烘烤一阵。燃料常常冻结，汽油也冻得黏糊糊的……由于天气太冷，机关枪根本打不响，我们的 37 毫米反坦克炮已经证明无法对付苏联的 T–34 坦克。"

后勤的不足，也导致德军的弹药极度缺乏。而在这个时候，希特勒竟然做出了一个非常愚蠢的决定。他让后勤部队给前线的德军士兵送去了一箱箱的红酒，希望可以让前线的德军士兵缓和一下低落的士气。当这些红酒被运到德军前线的时候，也已经被冻成了"冰酒"。很多德军士兵骂道：难不成元首想让我们把这些酒瓶子放进炮筒里去攻击苏联人！

希特勒的一系列愚蠢而鲁莽的决定，导致了德军在莫斯科的惨败。可以说，仗打到了这个份上，希特勒已经输了，何时输掉这场战争只不过是时间的问题。

No.7 红场阅兵

这时候对于苏联红军来说，也没有多少后退的空间了，因为 11 月 7 日的苏联传统的十月革命节即将到来，而德军前锋距离莫斯科也只有三四十公里的距离了，德军指挥员甚至能

▲ 在阅兵式中，即将奔赴前线与德军战斗的苏联红军士兵正走过红场

在望远镜里看见克里姆林宫。希特勒异常高兴，他鼓励下属赶在十月革命纪念日之前拿下莫斯科。

这一天终于来了，1941年11月7日，红肠上举行了庄严的十月革命24周年阅兵式。当时纳粹德国军队已经到达莫斯科郊外，为了提升国民及军队的士气，当天共有两万八千多名苏军士兵通过红场接受检阅，然后直接开赴前线。斯大林亲临现场，并发表了著名的演说。

斯大林发出洪亮的声音，说："红军战士、指挥员和政治工作人员、男女游击队员同志们！全世界都注视着你们，把你们看作能够消灭德国侵略者匪军的力量。处在德国侵略者压迫下的欧洲被奴役的各国人民都注视着你们，把你们看作他们的解放者。今后我们的任务，苏联各族人民的任务，我们陆海军战士、指挥员和政治工作人员的任务，就是把侵入我们祖国领土的所有德国人、占领者一个不剩地歼灭掉！"

红场阅兵原本是在11月7日10点准时开始，但在后来被提前到了1941年11月7日的8点10分。可见形势非常紧张。这次阅兵是有重大意义的，苏联向全世界表明了战斗到底的决心。苏军队伍从克里姆林宫前走过，并接受领袖的检阅，然后直接开赴莫斯科前线。苏联红军以预备队和补充兵员加强了西方面军。布良斯克方面军被撤销。各方面军领命扼守所占地区，防止德军从西北和西南迂回莫斯科。

苏联所有广播站都播放了这次演讲，这使得在前线苦战的苏军士兵能够第一时间听到来自红场的消息。斯大林坚定有力的声音传遍全苏联，而在苏军的前沿阵地上，不少战士听后都激动得泪流满面。

1941年的红场大阅兵极大地鼓舞了苏军的士气，更向全世界展示了苏联人与德军战斗到底的决心。

这个时候，莫斯科可谓全民皆兵，几乎所有的青年都扛起枪奔赴了对德作战的最前线，其中不乏有很多的女性。他们高唱军歌，向着炮火连天的前线进发，当时全世界都看到了苏联人民反抗法西斯侵略的信心和决心。

这天上午，当希特勒打开广播的时候，也听到了红场阅兵的消息。希特勒一开始激动得不能自己，他以为是德国军队已经攻占了莫斯科，并已经在红场举行了阅兵。而这个时候，一位军官告诉他，是斯大林在红场阅兵的消息时，希特勒暴跳如雷。他把这位军官撵了出去后，一个人呆着屋子里，愤怒得歇斯底里。这个时候的希特勒，已经清楚地意识到战争的局面已经开始被扭转，苏联已经取得了战争的主动权。

这次红场阅兵，是苏联最著名的一次阅兵，是苏联抵抗反法西斯的标志，是世界反法西斯战争最经典的一页。从这一天开始，苏联红军对德国法西斯开始进行了反攻，揭开了世界反法西斯斗争胜利的帷幕，这一刻将会永远地被历史所铭记。

No.8 大反攻

古德里安下令装甲军团后撤，这是这支德军引以为傲、所向无敌的装甲劲旅第一次撤退。如此背景下，很快，苏军所有的基层军官得到了上级的命令："反攻！"苏军反攻阶段尽管时常会遭遇到德军的猛烈抵抗，但此时苏军面前的德军已不是当初那支训练有素、士气高昂的部队。

▲ 希特勒和将领们在制订进攻苏联的"巴巴罗萨"计划。

1941 年 11 月 29 日，朱可夫致电斯大林下达反击命令。当晚，斯大林下达反突击的命令。

但这没有引起德国的注意。因为 1941 年 12 月 4 日，德国中央集团军群根据所获情报得出结论：苏联没有能力发起一场大规模的反击行动。

12 月 6 日，朱可夫的西方面军向莫斯科南北两侧德军发起了强大的反攻。苏军的进攻势如破竹。两天后，希特勒不得不下令整个苏德战场全线转入防御。但严寒之下，德军防线接连被突破，德军节节后退。

到了 12 月 5 日，加里宁方面军的第 30 集团军首先转入反攻，此时德军进攻能力显然已经衰竭。德军装甲集群侧翼遭受到了强烈的打击，反攻的苏联红军迫使德军不得不向克林方向撤退。1941 年 12 月 6 日晚上，在图拉的古德里安部决定退回原来的防线。

在苏联红军势如破竹的大反攻下，12 月 9 日，苏联红军解放了罗加切沃，11 日解放了伊斯特拉，12 日解放了索尔涅奇诺戈尔斯克，15 日解放了克林，16 日解放了加里宁，20 日解放了沃洛科拉姆斯克。战局焕然一新。

12 月 19 日，恼羞成怒的希特勒免去了陆军总司令勃劳希契的职务，自己亲自兼任陆军总司令。他发布命令说："每一个人应站在其现在位置上打回去。当后方没有既设阵地时，绝对不许后退"。但这一切已经为时已晚，莫斯科战役注定将成为希特勒的噩梦。

▲ 正在向德军阵地冲锋的苏军士兵　　▲ 被苏军俘虏的德军士兵

　　虽然德军将领都一再要求撤退，而且古德里安和赫普纳都因擅自撤退而被免职，可是这时的希特勒认为万万不可以退却，否则就会重蹈拿破仑的覆辙。希特勒要求死守每一个居民点，一步也不后退，直到战至最后一兵一卒。显然是由于他的固执，才会使这个战役中的德军走到了惨败的边缘。

　　到了 12 月底，在莫斯科西南方向，苏联红军已经收复了大片被德军占领的地区，精疲力竭的德军已经撤退到 100 至 250 公里外。德军 38 个师中有 15 个坦克师和摩托化师遭重创。进攻莫斯科的德军已经被击溃，德军对莫斯科的威胁基本已被解除。

　　到 1941 年 12 月底，苏军向西挺进 300 公里，德军各路攻击部队被赶回到"台风行动"前的出发地，这也宣告希特勒苦心经营的"台风行动"的彻底失败。1942 年 1 月初，苏联红军的大反攻宣告完成。莫斯科会战结束，苏联红军取得了苏德战争爆发以来的第一次大胜利。

　　至 1942 年 4 月，进攻莫斯科的德军伤亡人数达 50 万人，其中冻死冻伤的就高达十几万人。在莫斯科会战中，德军一共损失坦克 1300 余辆，火炮 2500 门，德军不得不改"闪击战"为持久战。但是此役中，苏联付出了伤亡和被俘 70 多万人的惨重代价，尽管如此，却取得了莫斯科保卫战的最后胜利。

　　莫斯科保卫战是德军在第二次世界大战中的第一次大失败，苏联红军的胜利极大地鼓舞了苏联人民和全世界人民反法西斯战争的胜利信心。

　　莫斯科保卫战打破了希特勒"闪电战战无不胜"神话的破灭，是德国东线走向灭亡的开始。德军莫斯科战役的失败，为斯大林格勒战役即"二战"转折奠定了基础。而莫斯科保卫战的胜利也使得英美两国意识到苏联是他们击败法西斯必须团结的国家，这也促进了反法西斯同盟的形成。

▼在苏军的包围和严寒的逼迫下，德军被迫举手投降。

第二章

决战库尔斯克

莫斯科战役后,德军遭遇了苏联战场的第一次大失败,快速消灭苏联已经是不可能了。但野心勃勃的纳粹德国还有一定优势,它在寻找一个机会,以挽救面前的颓势。1943 年,在苏联的一个叫波涅里的小镇,战争双方都把目光聚焦在此地。德军计划在此地重新撕开苏联的防线,而苏军也预感到了危机。在库尔斯克大会战中,德军能否得逞?苏军又能否抵挡?一切都还未成定局。

No.1　东线战场

　　德军在莫斯科会战和斯大林格勒会战中遭遇失败后，希特勒一直对此事耿耿于怀，他甚至开始怀疑自己手下的军官。不过，希特勒虽然对下一步行动心存诸多疑虑，但从来没有因此就放弃进攻苏联，因为击败斯拉夫人这样的"劣等民族"一直是纳粹党的意识形态之一。而且，毕竟他已经唤醒了一头巨熊，现在收手是不可能的了，只能继续进攻。

　　德军在斯大林格勒会战之后的灾难性失败及其严重后果，是完全出乎希特勒的意料的。德军在斯大林格勒的第六集团军，被苏军全部俘虏，这在德军开战以来是从来没有过的。即便如此，希特勒依然不相信德军大势已去，虽然德军在斯大林格勒缴械投降，但此后在陆军元帅曼施坦因的指挥下，德军又重新夺回了失去的大片阵地。

　　到了 1943 年 6 月，希特勒突然发现了一个摆在面前的非常诱人的战略进攻机会，希特勒把目光聚焦在库尔斯克由苏军控制的突出部上。库斯尔克这个小城市，因其铁矿石的储量丰富，以甚至能使指南针失灵的巨大铁矿藏而闻名遐迩。在库斯尔克驻扎着苏联红军中央方面军和沃罗涅日方面军，如果德军从突击部背面和南面发起大规模的钳形攻势，很有可能包围此地的苏军并将其一举歼灭。

　　在苏德战争初期，德军运用这一战术曾取得了一次又一次史无前例的胜利，战术效果十分明显。如果能再一次实施成功，不仅可以重新占领苏联的大片领土，大量歼灭苏军的有生力量，甚至还将扭转德军在苏德战场上的战略布局和态势。

　　希特勒考虑，在这个地方对苏联红军发动大规模进攻，他认为在库尔斯克能够大有一番作为。希特勒在斯大林格勒遭遇到的可怕的惨败，已经在某种程度上动摇了其轴心国盟友对德国的决心。德军在斯大林格勒的惨败被同盟国广为宣传，引起了全世界的关注以及德国盟友的担心。此外，在 1942 年到 1943 年期间，德军在争夺北非的战争中失利，北非的控制权已经落到了英法盟军的手里。在此形势下，德国的老牌盟友意大利和罗马尼亚甚至已经开始尝试和盟国求和，就连土耳其也不再在高加索地区与苏联对抗，甚至连芬兰也开始考虑和苏联达成和平协议。斯大林格勒的惨败，已经影响到了德国外交上的主动权，为此希特勒必须要打一场"惊天动地"的战役，来挽回德国的脸面。

　　除了这些外交利益的驱动，战略利益是更为重要的因素。曼施坦因在哈尔科夫反击战中取得胜利后，德国需要巩固和保持其夺回东线战场的主动权。虽然希特勒和德国的军官们已经意识到，现在的德军已经无法与 1941 年苏德战争初期时的势如破竹相提并论了。但是他们依然相信在库尔斯克进行一次大规模的进攻，对德军重新夺回东线战场的战略主

▲ 苏军向德军阵地上发射"喀秋莎"火箭炮

▼ 在库尔斯克会战中，苏联和德军出动了大量的坦克部队，所以库尔斯克也被称为"战争史上最大规模的坦克大战"

◀库尔斯克会战中的苏军士兵。

动权是不无裨益的。

为此，一个代号为"堡垒"的战役计划被开始制订，德军指挥官们认为，"堡垒"计划的实施将沉重地打击苏军，使苏军丧失发起大规模进攻作战的能力，同时也将给德军创造机会巩固防御阵地，并夺回德军在东部战线的主动权。希特勒设想，库尔斯克战役一旦取胜，将成为一把"照耀全世界的火炬"，将挽回德军在斯大林格勒会战受挫以来所面临的战略和外交上的失利。

不过毋庸置疑，面对着这么一个具有重大战略意义的地方，斯大林也不会忽视其重要性。当德军指挥官们开始制订"堡垒"作战计划的时候，斯大林也敏锐地觉察到库尔斯克这个巨大的突出部可能会受到德军的进攻。斯大林深知，库尔斯克这个巨大的突出部，如果运用得当，将成为苏联红军发起大规模反攻的出发点。与希特勒一样，斯大林对于这个突出部也有着强烈的兴趣，为此他也在制定着一系列的计划来巩固库尔斯克的突出部防线。

此时在东线战场，德国和苏联之间已经进行了两年多的战争，自从德国1941年6月制订"巴巴罗萨"计划，并大规模入侵苏联以来，希特勒一直坚信"德意志帝国"的生存空间就在东方的苏联，而征服东方的苏联的辽阔的土地，扩展德国的"生存空间"，是雅利安民族的"必然命运"。希特勒认为一定可以征服苏联，并让苏联为德国服务，此时德国已经占领了包括波兰在内的大片东方土地，对东方的征服是希特勒的根本的战略计划。

▶ 身负重伤的苏联红军战士，仍不忘鼓励战友
向德军的阵地发起进攻。

苏德战争最初的胜利，让希特勒相信只要德军稍微"使一下力"，就可以扭转如今的战况。因为在东线战场的初期，德军的表现让希特勒非常满意，基本打得苏军溃不成军。而莫斯科会战和斯大林格勒会战的失利，也许只是德军一时的败走麦城，并不影响德军对苏联的征服。不过希特勒也清楚地认识到，德军必须在短时间内取得一个大胜利，才能扭转整个东线战场失利的战略形势。

于是，库尔斯克这个突出部便成为德军扭转东线战场的一个巨大机会，希特勒认为一旦打赢了这场战役，势必会让德国翻身，让德国摆脱外交和战略上面临的暂时困境。希特勒命令德军指挥官们开始制订"堡垒"计划，一场大规模的战役即将打响。

No.2　希特勒的决心

"堡垒"计划制订之初，希特勒所面临的情况可以说是四面楚歌。从莫斯科会战到斯大林格勒会战以来，德军几乎是无一胜利，在不断的战略失败中，德军被迫一直后撤。德军在苏联的节节失利后撤，已经让德国的盟国开始动摇支持德国的决心，而对于同盟国来说，德军的失败则成为反法西斯运动的最佳宣传，陆续有几十个国家加入到反法西斯阵营当中。有了外患也少不了内忧，东方战场的失利使德国人民开始有了反战的情绪，很多将领也开始对希特勒的能力抱有怀疑，而在德军前线，厌战情绪也已经蔓延开来。

面对这些情况，希特勒不得不考虑打一场大胜仗来抵消这些对他不利的因素。如果德军继续败退下去，那么很可能会导致东线战场的全面崩溃，到了那时，苏联势必会向德国本土进攻。面对这些情况，希特勒决心要在库尔斯克重振一下威风，让全世界看到德军的威力，在德军指挥官中重新树立起自己的威望。

1942年到1943年的东方战场上德军的惨败，限制了这位元首的选择，他不得不选择在库尔斯克发动进攻，因为除了这个地方，他已经找不到其他可以进行大规模反攻，并扭转战场主动权的地方了。

这时德军统帅部内部也出现了分歧，一部分指挥官认为德军已经不可能会在东线发起大规模的战略进攻，进行战略进攻基本已经不切实际，而更主张进入战略防御形势，形成与苏联红军对峙的局面。不过以曼施坦因为首的其他指挥官却认为，这并不意味着德军现在的战略防守已经不可能进行战略攻势的计划，虽然德军现在属于防守阶段，不过德军相对苏军来说还是占有微弱优势的。

曼施坦因认为，库尔斯克的突出部已经暴露了苏联的战略失误，如果德军能抢在苏联觉察到之前消灭此处的苏军，不仅可以将战线缩短250公里，还可以腾出20个师的兵力用于东方战场其他地方的作战。新上任的德军陆军司令部总司令也同意了这一看法，认为对库尔斯克突出部的

▲ 库尔斯克会战中，苏德双方都出动了当时最先进的坦克进行战斗，图为在库尔斯克会战中的坦克部队。

▲ 库尔斯克会战中，德军失败的其中一个原因就是后勤补给的不足，图为被苏军击毁的德军运输车队

两翼发动进攻，在不拉长德军战线的情况下打一场歼灭战，可以一举摧毁苏军的两条战线，在其整体防线上撕开一个口子。

在曼施坦因的强烈要求下，德军统帅部觉得进攻库尔斯克的计划切实可行，德军如果在库尔斯克胜利，就等于打开了通往高加索地区的大门，可以让德军从战略防御重新转到战略进攻，从而让德军恢复之前势不可挡的态势。并且，如果在库尔斯克取得了胜利，可以一举突破苏军的防线，击溃苏军的整个战略部署，还可以告诉全世界：德军依旧十分强大。

希特勒经过德军统帅部的一致同意，决定了进攻库尔斯克的战略计划。当"堡垒"计划的战略文件递交到希特勒手里时，希特勒十分兴奋，他觉得"堡垒"计划一旦成功，就会让他摆脱莫斯科会战以来所遭受到的一切困境。

▲ 步兵在坦克的掩护下进行推进

　　综合以上因素，在库尔斯克发动一场大规模进攻，已经是德军反攻的唯一机会。为此，希特勒和德军统帅部必须严格制订出每一步计划，如果一旦出现了什么失误，那么对于德军在东线战场来说将是彻底性的打击。希特勒已经下定决心，拿下库尔斯克这个巨大的突出部。"二战"中最大规模的坦克战由此爆发。

NO.3　"堡垒"计划

　　1943 年 3 月初，德军统帅部的指挥官们开始制订"堡垒"进攻作战计划。三月中旬，德军统帅部发出第 5 号作战命令，预计在夏季发动进攻。而德军统帅部在制订作战计划时，还不得不考虑很多因素，首先由于苏军也会制订夏季的进攻计划，所以德军必须赶在苏军进攻前，率先对苏军发动进攻。

曼施坦因建议应该在冰雪消融的四月底或五月初，在苏军反攻之前先发制人，打苏军一个措手不及，从而扩大德军的优势。其次，冰雪消融的情况会给德军增加优势，而这一优势建立在德军于三月份向东击退了苏军并重新占领了哈尔科夫这个条件下。

最后，考虑到由于过去两年的苏德战争，造成的德军人员和装备的短缺，所以德军最高统帅部下达了一份作战命令，要求德军其他部队在南方集团军群发起大规模反攻时负责防守大部分阵线，从而最大限度地发挥德军的战斗力。

希特勒虽然接受了德军统帅部关于攻击库尔斯克突出部的建议，但是并没有放弃进行更大规模的夏季攻势的想法。他考虑了一系列的作战计划，譬如"哈比希特"和"黑豹"作战计划，准备消灭顿涅茨克工业区的苏军。不过最终希特勒取消了这两个计划，他认为这些计划会妨碍"堡垒"计划的实施。但希特勒希望通过使用"哈比希特"和"黑豹"作战计划，来迷惑苏军的视线，隐匿德军真实的作战意图，增加在库尔斯克会战中获胜的概率。

德军"堡垒"计划的主要战略进攻任务是消灭库尔斯克地区的大量苏联红军，一旦击溃库尔斯克的苏军，德军就可以转向北部，第二次向莫斯科挺进。根据"堡垒"作战计划，德军的一个集团军先在奥廖尔周围集结，之后向库尔斯克北部挺进，另一支集团军在别尔哥罗德附近集结，然后向驻守在库尔斯克的苏军发动进攻。当以上这两支部队会合之后，就能够有效地切断在库尔斯克突出部的苏军的退路，并对其实施围歼。

为实现这一作战企图，德军需要在奥廖尔和别尔哥罗德地区集中兵力对苏军实施大规模的进攻，为了配合这一战略行动，德军必须歼灭在奥斯科尔河附近的苏军部队，然后向北进攻。当德军主力部队歼灭了库尔斯克突出部的苏军后，再调集所有未投入战斗的预备队，转向东北方向进攻，从南面和东南面进攻莫斯科，最后包围莫斯科，合力对莫斯科发动第二次攻击。

德国统帅部制订"堡垒"作战计划后，德军前线部队立即着手进行战争准备，在德军投入战斗之前，武器和士兵的巨大亏空急需得到补充，德国军工等相关企业日夜加班加点，大量德国青年被征召入伍，还掺有不少未达兵役年龄的少年，但即使动员全国力量，依然无法完全满足前线的战斗需要。

因为从 1943 年 1 月到 3 月之间，德军在东线的伤亡人数高达 68 万人，而补充到前线的兵力只有 37 万人。为此希特勒发表演讲，动员全德国的青年奔赴战场，而德国招募士兵的年龄限制也不断地在改变。德军开始招募更多的年轻人和中年人，甚至是 50 岁以上的老年人，让他们奔赴前线。由此可以看出，德军的前线部队作战人员已经严重短缺，这在很大程度上影响了德军在东线的作战能力。

与此同时，为了迎接这次大规模行动的展开，德军的武器准备开始全面更新，从冲锋枪到重型火炮等都换成了新装备，同时希特勒给作战部队部署了大量的"虎"式坦克和"豹"式坦克。不过这些仍旧无法解决德军的装备紧缺问题，在此情况下，德军不得不在高质量的新式武器装备中加入大量的老旧武器，以补充使用。

就在"堡垒"计划准备工作即将完成时，曼施泰因与古德里安却对"堡垒"计划能否成功产生了怀疑。事实上，就连希特勒本人也开始犹豫不决了，因为前线德军的作战损失与后

▲ 苏军士兵冒着炮火向德军的阵地发起猛攻。

勤保障开始显现出了诸多问题，而兵力缺乏是最大的关键之一。该计划的漏洞在其实施过程中被放大。

5月3日，希特勒参加了在慕尼黑举行的会议，会议讨论的主题就是讨论"堡垒"计划。德军统帅部已经于4月30日推迟实施该行动，原因是春雨一直下个不停，无法实施原定计划。虽然德军统帅部一些指挥官希望希特勒支持"堡垒"计划，不过有人已经提出了反对意见，反对者还找出了该项计划中存在的几个问题。

首先，德军要想顺利实施"堡垒"计划，那么攻击行动就必须在春雪消融后马上发动，一定要赶在苏军发动夏季攻势之前发起进攻，而进攻时间不得迟于4月底或5月初。然而，现在已经是5月3日，而"堡垒"计划的攻击准备还没有完成。虽然曼施坦因起初支持该行动计划，但此时也已经不再赞成，因为他认为该计划没有按时实施，已经失去了德军发起进攻的最佳良机。但是，这位陆军元帅并没有强烈反对该计划，因为他发现，现在已经很难阻止像希特勒这样手握重权的人实施该计划。其次，根据德军统帅部一些指挥官的说法，晚些发动攻击也无关紧要，毕竟，新组建的"豹"式和"虎"式坦克部队将在进攻中率先发起突击。

当时，古德里安已经受命重组装甲部队，准备在"堡垒"计划中使用。古德里安与斯佩尔均参加了这次会议，他们分析了当前的形势，觉得装甲兵器的生产涉及许多的技术问题，因此为攻击行动生产的装甲兵器数量实在非常有限。古德里安在得到希特勒的首肯后发言，建议把新式的坦克都用在西线战场，以预防美英军队的进攻，他认为这要比在库尔斯克战场上被消耗掉更有意义。

但是，对于古德里安和斯佩尔的建议，中央集团军群司令官却一句话也听不进去。最终，准备在"堡垒"计划中负责主攻任务的第9集团军司令官也发表了自己的看法，并表示反对此次进攻行动。他通过有关库尔斯克苏军防御情况的航空侦察照片，观察到苏军早已在库尔斯克精心布置了防御网络，似乎在等待德军发起进攻。

根据这种情况，德军一定将很难取得胜利。他着重指出，就在德军计划新一轮攻势的同时，苏联人并未坐以待毙。与制订"堡垒"计划的德军一样，苏军也开始制定为防止德军进攻库尔斯克的军事计划了。不过希特勒非常迷信武器技术的决定性因素，确信苏军构建的任何防御都不足以阻止"豹"式与"虎"式坦克的进攻，因为这种新式坦克将无坚不摧。

不少德军指挥官因此避重就轻，趋炎附势，对于新式坦克的生产产量问题轻描淡写，只是片面强调新式坦克强大的作战能力，以迎合希特勒。会议期间，希特勒与往常一样保持中立。他把计划本身与反对意见进行了一番比较，虽然他对于反对意见的观点颇有同感，但并没有

▲ 希特勒检查着"虎"式坦克被击穿的装甲。这让迷信于坦克为威力的希特勒大为恼火。于是，希特勒把所有在库尔斯克会战中的"虎"式坦克运回了德国，又加固装备了一层装甲。虽然这提高了"虎"式坦克的防御能力，但是也间接地导致了德军在库尔斯克会战中的失败。

立即支持的意思，对是否实施"堡垒"计划也表现得犹豫不决。在战争关键时期，希特勒这种对于军事行动犹豫不决的情况已经不是一次两次了。会议结束时，他们仍没有作出决定。而且，由于德军统帅部并没有取消"堡垒"计划，所以该计划仍然有效，只是缺少实施的具体时间。

德军统帅部受困于诸多原因一再推迟"堡垒"计划的实施，而希特勒又特别顾忌坦克的生产情况，担心进攻时缺乏足够的"豹"式与"虎"式坦克，因而最终将攻击日期推迟至6月12日。5月10日，古德里安与希特勒、德军总参谋长凯特尔陆军元帅进行了会谈，古德里安极力想为西线战场保留装备与兵力，因而对希特勒施加压力，要求立即取消"堡垒"计划。古德里安认为这次计划是政治因素支配了战争。在这次会谈中，希特勒再次表示了担心，但他并没有因此而取消该作战计划。5月13日，突尼斯落入盟军手中，进而对意大利形成威胁。希特勒又一次推迟了计划，命令将行动延迟到6月底进行。

尽管希特勒的确考虑过取消该项计划，但最终还是在7月1日发布了特别指令要求开始实施"堡垒"计划。从5月份至此，德军将"堡垒"计划推迟了整整两个月。在此期间，苏军继续加班加点地构筑防御工事，为抵御德军的大规模进攻做好了充分准备。5月3日，苏军在库尔斯克周围已经构筑了非常完备的防御阵地，而德军居然等于又给了苏军两个月时间来进一步完善这种防御体系。就这样，当德军在7月5日最终发起进攻时，不可避免地遭遇到一个准备极其充分的对手。

并且，在此期间，由于希特勒十分迷信唯武器论，曾经对被苏军T-34坦克发射的穿甲弹击穿的"虎"式坦克大为不满。当希特勒再次视察前线阵地的时候，他捡起"虎"式坦克被击穿融化的装甲残片，命令将约800辆"虎"式坦克送回工厂再加上一层装甲。为此，这使德军错过了利用苏军尚未完善防御而进攻的最佳时间。

苏军1943年版的T-34型坦克，是被公认为"二战"中最优秀的坦克。它的优异之处就在于它特殊的悬挂系统，因为它的每个负重轮都可以随着地形的起伏而变化，从而大大地提高了行驶速度。德军曾经缴获了T-34，古德里安建议仿制却被希特勒否决，因为希特勒不愿意接受"劣等民族"的东西。正由于T-34易于生产，简单实用，在后来的战斗中让德军吃尽了苦头。

为实施"堡垒"计划，德军在库尔斯克南北两个方向集中了苏德战场全部装甲师的近70%，作战飞机65%以上，共包括16个装甲师在内的50个精锐师，总兵力达90余万人，共装备各式火炮约1万门，坦克及自行火炮约2700辆，飞机2000余架。希特勒任命克鲁格元帅为中央集团军群司令，曼施坦因元帅任南方集团军群司令。而苏军也已严阵以待，由罗科索夫斯基指挥的中央方面军和瓦图京指挥的沃罗涅日方面军组成的强大军事集团，共有133万余人，其中火炮和迫击炮19000千余门，坦克和自行火炮3400余辆，飞机近2200百架。至此，现代化战争史上最壮观的一幕即将拉开，这注定是举世瞩目的一场战役。

No.4 钢铁防线

斯大林和最高统帅部成员一度以为德国人将会再次进攻莫斯科，而没有想到这一次德国人却把进攻重点集中在高加索地区。上述每次战役中，苏军总能够在最后阶段集结，不但阻止了德军前进，还能够组织反攻。然而，苏军在每次战役中的反击目标定得过高，因此虽然在最初阶段取得了一些胜利，但均未能彻底消除德军的威胁。

以斯大林为首的苏军指挥层希望这种情况在1943年有所改观，根据近期积累的经验，苏联人预测德军将在春天或夏天再次发起攻势，但问题的关键是确定德军发起攻势的地点并据此做好准备。斯大林和最高统帅部都不愿意看到前两年的情形再次上演：德军突然袭击，苏军措手不及，结果德军快速突进，而苏军只能一再后退。

▲ 苏军炮兵在雪地里推着反坦克炮行进。

苏联最高统帅部在制订 1943 年的战略计划之前，对苏军前两年的表现进行评估，虽然在一定程度上，他们是按照斯大林的要求采取这些行动的，但这也是他们对己方军队过于自信的结果，因为当时的苏军已经顶住德军的进攻，并迫使对方撤退。结果，苏军战线过分扩展，一旦前进速度减慢下来，就会因为后勤供应问题而最终停止。

大多数苏军高级军官意识到，今后要想避免重复过去的一幕，则需要制订更加合理和现实的目标。实践证明，指望一次大规模的独立攻势就获得胜利是不太现实的。为了制订己方的进攻计划，苏军决策层必然需要对德国人的意图进行准确的判断。他们确信德国人在 1943 年的任何进攻，规模都不会超过过去两年。苏联决策层一致认为，由于兵力和装备损失严重，德国已经不大可能发动大规模进攻。

不过，苏联人在研究作战地图的时候，得出了与德军同样的结论：很明显，库尔斯克突出部将是德军有限进攻的首选地点，在此发起进攻可以把战线缩短 250 公里，且可以降低兵力需求，节省出大量的兵力以便把他们派往其他地方，而德军在突出部的北翼和南翼的兵力配置表明苏联人的判断非常准确。

在确定德军可能发起攻势的地区后，苏军决策层下一个任务就是制订有针对性的应对措施：究竟是主动发起进攻，还是等到德军战线拉长之后伺机反攻。就在苏联最高统帅部为制订 1943 年的战略计划殚精竭虑时，斯大林已经有了自己的主意。他构思了这样一种夏季攻势：中央方面军和沃罗涅日方面军向第聂伯河挺进，消灭白俄罗斯境内的德军，夺回哈尔科夫，解放顿巴斯。然而，德军的兵力部署使得这一计划风险太大。斯大林和最高统帅部的将军们为此进行了激烈的辩论，沃罗涅日方面军司令尼古拉·瓦图京主张在德国人之前抢先发起进攻，绝对不能让敌人抢占先机。

而最高参谋部的其他官员，例如苏联元帅朱可夫和华西列夫斯基则强烈主张采取谨慎小心的方式。最终，朱可夫和华西列夫斯基等人的意见占了上风。他们认为苏军应该进行防御作战，逐步消耗德国人的进攻力量。一旦德军兵力大大削弱之后，苏军便可以适应时机快速地转入主动进攻。

当希特勒考虑实行"堡垒"计划的时候，斯大林也在反复权衡自己究竟该如何抉择。就在他作出最终决定之前，苏军总参谋长华西列夫斯基给各方面军的将士下达了一个指示，命令他们在春季冰雪解冻期间组织部队做好阵地防御，并且把重点集中在反坦克阵地上。华西列夫斯基的指令包括组织预备队、提高部队战斗训练水平等。除此之外，这位总参谋长还命令加强情报收集力度。根据该项指示，苏军立即开始了一次大规模的情报搜集活动，一直持续到"堡垒"计划开始才告一段落，重点是关于德军各个集团军的位置、兵力重点集结区、战役和战略预备队的配置、动向等方面的情报。

1943 年 4 月 12 日，朱可夫、华西列夫斯基和红军第一副总参谋长阿列克谢·安东诺夫大将在克里姆林宫和斯大林进行了会谈，汇报了他们各自负责的工作情况。这三位指挥官强调了暂时采取守势耗尽德军攻击能力的重要意义，在德军被充分削弱后，苏军就可以发动大规模攻势。除了报告对德军部署和实力的评估之外，朱可夫元帅还向斯大林汇报了自己对苏军下一步战略计划的意见和建议。

根据朱可夫的意见，苏军应当加强中央方面军和沃罗涅日方面军的反坦克力量，他同时建议尽快在最高统帅部预备队中组建 30 个反坦克火炮团，并尽可能地集中空中兵力。朱可夫进一步建议，苏军装甲部队和步兵在对敌人进行震慑性攻击的同时，应当配合以大规模的空中打击，此举将打乱德军的进攻计划。此外，这位元帅还谈了自己和华西列夫斯基就如何配置战役和战略预备队的建议。最后，朱可夫再次重申了通过积极防御消耗敌军有生力量，以便消灭德军坦克部队，而后再动用己方强大的预备队并发动反攻，并强调指出这是大多数人认为的最好的战略方案。

▲ 被苏军击毁的德军三号坦克

▲ 苏联妇女慰问库尔斯克前线中的苏军将士。

苏联最高统帅部命令所有方面军构筑强大的防御阵地，因为这些军事领导人仍然不能确定德军发动攻势的确切地段。从一开始，这些防御措施就是苏军战略计划的重要组成部分，为随后发动攻势打下了坚实的基础。四月中旬以后，苏军防御阵地开始出现明显的改善，体现出苏军对最高统帅部的战略部署的坚决执行，在发动进攻之前采取战略防御。然而，苏军的战前准备并不仅仅局限于加强在库尔斯克突出部及其后方的防御力量。

而当德国人加快提高坦克性能的时候，苏联人则集中力量增加坦克的数量。结果在库尔斯克会战中，苏联能够比德国投入更多的坦克进行作战。当然，在大多数情况下，德军坦克的质量优于苏军坦克。于是苏联通过租借法案得到了美国、英国和加拿大的援助，补充了一定数量的轻型侦察坦克，一起投入到库尔斯克。1943年夏天，苏军开始配备新式反坦克武器，其性能比在前几次战役中提高了许多。

在"堡垒"计划开始前的几个月里，苏德双方都开始利用一切时间备战。虽然德国人仍然轻蔑苏军的战斗力，但当两军在库尔斯克交手时，苏军已经今非昔比了，凭借着在与德军的战斗中获得的经验，已经发生了脱胎换骨的变化。为了从失利中汲取经验和教训，苏军设立专职的参谋人员，加入各部队的指挥系统，以更加详细地总结战斗经验，并提供苏军各级指挥机构参考。截至1943年，苏军作战部队已经配备了坦克、自行火炮、反坦克炮、防空火炮和其他后勤保障装备，作战机动灵活，可以应对各类情况，具有很强的战斗力。

除了构筑防御阵地和扩建坦克部队以外，苏联也开始在本战区积累空中力量。在即将到来的库尔斯克会战中，苏联最高统帅部准备在库尔斯克会战中采取弹性防御的原则，以配置在主要战线上的一系列坚固支撑点为依托，分散己方的防御阵地，从而降低德军火炮弹幕的轰炸效果。只要防御阵地构筑合理，德军大部分的炮弹都将不能击中潜伏在壕沟里的部队。在库尔斯克会战中，苏军胜利的关键在于 1943 年 3 月到 6 月下旬期间建造的防御系统有着很大的纵深，尤其那些位于突出部内翼的防御体系，是苏军在战争期间构筑的最精心、最坚固的防线。

作为最高统帅部的代表，朱可夫和华西列夫斯基元帅开始了库尔斯克突出部内翼和后方的防御体系的构筑工作。他们在此研究部署苏军部队，通盘考虑整个战役的方方面面。虽然朱可夫、华西列夫斯基和其他最高统帅部成员把重心放在战役防御阶段，但他们还必须在时机来临时能够准确确定从何处发起进攻。对于苏军决策层来说，进攻位于库尔斯克北部奥廖尔突出部的德军是一个最好的选择。

如果时机选择正确，苏军通过进攻奥廖尔周围的德军将粉碎德军中央集团军群对库尔斯克突出部的进攻，并将最终击溃奥廖尔突出部的德军。这样一来，索科洛夫斯基所指挥的西方面军和波波夫所指挥的布良斯克方面军的主要作战对象将是德军中央集团军群。

1943 年整个春天和初夏，苏军为应对德军即将在库尔斯克展开的攻势进行了大量的战备工作，最重要的就是构筑防御阵地。苏军从 3 月下旬就开始构筑防御阵地，这让他们有了整整 3 个月的时间来构筑一套纵深防御体系，以防被德军轻易突破。

结果，苏军在库尔斯克突出部周围构筑了多重防线，每道防线由 1 个专门的集团军负责防御。在主要防御方向上，苏军防御阵地纵深为 3 公里到 5 公里。在前沿防线后面大约 15 公里处，苏联军民还构筑了另外多条预备防线。仅在中央方面军所在区域，就挖掘了长达 5000 多公里的战壕，加强了在每座村庄和山上的防御力量，还在草木繁茂的战场上埋设了 40 多万枚地雷。

除了正常的防御工事之外，苏军还架起了长达 112 公里的带刺铁丝网，其中有数十公里为带电铁丝网。为了防止德军突破防线后继续向东突进，草原方面军把 3 个集团军部署在一条警戒防线上。

为了确保万无一失，苏军已经建成一条强有力的反坦克防线。他们首先布设了反坦克地雷区，阻止德军坦克抵达主要的防御阵地。苏军还构筑了一系列的坚固掩体，集中了大量的重型火炮，然后把各个防御点连接起来，由点到面构成反坦克网络。在纵深达 30 多公里的反坦克防御阵地中，苏军配置了包括防空火炮在内的各类火炮，这些火炮将在接下来的战斗中发挥重要作用。

苏军在库尔斯克周围的防御阵地是专门针对德军各兵种协同作战的战术而组织构建的，由火炮群、地雷阵、机枪和狙击兵构成的火力网将成为德军的噩梦。而德军的楔形战斗队形，更使得自己在未来的战斗中吃尽了苦头：德军重型坦克在突破苏军防线后继续向前突进，却把战斗力较弱的坦克撇在身后，而此时步兵还被困在地雷阵以及由火炮和机枪交织成的火力网中。由于苏军通过空中和地面侦察活动，把德军的战备情况看得一清二楚，最高统帅部可以根据德军的进攻方向调整己方的防御部署。

到了 1943 年夏季，苏军在库尔斯克周边的防御阵地已经基本构筑完成，形成了一道道的钢铁防线，迎接着即将来临的大战。

No.5　枕戈待旦

原本将定于 1943 年 5 月初发起的"堡垒"计划没有按预定计划实施，一再推迟行动的原因有多种，其中包括气候条件、兵员及武器装备的缺乏。最后，希特勒于当年 7 月 1 日发出了特别指令，向各级指挥官明确了攻击目标，下令正式开始"堡垒"进攻计划。

上面我们说过，1943 年的整个春季和夏初，苏军都在为迎击德军的夏季攻势做准备。同时，为了隐秘自己的准备活动以及部队的实力和调动情况，苏军实行了一项精心设计的战略欺骗计划——"马斯基罗夫卡计划"，即修建了大量的假战壕和机场，集结大批假坦克与火炮，并且划出了假的坦克展开区。

除进行战略欺骗外，苏联最高统帅部还在一些地区大张旗鼓地集结部队，转移德军在库尔斯克突出部的注意力。苏军的欺骗活动在某种程度上取得了一些成功，德军情报部门虽然掌握了苏军在库尔斯克一些主要部队的情况，但没有察觉到苏军所有的防御准备，特别是担任苏联最高统帅部战略预备队的草原方面军的准备情况。

苏军在构筑防御工事、训练部队的同时，搜集了关于德军战备情况的大量情报。对于苏军而言，要想强有力地阻遏德军前进并发起反攻，关键是弄清楚德军在何时、何处发起攻击。但苏军情报部门无法提供这些情报，因此在准备过程中，有几次错误地拉响了警报，以为德军进攻开始了。其中，苏联最高统帅部在 5 月份就至少拉响了 3 次警报。无法有效地确定德军将在何时何地开始进攻的问题，引起了苏军内部关于能否挫败德军进攻的争论。

　　苏德双方在库尔斯克部署了大量兵力和防线之后，苏德双方士兵谁都知道要面临着一场大战。在库尔斯克大战来临之前，双方为了试探对方的底细，也爆发了一系列的小规模战斗。5月份，苏德双方都在试探对方的底细。苏军期望德军能够早些发起攻击，因此出动战机在5月初轰炸了德军的17个机场。在4天的轰炸中，苏军飞行员共袭击德军1400次，摧毁德军500架战机，自己损失122架。德军飞行员则在5月下旬以牙还牙，轰炸了库尔斯克的铁路枢纽，试图破坏苏军在该地区的后勤集结行动。

▲ 即将赶赴库尔斯克会战中的苏军士兵，在和家人做最后的道别。

　　苏军侦察小组与游击队在敌后活动频繁，搜集情报并破坏德军的后勤。等到希特勒下令开始实施"堡垒"计划时，苏德双方都已经集结了大批部队。德军第9集团军、第4装甲集团军总兵力70万人，坦克和突击炮2400辆，战机1800架。苏军中央方面军与沃罗涅日方面军总兵力130万人，坦克与突击炮3400辆，战机2100架。

　　随着时间的推移，战场形势日益紧张。7月1日，苏联最高统帅部根据有关情报判断，德军的攻击行动正在迫近，于是警告所有指挥员德军可能于7月3日至6日发起攻击，前线苏军随即进入高度警戒状态。7月4日，100架德军战机攻击了位于别尔哥罗德的西北方面军。此外，德军火炮与坦克还向苏军进行了数小时的炮击。苏军近卫第6集团军与近卫第7集团军的600门火炮与迫击炮进行了还击，双方进行了猛烈的炮击，这让苏联开始

▶ 大批坦克被运往库尔斯克前线，"坦克大战"即将上演。

意识到，德国人要发起总攻了。

7月4日22时，一支苏军巡逻队俘获了一名德军士兵，这名士兵透露了德军将于次日黎明发起总攻。这虽与两个月以来从其他战俘口中获得的情况相符，苏军还是对这份情报的可靠性进行了分析。

7月5日凌晨2时许，苏军又捕获了一名德军士兵，当时这名德军士兵正在排雷，他也承认德军将在一个小时后发动进攻，于是苏军士兵立即向上级报告。接到报告的朱可夫，经过认真考虑后，命令部队进入战争警戒状态。同时为了打乱德军进攻步骤，朱可夫于5日2时20分下达向德军阵地实施炮火反击的命令，库尔斯克会战的序幕由此拉开。

No.6　惨烈的战斗

苏联红军的炮击完全出乎了德军的意料，炮击给德军造成了很大的损失。于是，7月5日拂晓时分，德军正式发起了夏季攻势。德国第9集团军也对苏联红军开始了炮击，整整持续了80分钟，集中炮火猛轰苏军防线前4公里地带。为了协同地面炮击，德国空军也向苏军阵地和库尔斯克周围的苏军机场进行航空轰炸，第9集团军先头部队开始向苏军防线发起冲击，德军地面与空中火力继续轰击苏军阵地，为德军进攻行动提供支援。苏德双方的炮火进攻一直持续到上午11时。

为降低坦克遭受攻击的风险，德军第9集团军司令莫德尔命令步兵从坦克上面跳下来，跟随坦克向前进攻，以分散苏军注意力。尽管这一战术减少了坦克的损失，但也造成了步兵的大量伤亡。德军的一个师开始发起地面攻击，出动步兵向苏军发起佯攻，将苏军注意力从德军真正的进攻点吸引开。

苏德双方出动了大量的坦克、飞机和步兵，在库尔斯克进行了一场大规模的持久战，双方为此都付出了巨大的代价。当德军企图向苏军防线进一步推进时，战斗变得更加激烈，坚守防线的苏军决不让德军攻占一寸土地。

在库尔斯克突出部北部的战斗中，苏军持续不断地向战区投入装甲兵、反坦克兵、炮兵和工兵，全力地迎击德军。就这样，突出部北部的战斗很快演变成一场消耗战。但只有苏军一方能够承受得住这种程度的消耗，他们似乎有着不断的人员和装备及时用于补充，而德军却没有这样的优势。为尽快地取得行动自由，德军必须突破苏军的重重防线。

在德军强大的攻势下，苏军一直处于不利地位，但是苏军依靠之前布下的雷区，极大地拖延了德军的进攻速度，德军在密布的雷区和反坦克火力面前最终停下了脚步。

据苏联战争文献记载，截至7月5日上午11时，苏军防线大约受到了德军上千次的突击。而在此情况下，苏军对德军发起的成功突击仅有520次。无论是新的作战方案还是原来的作战计划，均未能成功阻止德军在7月5日的进攻。双方进行了大规模的地空作战，战役打得异常激烈。不过尽管苏联战机损失惨重，但苏联空军还是表现得非常英勇。

激烈的战斗中，交战双方均遭受了巨大损失，仅苏联中央方面军就损失了近100架战机。尽管苏联空军声称击落了德军100多架战机，但也无法阻挡德军的近距离空中支援。不过战斗力在7月5日达到巅峰的其他德军部队，经过一整天的激战之后，战斗力出现严重下滑。但苏军则不同，由于苏军能够快速地向前线增援部队，因此在第二天恢复战斗后，德军将面临比预料之中强大许多的对手。

苏军尽管遭受了巨大的损失，但他们不放弃大片的土地。在波内里阵地，一场激烈的坦克大会战沿着波内里阵地以西的山脊展开，前后共持续了4天，参战的坦克和自行火炮达到1000多辆。与此同时，密密麻麻的步兵与炮兵也展开了血战。战斗之惨烈空前绝后，整个库尔斯克似乎到了末日。

在库尔斯克会战开始的第一天，苏德双方就投入了大量的军力。为了保护地面部队，苏军在7月5日把所有战机都投入了战斗，虽然苏军战机进行了艰苦卓绝的斗争，并付出了沉重的代价，却仍然未能阻止德军战机对苏军阵地、后方设施和战场的轰炸。

而德军在第一天的战斗中投入了近500辆坦克和突击炮，对罗科索夫斯基在库尔斯克突出部北翼的中央方面军进行攻击。虽然德军损失了50%的坦克，却向苏军防线突进了6公里到8公里。由于德军在第一天未能取得预期的效果，7月6日德军在战场上投入了500辆坦克与突击炮，但到当天晚些时候，已经损失了近半的坦克和40%的人员。

在库尔斯克会战的头两天，苏德双方进行了炮击、空袭、激烈拼杀和坦克大战，都付出了惨重的代价。德军决意发动一场必须成功的攻击，而苏军则坚决不放弃一寸土地。双方在人、坦克与其他装备上都遭受了巨大损失，展开了殊死的厮杀。

No.7 四面楚歌

在库尔斯克会战接下来的两天，德军的进攻还算比较顺利，他们攻到了普罗霍罗夫卡城下。在普洛霍罗夫卡，苏德双方进行了大规模的坦克大战，苏德双方共出动了1500辆坦克。在这里，双方进行了激烈的战斗。

当普洛霍罗夫卡坦克大战打响之后，数百辆苏联红军驾驶着T–34坦克出现在阵地前沿，分成40至50组铺天盖地向德军阵地冲来，坦克上还运载着步兵。见此情形，德军立即投入了战斗。顿时，火炮、穿甲弹在双方阵地中爆炸，硝烟笼罩了整个大地。战斗一开始，苏联红军T–34坦克就径直杀向德军阵地。然而，T–34坦克的76毫米口径火炮在远距离无法击中德军坦克，因此大量苏军坦克在接近敌人之前就已经被德"虎"式坦克摧毁。战斗结束后，战场上苏联红军坦克的残骸数以百计，苏181坦克团在战斗中全体阵亡。

在此役中，有着无数的可歌可泣的壮美故事，苏军女护士卓娅就是其中最为平凡但最为值得铭记的英雄。为了夺回被德军突破占领的第一道防御阵地，苏军某步兵营伤亡很大，卓娅发现了倒在德军阵地前身负重伤的红军战士，便义无反顾地冲出掩体，冒着敌军的枪林弹雨匍匐至伤员跟前进行救治。德军阵地上也冲出七八个士兵企图活捉卓娅，苏军只能以重机枪阻击，撂倒五六个后，仍然有两三个逼近卓娅。而此刻由于间距太近，机枪阻击可能会伤及卓娅。怎么办？难道眼睁睁地看着卓娅落入虎口？全营战士心急如焚！大尉营长不干了，"噌"地一下跃起，高喊一声"共产党员跟我来！"瞬间，小伙子们杀声一片地向着敌方阵地冲去……大尉来到卓娅面前扇卓娅一巴掌，然后由衷地对她称赞道，"真是好样儿！"之所以狠下心扇了卓娅一巴掌是因为为救卓娅牺牲了十几个同志，而称赞她是因为正是在卓娅这种置生死于度外的高尚精神的感召下，红军战士才能一举夺回阵地。

而在这个时候，苏德空军的对决也分出了胜负。苏联空军经过激战夺取了库尔斯克北部地区的制空权，给德国地面部队以很大威慑。德军虽给苏联红军造成很大损失，但苏联红军依靠数量上的优势，坚守住了空中阵地。虽然苏军的伤亡巨大，却有源源不断的后援赶来，德军应付不暇，只能落败。

虽然苏军一次次的反攻均被德军击退，但是却让德军无法进行战

▲ 图为一辆被摧毁的德军坦克。这辆坦克的驾驶员虽然幸运地逃出了坦克，但是也被苏军士兵击毙。这张照片反映了库尔斯克会战的残酷程度。

略计划的实现，这打乱了德军的战略部署，严重地影响了德军的战略决定。普罗霍罗夫卡坦克大战被认为是人类战争史上最大规模的坦克战，并闻名于世，成为一个传奇。

在普罗霍罗夫卡坦克大战之后，苏联红军有了更大的信心能够发起大规模攻势将德军赶回德国境内，而战略主动权更落入苏联红军手中。苏联红军的进攻率先在库尔斯克北部小城奥廖尔发起，并以打败拿破仑入侵的俄国元帅"库图佐夫"的名字作为此次战役的代号。苏联红军向奥廖尔突出部的德军阵地实施了长达两个多小时的炮击，随后西方面军和布良斯克方面军的一线部队开始进攻德军阵地。德军则进行着顽强的抵抗，给苏联红军造成重大伤亡。苏军则再次调集了大量的兵力参战。

此时苏联空军也完全控制了制空权，法国"诺曼底"航空大队也在库尔斯克上空与苏联空军并肩作战。面对坦克和兵力都占优势的苏联红军，莫德尔无力阻止其进攻，他意识到失掉奥廖尔只是时间问题。1943 年 7 月 9 日，莫德尔以 300 辆坦克向苏联红军阵地发起了最后一次进攻，结局仍然是失败的，此时德第 9 集团军的攻击能量已耗尽，被迫转入战略防御阶段。在这天的坦克大战中，德军虽然以相对较小的损失，摧毁了更多的苏联红军坦克，但他们却没能攻占奥廖尔，而随后源源赶到的苏联红军援兵使他们的防线更加坚固。

莫德尔向希特勒请求放弃奥廖尔将德军后撤至"哈根"防线，但被希特勒否决了。当希特勒意识到奥廖尔突出部的德军面临被苏联红军合围的危险时，希特勒最终同意放弃奥廖尔，向布良斯克方向的"哈根"防线撤退。撤退途中，德军实行了残酷的焦土政策。苏联红军攻克了奥廖尔，并继续追击退却中的德军，解放了霍特涅茨。进入卡拉切夫后，苏联红军的进攻基本结束，战线逐步稳定了下来。

在南线，朱可夫的苏军发动了最后的反攻，苏联红军近万门大炮齐鸣，大量炮弹倾卸到德军阵地上，炮击持续了两个多小时，最后以一阵喀秋莎火箭炮的齐射作为结束，随后坦克和步兵开始发起攻击。在炮击中幸存的德军无力阻挡苏联红军的前进，苏联红军很快就突破了德军第一道防线。苏联红军各突击集团平均向德军纵深推进了 10 ～ 15 公里，收复了别尔哥罗德，占领了德军后方的后勤供应基地博戈杜霍夫，缴获大量德军物资和燃料。

库尔斯克会战结束之后，战场遍布着数以百计烧焦的坦克和飞机的残骸，以及无数的尸体。苏德两方都受到了极大的损失，只不过双方的区别在于：苏联红军在遭受了巨大损失的情况下仍然能按照计划冲出防线发起全面反攻，而欧洲东线德军则再也无法扭转整个东线战局。

▲ 除了"坦克大战"，苏德双方在库尔斯克会战中也投入了大量的战斗机。

No.8　希特勒的失败

　　虽然节节败退，德军依然拥有较强的作战实力，并在以后几天的战斗中取得了一定的进展，包围了苏联红军的几个步兵阵地，占领了一些极有战略价值的高地，但是最终德军却放弃了这些阵地。那么，是什么原因导致德军最终在南线放弃进攻，全军撤退的呢？其实，导致德军溃败的原因恰恰是希特勒本人。

　　1943年夏季，第二次世界大战已经进入了关键的转折阶段。7月初，就在苏德战场上的库尔斯克战役进行到白热化的时候，由蒙哥马利指挥的英国第八集团军和巴顿将军指挥的美国第七集团军在意大利的西西里岛大举登陆。而希特勒的盟友墨索里尼，在意大利因不得民心而被迫下台，此时意大利退出战争的迹象已经非常明显。

　　接到这几个消息后，希特勒开始坐立不安。由于意大利的局势的变化，德国在该地区的兵力无法抵御英美盟军的进攻，同时，库尔斯克会战不仅看不到胜利的希望。在奥廖尔突出部的德第9集团军也有被切断后路，重蹈斯大林格勒的德军覆灭的危险。希特勒最终决意终止"堡垒"计划，他决定放弃苏德战场上在库尔斯克的会战，将军队撤出以保存实力，为防御作准备，同时还需要从东线战场抽调兵力去意大利，以应对盟军在意大利方向上的进攻。

　　但曼斯坦因却强烈地反对，他认为德军不应在决战战场上草率收场，德军还有充分力量，可以继续以优势的坦克交换比消耗掉苏联红军装甲力量，以便使苏联红军至少不能在德军撤出进攻后立即发起强力反击，所以，他坚决认为在这个战役刚刚进行到决战高潮时取消"堡垒"作战是错误的决定。

　　然而，刚愎自用的希特勒并没有采用曼施坦因的建议，立即将德SS装甲军等主力部队调离了普罗霍洛夫卡地区。这些部队正式撤出库尔斯克战场后，德 SS 装甲军的希特勒近卫师被调往意大利。

后来据纳粹高级将领透露，希特勒命令德军撤退的主要原因并不是德军自身失去了战斗力，而是由于希特勒丧失了继续同苏联红军作战的勇气和信心。随着希特勒这一决定的做出，德军在欧洲东线战场上最后一次争取战略主动权的机会也就随之破灭了。

在库尔斯克会战之后，德军从占优势的战略进攻变成了弱势的战略防御，而苏军则完全掌握了东线战场的主动权，德军已经彻底丧失了在东线的战略优势。库尔斯克会战的失利使纳粹德国永久性地丧失了战场主动权，此后德军再也没有在欧洲东线发起有威胁的攻势。

这场会战后，苏联红军完全掌握了战略主动权，转入了战略进攻。斯大林在评价这一来之不易的胜利时骄傲地说："苏联红军在库尔斯克会战的胜利标志着德国法西斯已经处于覆灭的边缘。"

对于苏军在库尔斯克大会战的胜利，美国总统罗斯福发表广播讲话宣称："当前最有意义的战斗是在俄国，俄国从纳粹主义统治下拯救自己的同时拯救了全世界，我们应当感谢这个国家，它在未来的世界里也将是善邻和挚友。"

库尔斯克战役结束后，欧洲东线的战局演变成了苏联红军的长途进攻，苏联人很快收复了所有失地，并解放了整个东欧地区，直捣长龙攻入德国，占领柏林，并赢得了最终的战争胜利。此后，德军再也不能反击或阻止苏联红军的推进，只能被迫开始了长途撤退，直至战争的结束。德军在库尔斯克会战的失败，正式成为了第二次世界大战的转折点。库尔斯克会战之后，盟军拉开了全面反攻的序幕，世界反法西斯战争也进入到了大反攻的局面。

第三章

珊瑚海海战

　　日本偷袭珍珠港成功后，国内一片乐观。日军随即发动新的攻势，为太平洋战场的决战作最后的准备。美军经珍珠港事件后，损失惨重，元气大伤。日军新的目标是控制远在大洋洲的澳大利亚。它能否得逞？敌对双方在澳大利亚东北方向的珊瑚海相遇，这是人类战争史上航空母舰编队在远距离以舰载机实施的首次交战。狭路相逢，到底谁将获胜？日军能否再续辉煌，而美军能否扳回一城？

▲ 被日本舰载机击中后受创起火的列克星顿号航母正在燃烧下沉

No.1　珊瑚海上的大战

在澳大利亚的东北方向，有一片面积为 480 万平方公里的汪洋大海，这就是世界上最大的海域——珊瑚海。在这一块辽阔的海域里，珊瑚构造物异常发达，"珊瑚海"的名字就是由此而得来。

太平洋战争爆发后，美国正式对日宣战，美日双方在太平洋的广阔的海面上开始了历时四年的激烈厮杀。1942 年春，随着日军占领东南亚的广大区域，日军参谋本部立即决定向西南太平洋推进，太平洋战争陷入了胶着状态。

当时日本的计划，是让日军南下夺取新几内亚岛的莫尔兹比港和所罗门群岛的图拉吉岛，掌握该地区的制海权和制空权，以切断美国通往澳大利亚的海上运输线。当时沉浸在胜利喜悦中的日军联合舰队，其在西南太平洋战场上的第一阶段的任务已经超额完成，但是第二阶段的任务还没有最终确定。

在日本看来，美国的经济实力转化为军事工业实力，虽然潜力虽大，但是如果要立即转入战时状态还需要一个过程，而在美军完全进入战斗状态的时候，迅速地切断美军在西南太平洋上的运输线，掌握西南太平洋的战略主动权，这无疑将给美军一个沉重的打击。

当时日军作战大本营预计美国要等到 1943 年夏季才可能组织反攻，而日本在这一时间则完全有能力进一步推进战线，扩大防御圈，控制澳大利亚的计划就是这一战略的反映。当时日本陆、海军一致认为澳大利亚将是英美借以反攻的最大据点，如果占领该地区，将是日军在太平洋战场上所取得的最大胜利。但由于日本大部分陆军深陷于中国战场，根本无力出兵登陆澳大利亚，可行的选择就是切断其与珍珠港的联系，完全掌控该地区。

为了实现这一战略计划，1942 年 2 月初，日军占领了澳大利亚东北的俾斯麦群岛的拉包尔基地，3 月初又推进至新几内亚的莱城、萨拉莫阿。按计划随后即应对图拉吉和新几内亚东部的莫尔比兹港实施登陆。但由于美国航母的袭扰，这一计划被推迟。直到 4 月底，日军第 5 航空战队、第 5 巡洋舰队从印度洋归来回到特鲁克，日军进攻图拉吉和莫尔兹比港的计划才正式开始。

1942 年 4 月 30 日，日本联合舰队第 5 航空战队、第 5 巡洋舰队和 6 艘驱逐舰从特鲁克出发南下，横于夏威夷和新几内亚群岛之间，伺机消灭盟军水面舰只，登陆掩护编队作为攻占莫尔比兹港的先头行动。5 月 3 日，日军的先遣登陆部队占领了小岛图拉吉。随后，5 月 4

▲ 停在甲板上的日军飞机。

日，登陆部队主力从拉包尔浩浩荡荡驶向莫尔比兹港。完成图拉吉登陆掩护的"祥凤"号及掩护舰只向西航行准备与登陆部队会合，同时机动部队第5航空战队进驻珊瑚海。

但是日本人没有想到，此时美国太平洋舰队第17和第8特混舰队已先于日军的机动编队进入珊瑚海，两军狭路相逢，引发了海战史上著名的珊瑚海海战。

在珊瑚海海战中，美日双方舰只并未直接交战，这在海战史上是第一次。两国战舰始终都没有相遇，而只是作为舰载机实施攻击作战的起降场。珊瑚海海战是战争史上航空母舰编队在远距离以舰载机首次实施的交战。这场海战几乎是太平洋战争中最公平、最考验双方战斗实力的一役，因为双方都是突然相遇的，所以，能较客观地反映出了双方的战斗力。

同时，珊瑚海海战也是日本海军在太平洋战场上的第一次受挫。在珊瑚海海战中，日本海军由于损失的飞机和飞行员无法立即得到补充，而被迫中止了对莫尔兹比港的进攻。

在1942年初，此时对于美国太平洋舰队来说，前途是一片黯淡的景象，刚刚遭受了日军偷袭珍珠港之后元气大伤，很多美军士兵甚至以为太平洋舰队基本上已经是名存实亡了。但是对于太平洋舰队总司令欧内斯特·金上将来说，美军太平洋舰队还有重新掌握太平洋战场的机会。

1942年1月20日，日本伊-124潜艇号在达尔文港布雷时被美军击沉。美军随后用潜水作业船从伊-124号上捞出了密码本。之后的几个月中，尤其是空袭东京后，日本军部作出了过分的反应，几乎把联合舰队都派了出去了，美军随着对日军的情报的收集和积累，珍珠港的情报处开始逐渐破译日本的电码，并用分散的情报逐渐绘制出日本联合舰队的进攻矛头。而这一天机是在太平洋战争初期，美国海军能够与日本联合舰队周旋的最为重要的基础。

尽管通过破译密码，美军太平洋舰队已经知道日军即将对莫尔比兹港实施登陆，同时美军先遣队已占领图拉吉，并基本掌握了日方投入的兵力部署，同时尼米兹也最终决心阻止日军登陆莫尔比兹的行动，但这并非一个能够轻易成功的决定。对盟军来说，集结必要的兵力对付日军似乎并不太容易。可供使用的只有第8特混舰队"列克星顿"号和第17特混舰队"约克城"号航母，另有8艘巡洋舰和13艘驱逐舰。于是尼米兹下令，由弗莱彻统一指挥，率领两支舰队于5月1日进驻珊瑚海。

No.2　日本的野心

1942年春，日军占据东南亚的广大地区后，决意要向西南太平洋推进，并夺取新几内亚岛的莫尔兹比港和所罗门群岛的图拉吉岛，以掌握该地区制海权和制空权，此次行动是东京

▼ 美日舰队在南太平洋珊瑚海上进行了著名的"珊瑚海海战"，珊瑚海海战是世界战争史上航空母舰编队在远距离以舰载机实施的首次交战，也是日本海军在太平洋战场上的第一次受挫。

军部为达到建立"大东亚共荣圈"之目标而提出的。但是对身为联合舰队总司令的山本五十六来说，却是一件节外生枝的事情。

1942年2月初，日军占领了澳大利亚东北的俾斯麦群岛的拉包尔基地，3月初占领了新几内亚的莱城、萨拉莫阿。按计划随后即应对图拉吉和新几内亚东部的莫尔比兹港实施登陆。但由于盟军海军的袭扰（主要是英国和美国的巡洋舰），计划不得不被推迟。

从山本五十六的观点来看，美国拥有强大的经济后盾，这种盘踞固守的战略会导致必然的失败。但是，自从偷袭珍珠港大获全胜之后，东京军部已经被胜利冲昏头脑。加之不久前又将美国人赶出他唯一的殖民地菲律宾，所以，他们一致认为美国已经无法在短时间内控制太平洋的战局，这对于日军来说是一个天赐良机。这时刚从印度洋胜利返航的舰队也使军部有了强有力的理由去督促山本分兵执行进攻珊瑚海海域的计划。

根据日军分析，4月前后搭载B-25轰炸机袭击日本本土的"大黄蜂号"或

▲ 珊瑚海海战中，美日舰队并未直接交战，而是用大量的舰载机进行的海空战。

者是"企业"号，正处于返航状态，另一艘"企业"号或者"大黄蜂"号则驻守在珍珠港（日军并不知道其实两艘航母在脆弱的护航编队保护下同时参加了这次冒险行动），"萨拉门托"号在圣迭戈港大修大补，只有之前在珍珠港逃过一劫外出演习的"约克城"号以及"莱克星顿"号不知去向。美国在太平洋的核心力量，5艘航母中有3艘可以确定不会参与这次行动。

第4舰队司令井上成美派高木武雄率第5航空战队航空母舰"翔鹤"号和"瑞鹤"号（舰载机共125架）及重巡洋舰3艘（其中第5巡洋舰队的"妙高"号和"羽黑"号从印度洋归来，回到特鲁克。仅作短暂补给就加入战斗准备，尽管随舰官兵已经处于高度疲惫状态）、驱逐舰6艘从特鲁克出发，找准机会消灭盟军的水面舰只。

原忠一少将率轻型航空母舰"祥凤"号和重巡洋舰4艘、驱逐舰1艘从拉包尔起航，掩护登陆船队。虽然在航母的潜在兵力对比中联合舰队对美海军3:2优势不大，但是由于珍珠港事件，美国太平洋舰队重型舰只几乎全军覆没，因此在炮舰方面日军占有绝对的优势。井上成美在对上司山本五十六的述职中充满自信地写道："此役必胜，定为大业振奋大日本官兵之士气。"

但是事情并不像日本军部想象得那样发展，因为美国在情报方面已经占去了先机。从珍贵的密码机中，美国破译了日军准备进攻新几内亚东部的计划。此地是进出亚太地区的门户前哨，其中的瓜达尔卡纳尔岛更是重中之重的战略要地。因此，为保住此地，太平洋战区盟军总司令尼米兹海军上将命令弗莱彻海军少将率第17特混舰队，下辖"约克城"号和"列克星敦"号航空母舰，舰载机 140 余架，巡洋舰 5 艘、驱逐舰 9 艘，在珊瑚海阻击日军登陆莫尔比兹的行动。

5 月 1 日，美军特混舰队先于日军进入珊瑚海海域，并派出大量侦察机搜查联合舰队的踪迹。此时美国人并不知道这次来了多少日军，但是有一点可以肯定，联合舰队都从日本本土起航了，珊瑚海不是他们的主要目标，日军投入兵力不会太多，如果能在此地挫败联合舰队，既能了解联合舰队的实力，又能鼓舞美国海军将士低迷的士气。

尼米兹把手里头所有能够调动的兵力都派了出去，并通过补给给本来是去演习的舰队官兵送去极其充裕的物资，并说道："先生们，首战务必告捷！"。美国的飞行员接过战时特别供给的物资：巧克力和雪茄时，日军进攻的信号弹也缓缓升起。绿色的光耀照亮了沉寂昏暗的大海，预示"大舰巨炮"时代结束的第一役就此打响了。

1942 年 5 月 3 日，第一场战斗开始。当弗莱彻海军接到日军正在图拉吉登陆的消息时，他的"约克城"号仍然在巴特卡普角以西一百多英里的海面上。他当时在日记中这样写道："这是我们等了一个月的消息"。于是，他立即下令中断加油，命"约克城"号以每小时二十六海里的速度，向北驶向所罗门群岛中部。

5 月 4 日拂晓，"约克城"号航空母舰抵达瓜达尔卡纳尔岛西南约一百英里的海面上，航空母舰战斗机驾驶员看了旧的《全国地理》杂志的资料，便迫不及待地对图拉吉的附近海面上的敌人发动了一系列袭击，并摧毁了敌人的水上飞机，并在战争中发回了大量敌舰被击沉的夸大战果的报告。弗莱彻兴高采烈地向珍珠港报告了胜利喜讯，随后美舰队也向西莫尔比兹港进发。

尼米兹后来对所谓的图拉吉战斗重新作了评价："从消耗的弹药和取得的战果来比，这场战斗肯定是令人失望的。"这一袭击的另一失误是暴露了美军的现存实力，珊瑚海战役前，美国占有情报的优势，袭击图拉吉后，双方的情报所得也就拉平了。

5 月 6 日，双方舰队在珊瑚海内同时搜索对方的踪迹。7 日，日本"翔鹤"号和"瑞鹤"号航空母舰派出舰载机搜索敌人中，日军舰载机发现并击沉了美军的"尼奥肖"号运油船和另一艘驱逐舰。同时，美舰载机也开始攻击日军登陆船队和护航编队，击沉"祥凤"号航空母舰。美日双方舰队刚好处于相互攻击范围，但双方都没有发现对方。

下午日军再次派出舰载机搜查敌人的行踪，在暮色的掩护下，几架迷失方向的日军飞机歪打正着进入美军舰队编队，并试图在美军"约克城"号上降落，但被美国海军舰队发现后，立即用高射炮将一架日军飞机击落，其余的则趁着暮色溜之大吉，这些日本飞机倒没有意识到他们碰倒了美舰队。但这使弗莱切意识到，日海军航母就在不远的地方，而真正决定这场海战胜负的航空母舰之间的决斗必定在第二天开始，他显得信心满满。

No.3　海空鏖战

这时，弗莱彻的美航母主力与油船分开后正在向西行驶，准备拦截日军的登陆舰队，但美舰队没有发现日军机动部队。5月8日日出前最后一个小时里，珊瑚海两百海里内四艘航母上做着同样的战斗准备，唯一不同的或许是为美国飞行员发的是巧克力，而为日本飞行员发的是米糕。侦察机都在日出前出发了，命运注定双方负责搜查的飞机几乎将同时发现彼此的目标。

八时十五分，美军飞行在最北边的侦察机发回报告：日军的航空母舰特遣舰队在"列克

▲　美国海军士兵抬头紧张地看着天空，日本飞机隐藏在云层后面，不时对美军舰发动偷袭，给美军造成了极大损失。

▶ 时任日本联合舰队总司令的山本五十六。

星敦"号东北约一百七十五英里的海面上以每小时二十五海里的速度向南行驶。仅仅几分钟以后，美国航空母舰的无线电台也收到日本人异常兴奋的报告，也表明日军也发现了自己。随后"约克城"号和"列克星敦"号共起飞 15 架战斗机、46 架轰炸机和 21 架鱼雷机共 82 架飞机扑向日本舰队。一小时四十五分钟以后，美突击机队发现日军"翔鹤"号和"瑞鹤"号正向东南方向行驶，两艘航空母舰之间相距八英里，各由两艘重型巡洋舰和驱逐舰护航。

美国人利用了宝贵的几分钟，在层层积云里组织准备进攻的时候，"翔鹤"号也在此时抓住时机出动了更多的战斗机，"瑞鹤"号则躲进下着暴雨的附近海面，伺机而动。美国飞行员向日军舰队的航空母舰大本营真正发动进攻的时候，还是乱了阵脚。鱼雷机和俯冲轰炸机被"零"式战斗机冲击而失去组织，飞行员无法相互配合，鱼雷都射进了海里，离目标偏离很远，轰炸一下子变得盲目，只有两颗炸弹击中"翔鹤"号。"翔鹤"号飞行甲板上因燃油泄漏而起火，仅此而已。

十多分钟以后，"列克星敦"号上的飞机赶来支援，但积云过厚，无法发现云层下的敌舰。这使得进一步进攻受到了阻碍。仅仅只有十五架轰炸机好不容易发现了一个目标，但它们只有六架"野猫"式战斗机保护，很容易被"零"式战斗机冲散，鱼雷进攻再次失败，轰炸机又只投中一枚炸弹。

然而，美国飞行员的报告却犯了严重的错误。泰勒上尉在第一次攻击之后乐观地说："左舰首尾约五十至一百英尺，从吃水线到飞行甲板是一片火海……在发动进攻之后约十五分钟，最后看到这艘航空母舰时，火烧得很猛烈。据信它受到了非常严重的破坏，最后沉没了。"

当美军战斗后剩下的 43 架飞机返航时，却发现日本还能够发动更有效的进攻。由于有雷达，"列克星敦"号的战斗机指挥官在敌机仍然在东北方向七十多英里的空中开始攻势时就能知道，并派遣战斗队机进行截击打击。但第 5 航空战队的 69 架舰载机在尚未受拦截之前已经分成了 3 个攻击队。日本鱼雷机队首先飞至美舰上"约克城"号上空，由于该舰灵活地进行规避，日本鱼雷机的攻击未见战果。但是，在环形警戒序列中的两艘航空母舰在自行进行规避时，却使这两舰之间的距离迅速拉大、警戒舰只也随之一分为二，从而削弱了对空防御，给了日本鱼雷机以可乘之机。

日本鱼雷机一共对"约克城"号左舷投射了 8 条鱼雷，但均被该舰灵活地避开。随后，日军的轰炸机队开始对"约克城"号俯冲投弹，有一颗 800 磅的炸弹击中了该舰舰桥附近的飞行甲板，但该舰仍旧继续战斗。日本鱼雷机队攻击"列克星敦"号时，成功地运用了夹击战术，从该舰舰首的两舷、15 – 70 米高度、1000 – 1500 米距离投射鱼雷。"列克星敦"号由于吨位较大，回转半径较大，转弯不够灵活，日机投射的 13 条鱼雷中就有两条击中该

◀太平洋战争期间，美军史密斯中将（叼雪茄者）与手下将领在一起。

舰左舷，使其锅炉舱有三处进水。

"列克星敦"号正在小心规避鱼雷时，日本轰炸机队又开始对其进行攻击，又有两颗炸弹命中"列克敦"号。这场遭遇战只持续十三分钟，日本人飞走的时候，兴高采烈地报告他们替前一天"祥凤"号的失败报了仇，毫不含糊地击沉了一艘"大型航空母舰"和一艘"中型航空母舰"。

实际上，"列克星敦"号尽管由于被鱼雷和炸弹击中，产生7度横倾，但该舰调整燃油之后，恢复了平衡，继续接纳返航的飞机着舰，同时为战斗机加油以加强制空。但由于燃油泄漏，"列克星敦"号舰内突然发生爆炸，并引起大火，火势迅速蔓延，以至无法控制。

下午15时左右，舰长下令全体舰员离舰。17时许，"菲尔普斯"号驱逐舰奉命对"列克星敦"号舰发射5条鱼雷，"列克星敦"号于17时56分沉没，已经降落到该舰的36架飞机也随之沉入大海。美第17特混舰队"约克城"号上虽然尚有轰炸机和鱼雷机27架、战斗机12架，但已入夜，弗莱切无意再战，遂率队撤离战场。第二天，"瑞鹤号"的飞行员为追击美舰再次进行侦察巡逻时，海上只剩下"列克星敦号"的残骸了。

在此次珊瑚海海战中，美日双方航母编队在200海里距离上出动了舰载机群展开激战。美国"约克城"号和"列克星敦"号共起飞82架飞机进攻日本联合舰队。日本战机"瑞鹤"号逃进雷雨区，才免遭被美国战机袭击。而"翔鹤"号则被两颗炸弹击中，失去作战能力。在这次海战中，日本总共出动69架舰载机攻击美国舰队。美国舰队"列克星敦"号中弹，日本2条鱼雷击中了该舰左舷，后又被两颗炸弹击中，后因燃油气体泄漏发生爆炸而沉没，"约克城"号被一颗炸弹击中受伤。美国共损失飞机66架，日本共损失飞机77架。

这场海战无论对美国、对太平洋战局，还是对世界海战史都有着深刻的意义。作为大战前的序幕，尽管参加这次作战的军舰并不算多，交战的规模不是很大，其激烈程度也不算很高，但珊瑚海海战是第一次航空母舰之间的决斗。

众所周知，以往的近代海战，都是双方军舰接近到较近距离之内，而后用舰炮解决问题，珊瑚海海战则全然不同，双方的军舰，没有开炮或者发射鱼雷，也没有进入对方的视线之内，而是从上百海里以外的远距离用所携带的舰载机进行交战来取胜。对于这样的交战，在世界海战史上尚属首次，可这并不是偶然，这是航空技术与兵器发展的必然结果。这次海战为太平洋战争指出了方向。

既然如此，谁能更快地更深刻地认识这一新的特点，相应改进自己的作战力，谁就有可能在交战中取得较多的主动权，从随后的变化看，日本联合海军发现这一点时为时已晚。

No.4　珊瑚海的胜利

尼米兹当时向弗莱切发出电文："祝贺你们在最后两天中取得的光荣成就"。但是尽管尼米兹向弗莱切表示了祝贺，但珍珠港的司令部中仍笼罩着不安的气氛，因为"列克星敦"号沉没了，但日本联合海军到底受到了多大的打击，美军还难以判断。

从战略的角度上来讲，珊瑚海海战无论对美国，对太平洋战局，对世界海战史都有着深刻的意义，这是历史上第一次航母和航母的对决，是第一次双方舰队在视线距离外进行的海战，也是第一次双方战舰没向敌军战舰开火的海战。

首先，作为大战前的序幕，尽管美日双方参加这次作战的军舰并不算多，交战的规模也不是很大，其激烈程度也不算很高，但珊瑚海海战是第一次航空母舰之间的决斗。

在珊瑚海海战中，美国毫无疑问取得了决定性的胜利。弗莱切海军少将的部队成功地挫败了日本南下控制珊瑚海和澳大利亚的海上通道的战略计划，自从珍珠港事件以来，日本海军不可战胜的神话第一次遭到沉重的打击，这是一个使战略力量对比发生重大变化的事件。

有部分军事学家认为珊瑚海海战是美军第一次与日军陆海空军正面对抗，使其基本摸清了日本海空军作战特点和战略意图，这为后期中途岛战役全面扭转太平洋战争形势起到了非常关键的作用，同时战役的胜利挫败了日本全面封锁澳大利亚的企图，从战略上遏制住了日军的进攻势头。

尼米兹宣布：这是"一个具有决定性深远意义的胜利"。意义究竟多么深远，他在后来的一个月里还无从知道。其实说得具体一点，日军"翔鹤"号严重受损、"瑞鹤"号严重减员，而这两艘航母原本要参加中途岛计划，但现在无法实现了。那么从算术的角度，珊瑚海海战对随后太平洋战争进程的直接影响就是，美军用一艘航母的沉没换取了日军两艘航母不能参加中途岛战役。否则在中途岛海战中美日航母的比例将是4比6，而不是3比4，而从1个月后的中途岛大战看，这种差别绝对是无法轻视的。

珊瑚海海战是海战史上真正的第一次航母之间的较量，它可以说是太平洋史诗最恰到好处的一个引子。如果日本海军联合舰队是第一或第二航空战队参加珊瑚海海战，那么"约克城"号很有可能就回不到珍珠港，这样中途岛海战对美国就太残酷了一点。如果美军没有自作聪明地去袭击东京，那么美国可以有四艘航母参加珊瑚海，虽不能保证完胜，但损失也不会到沉没一艘航母那么严重，那么在中途岛中也就少了一份精彩和一份悬念。

尽管那么恰到好处，但与每一次战役一样，珊瑚海的战争仍是冰冷和残酷的。下面就是一个例子：

在"列克星敦"号的水手们同飞行甲板底下深处的可怕景象进行一场不可能取胜的战斗时，"约克城"号也中弹了，密码室已被一颗炸弹炸得粉碎，雷达失去了效用。俯冲轰炸机攻击队队长奥尔特海军中校和他的报务员在攻击"翔鹤"号后返航时飞机受损，并发现自己处于飞行员的最危险的境地——在苍茫大海的上空迷失了方向，而油位指针在零度上面晃动，奥尔特可以用无线电呼叫到了"约克城"号。

"约克城"号：最近的陆地在两百英里开外。

奥尔特：我们永远到不了那里。

"约克城"号：靠你自己了。祝你顺利。

奥尔特：请向"列克星敦"号转达。我们把一颗一千磅的炸弹丢到了一艘军舰上。我们两人都报告了两三次。敌人战斗机飞来了。我改向北飞行。请告诉我你们是否收听到我的话。

"约克城"号：收听到了。靠你自己了。我将转达你的话。祝你顺利。

奥尔特：好，再见。我们的一颗一千磅的炸弹击中了一艘军舰！

这是人们最后一次听到比尔·奥尔特中校的声音。

No.5 史上最经典的海战

珊瑚海海战，从战术得失上来看，美方被击沉一艘大型航空母舰"列克星顿"号、一艘油轮、一艘驱逐舰、66 架飞机、死亡 543 人，另一艘航母"约克城"号受伤；日本损失一艘轻型航母、77 架飞机、死亡 1074 人，另一艘航空母舰受伤。

单纯从数字的角度讲，日本海军显而易见取得了珊瑚海海战的战术上的胜利。但是，再看远一点，假若把 1942 年 5 月第一周周末发生的珊瑚海海战的后果同后续的事件联系起来，那么美国毫无疑问取得了决定性的胜利。弗莱切海军少将的部队成功地挫败了日本南下控制珊瑚海和澳大利亚的海上通道的战略计划。自从珍珠港事件以来，日本海军不可战胜的神话第一次遭到沉重的心理打击，这是一个使战略力量对比发生重大变化的事件。

从战术上看，日军取得小小的胜利。一艘小型航母被击沉且一艘大型航母被击伤，换来的是击沉对方一艘大型航母及击伤另一艘同样的航母。但再以盟军的观点看来，在连续五个月的挫败之后，此役的结果算是十分接近胜利的。

美国海军在珊瑚海战役中学到了几件非常重要的事情：由"列克星敦"号的损失，美军学到以更好的方式来保护航空用油，以及如何控管防卫舰载机；由对日军航舰的攻击中，美军更习得俯冲轰炸机及鱼雷轰炸机如何协同作战以达到最佳的效果。

这是一场历史上从未有过的海战，双方舰队都是在双方视距之外进行交战的。从战术上看，珊瑚海海战可以说是日军略胜一筹。虽然日军飞机和伤亡人数远多于美国，但他们以损失 1. 2 万吨"祥凤"号和在图拉吉岛外围被击沉几艘小舰的较小代价，换取了击沉"尼奥肖"号、"西姆斯"号和 3. 3 万吨大型航空母舰"列克星敦"号的胜利。

然而从战略上看，则是美国赢得了胜利。开战以来，日军的武力扩张第一次遭到遏制，进攻莫尔兹比港的作战计划只得向后推迟。更为重要的是，被击伤的"翔鹤"号航空母舰需要修理，损伤惨重的"翔凤"号需要重建，大大削弱了日方在即将举行的中途岛海战中的实力。

珊瑚海海战是太平洋战场上战局发生逆转，双方进入战略相持阶段的标志。

尼米兹曾打算让弗莱彻舰队留在珊瑚海，因为哈尔西正在迅速赶往珊瑚海，可以把"约

▲ 美国太平洋海军战舰"列克星敦"号

克城"号及其护卫舰并入第卫6特混舰队，以寻找新的战机。但是，他最终放弃了这一想法。他那富有战略素养的目光已经投向了即将展开的中太平洋遭遇战。于是，他命令"约克城"号必须尽快得到修缮，以便以较完整的阵容投入新的决战。同时，尼米兹命令潜艇部队对受伤返航的日航空母舰发动袭击，又向普吉特海峡海军船厂发报，敦促他们加速修复"萨拉托加"号，以备急需。

5月10日，日军采取了一次军事示威行动，意在挽回珊瑚海战中丢失的面子。他们派出一支部队占领了大洋岛和瑙鲁岛这两个岛屿。尼米兹将计就计，电令哈尔西赶赴东所罗门群岛500海里内的海域，让"大黄蜂"号和"企业"号及第16特混舰队摆开阵势，意在迷惑对方，使日军相信太平洋舰队的所有航空母舰都已抵达南太平洋，从而牵制日军北上进攻的兵力。此招果然奏效，日进攻部队发现美航空母舰之后，慌忙撤出了所占岛屿，并在南太平洋海域排兵布阵。至此，有关珊瑚海海战的烟云完全消散，日美双方开始在表面的平静中酝酿新的攻势。

No.6 不分胜负

珊瑚海海战中，美国海军特混舰队因损失惨重，被迫从珊瑚海撤退。此时的尼米兹紧锁眉头，但是他的心情却很平静，他深知，人类历史上首次以海军航空兵为主力的交战是没有赢家的。尼米兹知道，远在大洋西岸的另一个人肯定比他更加踌躇，因为山本五十六是在拿整个日本联合舰队做赌注。

单就珊瑚海海战本身来说，美国惨败，日军以较大损失控制了所罗门地区。但是整个太平洋战争是一个大链条，日本联合舰队的每一次行动都是环环相扣的，中间一点出现问题，就很有可能导致整个链条的断链。拖着伤残之躯的"翔鹤"号和严重战斗减员的"瑞鹤"号，已经无法参加山本原定的中途岛计划，原定日美间6:4的航母优势变成了4:3。

这才是珊瑚海海战对整个太平洋战争的最大贡献。它直接导致山本五十六紧接的中途岛计划不得不推迟，为美国调集兵力赢得了宝贵的时间，如果联合舰队6艘航母全力出击，在中途岛和太平洋舰队的4艘航母决战，结果肯定不会更利于美国。

可以说珊瑚海海战的失利乃至整个联合舰队的覆没，问题都是出在侦察和情报上面。历史总是在和我们开玩笑，进入珊瑚海的联合舰队3艘航母共搭载了12架，当时世界上最先进的舰载高空高速专用侦察机，如果他们全体出动可以覆盖整个珊瑚海海域的140%以上，

◀ "列克星敦"号航母在沉没之前，所有的美军官兵都集中在甲板上准备弃船逃生。

▶ 美军士兵正在军舰上作战。远处是中弹起火的军舰。（右图）

比当时美国海军使用的侦察机效率高 20% 以上。但是天意不可违，5 月 6 日那天 12 架"彩云"中有 9 架因为发动机故障无法出勤。只得使用效率极低的"零"式 3 座水面侦察机以及 97 式飞艇。日军有陆基优势，并且有比美军多很多的侦察工具，但能长距离搜索的飞艇，没有得到日军的重视，而主要应用于反潜，实在是一个巨大的失误。

此次海战是战争史上航空母舰编队在目视距离之外的远距离以舰载机首次交锋，也是日本海军在太平洋战争中第一次受挫。从战术得失来看，日本海军取得了珊瑚海海战的战术上的胜利。日本海军由于损失的飞机和飞行员无法立即得到补充，日军的武力扩张第一次遭到遏制，被迫中止对莫尔兹比港的进攻。日本海军第五航空战队的这两艘航母原本要参加中途岛计划，由于"翔鹤"号严重受损、"瑞鹤"号严重减员，削弱了日军在即将举行的中途岛海战中的实力。

整个战役中，盟军共损失 3 艘军舰，其中 1 艘航空母舰（"列克星敦"号），1 艘驱逐舰和 1 艘油船，损失飞机 65 架，阵亡官兵 543 人。日军共损失 2 艘军舰，其中 1 艘航空母舰（"祥凤"号），1 艘驱逐舰，还有 1 艘航空母舰受创，损失飞机 69 架，阵亡官兵 1074 人。

珊瑚海海战耐人寻味之处还在于，美国珍珠港事件中逃脱的两艘航母真的是因为演习而

离开珍珠港的么？尼米兹是怎么料事如神地让他们神奇地出现在珊瑚海上的？太平洋战争中美国前期的 5 艘大型航母，有 3 艘被击沉，其中"约克城"号和"大黄蜂"号都是带伤上阵被逮个正着才遭厄运的。以上可以看出，日本在海军转型方面和美国确有不小的差距。

按照山本五十六最理想的战略计划：

第一、印度洋重创英国皇家海军亚太舰队；

第二、偷袭珍珠港，消灭美太平洋舰队的主力；

第三、占领所罗门群岛地区切断中途岛与澳大利亚盟军的联系；

第四、中途岛海域与美国太平洋舰队决战，取得决定性的胜利；

第五、占领阿留申、中途岛，至所罗门一线；

第六、能撑多久就撑多久，为从中国战场抽调军队赢得时间。

但是在珊瑚海海战之后，日本联合舰队的失败已是必然的结果，中间生出的变数，只会影响这个过程，却无法左右日本军国主义覆没的命运。从这点上来看，此时的日本联合舰队，已经不可避免地走下坡路了。而珊瑚海海战之后，日本在整个南太平洋的战略计划也被打乱，从而为之后的日本联合舰队在中途岛战役的失败埋下了伏笔。

▲ 美国海军陆战队士兵。

第四章

瓜岛战役

　　太平洋战争爆发后，日本已经占据了许多太平洋岛屿。为了遏制日军的扩张，美军在日本占领下的太平洋诸岛进行一次次的夺岛行动。瓜岛是通往澳大利亚的门户，靠近日本本土，战略意义重大。由于瓜岛日军较少，被美军轻易夺取。当日本发现瓜岛的重要意义之后，决心夺回瓜岛。可是，此时，美军不断增援瓜岛，而日军方面誓要夺回瓜岛。小小的瓜岛，成为了美军和日军的角斗场。

No.1　瓜岛的前世今生

在西南太平洋，珊瑚海西部，有一串大大小小的岛屿，如散落在浩瀚海洋中的珍珠，叫所罗门群岛。十六世纪，西班牙探险家为寻找传说中所罗门王的黄金之国而来，发现了这片群岛并予命名。所罗门群岛地处赤道以南的低纬度地区，属典型的热带海洋气候，炎热潮湿，丛林密集，风光旖旎，却毒蚊成群，蛇蝎遍地。既是天堂，又是地狱。

瓜岛就是所罗门群岛中最大的一个岛，全称瓜达尔卡纳尔岛，简称瓜岛。瓜岛位于西南太平洋，位于太平洋上所罗门群岛的东南端，长145公里，宽40公里，陆地面积约6500平方公里，是长链状的所罗门群岛中一个较大的岛屿，是太平洋西部一系列火山岛屿之一。

该岛于1788年被发现，瓜岛岛上地势崎岖，森林密布，罕有人迹。第一次世界大战以来，其为美国属地，太平洋战争爆发后被日军占领。由于它位居澳大利亚门户，并且临近日本，地理位置极为重要。

这里曾是纯洁无邪充满原始风情的处女地，美国作家杰克·伦敦曾称，瓜岛"纯洁无邪""充满原始风味"，是一块处女地。地图上俯视瓜岛，恰似镶嵌在大海波涛中的一枚翡翠。瓜岛海岸金色沙滩旁是棕榈和椰林，内陆雨林中有许多珍禽异鸟。

不过因气候炎热、雨水充沛，处处溪流和沼泽，苔藓遍布，植被茂盛，灌木藤蔓盘根错节，森林密不透风。千百年来植物自生自灭腐烂，散发出令人作呕的恶臭。这里热带昆虫又肥又壮，

▲ 美军展示缴获的日本军旗。

咬人的蚂蚁和吸血水蛭，骇人听闻。到处是蜥蜴、毒蛇、毒蜘蛛、黄蜂、蝎子和蜈蚣，数不清的蚊子使得疟疾横行。如此环境，不打仗也令人恐怖。

但是为什么这块处女地会成为"死亡之岛、饥饿之岛"和尸臭冲天的"血岭"？这里爆发了一场怎么样的"屠宰场"大战？这一切还要从太平洋战争开始说起。

所罗门群岛原有英国地方官和瓜岛当地人。太平洋战争爆发后，这些英国官员一有机会就将日军情况向美军通风报信。瓜岛旁边有个小岛叫图拉吉，没有丛林和沼泽，英国人认为这里适合居住，便建起了一个小镇，还修了个板球场。珍珠港事件后，日军占领图拉吉，瓜岛之役就从这个小岛开始。

中途岛海战后，美军士气大振。美国海军上将欧内斯特·金决定派海军陆战队第一师在瓜岛登陆，攻占日军在那儿新建的飞机场，然后利用所罗门群岛地区制空权，遏阻日军推进，并向在太平洋地区自称"无敌"的日本陆军发起战略反攻。

日本在中途岛战败后，他们那被战争烧热的头脑有点冷静下来了，日本大本营制订了新的计划，为了保护主要行动的侧翼安全，他们必须在所罗门群岛修建一个机场供轰炸机使用，于是在6月16日派250人登陆该岛，7月16日又有2500人登陆该岛，经过紧张的施工，到了7月中旬工程以接近完工，就等着飞机进入了。

美国得知这一消息后，非常震惊，日军的这个机场一旦开始使用，那么从瓜岛起飞的日本飞机，就可以轰炸圣克鲁斯群岛、埃法特岛和库马克的机场，盟军现有防线将受到严重的威胁。美国和日本的目光都集中在这一个在南太平洋沉睡了几千年人迹稀少的小岛上，而瓜岛也一跃成为十分重要的战略要地。

日本在中途岛惨败后，将进攻目标转向了南太平洋，计划夺取新几内亚的莫尔兹比和所罗门群岛，并决心要把瓜岛建成南太平洋上不沉的航空母舰，以扩大日本海军在南太平洋的作战区域。同时，美国人也看中了瓜岛，打算派一支部队在岛上登陆，使之成为既是遏制日军南侵的战场，也是美军进行两栖作战，发起最终以日本本土为目标的反攻起点。

No.2 登陆瓜岛

当美军部队登陆瓜岛的消息很快传到位于瓜岛西北600海里的日本海军第8特混舰队时，舰队司令官三川中将在接到瓜岛的告急电文后，命令舰队全速前进，决定在夜间袭击美军舰队。日军联合舰队司令官三本大将获悉美军攻击瓜岛后，也决定把重整瓜岛作为南太平洋作

▲ 瓜岛战役中的日军正在进行冲锋。

战的第一个目标，并指令组成一支"东南地区舰队"向瓜岛进攻。由此，瓜岛海战迅速升级。

1942年7月31日，由特纳海军少将指挥的南太平洋登陆舰队（共23艘运输船、8艘巡洋舰和1个驱逐舰警戒群），满载着美海军第1陆战师1.6万人，在弗莱彻海军中将的3艘航空母舰、1艘战列舰、6艘巡洋舰和16艘驱逐舰的支援和护航下，从斐济岛出发，向瓜岛驶去。

8月7日清晨，美军舰队逼近瓜岛。6时40分，美军对瓜岛发起了惊天动地的轰炸和炮击。岛上日本兵还在睡梦之中，就被炸得血肉横飞，许多重要目标被摧毁。两小时的轰炸炮击之后，海军陆战第1师师长范德格里夫特少将指挥部队开始登陆。美军几乎未遇实质的抵抗，就登上了瓜岛，并不停地向岛内纵深进攻。8日下午，当美军占领高地时，在机场的日本工兵仓

促地向西逃入丛林，美军未经战斗就夺占机场，并取名为"亨德森机场"。黄昏时分，瓜岛以北的图拉吉岛也落入美军的手中。

在美军对瓜岛进行登陆作战的同时，美日空军在瓜岛上空也展开了一场大战。日军第25航空队司令官山国定义少将派出24架"贝蒂"式鱼雷轰炸机飞向瓜岛增援，为它们护航的是27架"零"式战斗机。

这些飞机在离瓜岛还有1个多小时航程的地方被美机发现，美军立即以6架"野猫式"战斗机迎战。结果是"零"式战斗机被打得七零八落，日军轰炸机多架被击中起火，未被击中的飞机盲目地将炸弹投到海里，仓皇逃窜。

日军在受挫后，又组织起第二次空战。日军的45架"贝蒂"式轰炸机在"零"式战斗机的护航下，又来反击瓜岛。美机进行空中拦截没有成功，结果这些飞机进入了瓜岛上空。它们把成吨的炸弹投到正在航行、停泊的，为登陆部队运送补给的美军舰船上，海滩上顿时变成一片火海。美海军舰炮和陆战队的高射炮对空中日机进行猛烈射击。在密集的空中火网中，只有1架"贝蒂"式得以逃脱，其余全被击落，日机两次作战遭受很大损失。

在陆战和空战战火未消之时，指挥支援和护航编队的弗莱彻海军中将看到日机轰炸海滩运输船的现状，认为航空母舰冒的风险太大，便率领他的3艘航空母舰、1艘战列舰、6艘巡洋舰和16艘驱逐舰驶离瓜岛。在瓜岛指挥登陆舰队的特纳海军少将对弗莱彻的撤退无比恼火，他一面命令在瓜岛装卸货物的运输舰只赶快驶离，一面令海军少将斯科特率领登陆舰队的炮火支援舰只赶紧出航，封锁东面峡口。

午夜时分，三川的8艘战舰已进入海峡，恰遇斯科特少将的舰队，日舰先行开火。这次夜战共进行了约40分钟，经过严格夜战训练的日军占了上风，美军的4艘巡洋舰被击中起火，相继沉没。此外，美军还有1艘巡洋舰、2艘驱逐舰受到重创，而日军只有2艘巡洋舰受伤。

在美军舰队受挫的情况下，美军的运输船队已变得十分危险。但三川担心天亮以后会遭到美航母飞机的攻击，因而没有乘胜攻击停泊在瓜岛海岸的大批运输补给船，于2时许匆忙撤退。由于没有空中掩护，剩余的美舰和运输船队也撤离了瓜岛地区。

这场海战，美军有4艘巡洋舰葬身于瓜岛、萨沃岛和佛罗里达岛之间，这

◀ 在瓜岛战役中，一名日军士兵正在向美军阵地上投掷手雷。

▶ 美军正在埋葬阵亡的日军士兵。

是瓜岛海面战斗祭坛上的第一批牺牲品。在以后漫长的浴血拼搏中，日美双方无数钢铁制成的庞然大物在此沉没，因此，这一片海域被人们称为"铁底湾"。

美军舰队的撤走，意味着日军有可能以优势兵力重新夺回瓜岛。面对这种战情，岛上美军立即构筑工事，布置好防御力量，以准备抗击日军的进攻。果然，8月9日至12日，日军对瓜岛的美军进行试探性进攻。首先用飞机进行空中轰炸，重达500磅的炸弹的弹片，在灌木丛中纷纷乱飞，岛上腾起冲天的浓烟和熊熊大火。接着，日军的巡洋舰和驱逐舰又对瓜岛进行两次震天动地的轰击，炮击后即迅速返航。日军的反攻鼓舞了岛上残留的日军，当即组织起来反击登陆的美军，由于美军的防御组织有序，日军反击未获成功。

No.3　东所罗门海战

日军对瓜岛登陆的美军进行了初次打击后，8月13日，日军大本营命令第17军军长百武中将火速歼灭瓜岛美军。百武即派清野市木大佐率一支受过专门训练的2000人精锐部队执行此项任务。日军的行动胃口很大，日军联合舰队司令山本五十六试图将美军战舰诱入瓜岛一带海域，之后用强大的海空军彻底消灭美国海军，以雪中途岛惨败之耻。为此，他调集了一支拥有3艘航空母舰、3艘战列舰、5艘巡洋舰和8艘驱逐舰的庞大编队，于8月17日到达所罗门以北海域待机，同时，调集原在该海区活动的舰只20余艘联合作战。

对日海军庞大舰队南下南太平洋，美海军司令金上将预感到一场大海战即将爆发，于是命令刚建成的"华盛顿"号和"南达科他"号两艘战列舰连同"米诺"号防空巡洋舰从大西洋取道巴拿马运河驶入太平洋。

就在美日双方纷纷调兵遣将，准备在南太平洋进行大规模海战的同时，日军已先行一步，由清野市木大佐率领的1000余名日军先头部队，分乘6艘驱逐舰向瓜岛进发。18日夜，这些日军在瓜岛美军阵地的东部登陆后，不等后继部队到达便鲁莽地向机场发起进攻，结果在美军优势兵力的反击下大部被歼，清野市木被迫剖腹自尽。

20日起，美机开始进驻瓜岛机场，美军海空封锁巡逻大为加强。日军先头部队在瓜岛受挫后，日军大本营立刻命令日海军联合舰队协同日陆军第17军夺回瓜岛并歼灭美舰。陆军

准备以清野市木大佐余部和山口支队共 1500 人再次在瓜岛登陆，三本把作战舰只约 80 艘组成 9 个群，担任输送、掩护、牵制和突击任务。

为了达成作战目的，三本采取了三步诱敌战术，一是在瓜岛东南面布下一道由几艘潜水艇构成的警戒屏障，将他的部队集结在南所罗门群岛以北约 200 公里的海面上，形成备攻态势。二是以"龙骧"号轻型航空母舰作诱饵向前航行，企图乘美航空母舰的飞机攻击"龙骧"号时，以日军主力航母的舰载机击沉美航空母舰。三是以拥有战列舰、重巡洋舰和驱逐舰组成的庞大护航舰队，消灭美军陆战队，夺回岛上机场。

不过，日军的行动企图被美侦察机和澳大利亚观察哨发现了。美军出动第 61 特混舰队从容迎战。24 日，双方在瓜岛东南海域展开了瓜岛战役的第二次海战，美军称之为"东所罗

▲ 在登陆战中，被日军击毁的美军运输船

门群岛海战"。战斗一开始，作为诱饵的"龙骧"号轻型航空母舰当即被美军轰炸机彻底摧毁。

这时日军南云海军中将还以为美国的 3 艘航母都在集中攻击作为诱饵的"龙骧"号，于是下令发起猛烈的空中攻击，以歼灭美国航空母舰舰队。美"企业"号早就严阵以待，舰上 53 架"野猫式"战斗机根本未参加对"龙骧"号的袭击。只见它们已在浓密的云层中摆开阵势，和不久后赶来投入战斗的、轰炸"龙骧"号航母的轰炸机一起，在空中静待日机的到来。

半个小时后，日军近百架轰炸机和战斗机呼啸着冲了过来，早已严阵以待的美军机群立即应战，双方展开了激烈的空战。与此同时，美军航母上的舰炮也对准日机猛烈射击。顷刻间，日军飞机有 90 架被击毁，其余飞机仓皇逃窜。

第一次攻势获胜后，美军乘胜连续作战，又轰炸了日军登陆输送船队，日军这次作战企图完全破灭。这一战，美军"企业"号航空母舰被炸伤，瘫痪达两个月之久，同时损失了飞机 17 架。

No.4 机场血战

日军夺回瓜岛的企图接连受挫后，但是仍不甘心，夜以继日地向瓜岛增兵，企图进行陆地决战。日军向瓜岛的增援被迫改为以高速舰只利用黑夜输送的方式，日本称之为"老鼠运输"，美国则称之为"东京快车"。

从 8 月 24 日至 9 月 4 日，日军以这种方式将山口支队和一木的部队分批输送完毕，从而使集结在瓜岛的日军兵力高达 6200 多人。

日军明显地低估了岛上美军的实力，随即对亨德森机场发动了进攻。在这场被称为"血岭"之战的行动中，美军陆战队以 40 人的代价把日军赶了回去，日军伤亡 1200 人。这次惨败惊醒了东京，他们意识到瓜岛上的美军是一支数量可观的部队，如果日军不采取强有力的措施夺回瓜岛，将可能永远地失去它。于是，日军加快了"东京快车"行动，每夜通过所罗门群岛狭水道运送的日军多达 900 人。美军陆战队处境不利，缺乏粮食和弹药补给，极易受攻击。

日军的空袭对美军航母也构成极大威胁，美军航母遭到了日军潜艇偷袭，

"黄蜂"号被击沉。这样，美军在整个太平洋海域能够进行作战任务的航空母舰只剩"大黄蜂"号一枝独秀了。悲观情绪开始在南太平洋战区美军高级将领中弥漫。美太平洋舰队总司令尼米兹察觉到危机，便飞抵南太平洋进行视察。在瓜岛，尼米兹很高兴地发现以范德格里夫特将军为首的陆战队员在供应极为匮乏、岛上条件十分恶劣的情况下，依然信心十足地守在阵地上，他当下向范德格里夫特保证说："以现有的物资给你以最大限度的支援。"

在尼米兹的催促下，美南太平洋司令部从新喀里多尼亚的守军中抽调一个团增援瓜岛。10月11日夜间，美军护航船队与日军"东京快车"在瓜岛西北部埃斯帕恩斯角进行了一次较量。美军击沉日军一艘巡洋舰和一艘驱逐舰，自己则损失一艘驱逐舰。13日，美护航船队和增援部队安全开入瓜岛。

日本海军炮击瓜岛美军未成，反被击沉击伤数艘军舰，山本五十六恼羞成怒，决定对美军采取报复行动。于是，他集合他的联合舰队——5艘航空母舰、5艘战列舰、14艘巡洋舰和44艘驱逐舰拔锚起航炮击瓜岛，为日陆军提供火力支援。连续三天夜间，日本大批舰载机对瓜岛机场实施了大规模狂轰滥炸，日巡洋舰也向机场倾泻了数百枚重磅炸弹。机场上未及起飞的美机被击毁，两条跑道被炸得面目全非，油料库被炸得熊熊燃烧。美军损失31架"无畏式"轰炸机、16架"野猫式"战斗机和全部的"复仇者"鱼雷轰炸机。

▼ 美军乘坐登陆艇向瓜岛海岸行驶。

▲ 此次战役中，美军损失了大量的运输船。

　　与此同时，日陆军第2师团的主力和第38师团一部登上瓜岛，使瓜岛的日军兵力增至2.2万余人。于是百武中将决定组织部队从3个方向进逼机场，以期彻底消灭岛上美军，夺占全岛。然而，美军的作战兵力也得到加强，美陆军1个师被运抵瓜岛。瓜岛战事进入双方生死存亡的决定性时刻。

　　尼米兹决定由骁勇善战的哈尔西接替戈姆利出任美南太平洋战区司令。哈尔西走马上任后，立即下令向瓜岛增派大批陆战部队，同时命令海军舰队全力以赴投入瓜岛之战中。"大黄蜂"号航空母舰和刚修复的"企业"号航空母舰，在诸多巡洋舰、护卫舰、驱逐的簇拥下，全速驶往瓜岛。

　　在陆战失败之后，日军疯狂地在海上寻找战机。日军拥有4艘航母的庞大舰队转而南下，寻求与美国海军主力交战。

　　哈尔西面临的对手是参加过中途岛作战的南云编队。南云编队中包括"翔鹤"号、"瑞鹤"

▲ 美军在瓜岛登陆，接下来美军在瓜岛上将和日军进行长达半年的争夺战，瓜岛战役也让美军从此掌握了太平洋战场上的战略主动权。

号航空母舰及"瑞凤"号轻型航空母舰。日前哨部队是"隼鹰"号航空母舰舰队。哈尔西是心细之人，他深知自己的编队在力量上处于劣势，胜利的关键在于抢先发现敌人并予以突袭。

10月26日凌晨，美侦察机在圣克鲁斯岛海域发现日军舰队，哈尔西立即电告先头舰队："攻击，再攻击。"6时50分，从"企业"号升空的美机命中日"瑞凤"号飞行甲板，将其击沉。9时50分，日机在离"企业"号10海里处发现"大黄蜂"号，"大黄蜂"号暴露于晴朗海面易受攻击的位置。日机集中火力向其发动攻击，5颗炸弹命中甲板，海水侵入锅炉舱，"大黄蜂"号开始倾斜，失去航行能力。与此同时，从"大黄蜂"号起飞的轰炸机群也突破日军的空中防御，重创日航母"翔鹤"号。

10时2分，"企业"号被日军发现，飞行甲板被3枚炸弹命中。由于力量悬殊太大，"企业"号编队在日机连续攻击下，带伤向东南方向撤退。

没有飞机掩护的"大黄蜂"号由1艘巡洋舰拖着，以3节的缓慢速度航行。下午15时15分，6架日军鱼雷机向"大黄蜂"号再度发起攻击，并将之击沉。至此，美军在太平洋地区的航空母舰全部都失去了战斗力。日近藤舰队袭击了"大黄蜂"号之后，遭到了从圣埃斯皮里图起飞的美轰炸机的报复性轰炸，遂于27日下午撤出战斗，驶回特鲁克岛。

至此，圣克鲁斯海空大战结束，这是美日双方继珊瑚海大战、中途岛海战、东所罗门海战之后，第四次航空母舰之间的大规模海空厮杀。从战术角度讲，双方两败俱伤；而从战略角度来看，美军却达到了自己的目的。首先，美军粉碎了日本陆、海军联合攻占瓜岛的企图，其次，使山本大将用一次舰队决战而歼灭美军舰队的梦想化成了泡影。

No.5 瓜岛海战

在亨德森机场，美海军陆战队和陆军士兵们一次又一次地打退了日军的进攻，牢牢地控制住机场，并使日军伤亡人数10倍于美军。

日本人为夺取瓜岛，更加紧了夜间"东京快车"的行动。不久，他们在瓜岛的兵力超过了美军。但日军最高指挥部仍对增援的速度不满意。他们决定由护航舰队一次把肖特兰群岛基地的增援部队全部运至瓜岛。11月12日黄昏，在阿部少将的指挥下，11艘运输船和12艘驱逐舰载着1.1万名日军顺狭水道驶往瓜岛。另外，包括"比睿"号和"雾岛"号战列舰在内的一支炮击编队，从特鲁克岛赶来，企图对亨德森机场实施夜间炮击。

同一天，美海军少将特纳奉命率舰队将6000名多陆军和海军陆战队援兵一同送上了瓜岛。

▲ 瓜岛上日军士兵的合影，这些人基本上都在瓜岛战役中成为了日本法西斯的炮灰。

　　傍晚，特纳的护航舰队向东南回撤时，巡逻飞机报告，日本炮击舰队正在接近瓜岛。于是，特纳从护航舰队中抽出 5 艘巡洋舰和 8 艘驱逐舰，在海军少将卡拉汉的指挥下，重返铁底湾，由此掀开了瓜岛海战的序幕。

　　这是一个星光闪烁的夜晚，美日两支编队面对面地驶进了瓜岛以北的铁底湾。顿时，两军舰只绞在了一起，混战一场，其混乱及激烈程度称得上海战史上前所未有。幸运的是，日战列舰只携带的是 356 毫米的轰击阵地用的杀伤弹，而不是穿甲弹，美军编队才免遭覆没的命运。交火中，双方编队被打散，交战变成了舰与舰之间的单独决斗，由于在夜晚，还不时发生同室操戈的情况。天明发现，两军损失都很严重。日军 2 艘驱逐舰、1 艘巡洋舰和旗舰"比睿"号被击沉。美军 4 艘驱逐舰、1 艘巡洋舰被击沉。卡拉汉将军、斯科特将军及大部分参谋人员在海战中阵亡。此战，日军编队占有绝对优势，但美军打乱了日军的计划，迫使阿部的增援舰队撤回肖特兰岛基地。

　　11 月 14 日凌晨，以三川海军中将指挥的日巡洋舰编队，又从肖特兰岛南下，并炮击亨德森机场。此时，美将金凯德率领的"企业"号航母编队正从南面赶到，"企业"号航母上的机械人员仍在赶修着 10 月份被打坏的部分。当日拂晓时分，美军侦察机发现日军的两个舰群，一支是三川的炮击编队，另一支是阿部的增援编队。美军立即开始攻击，从"企业"

号航母和亨德森机场起飞的轰炸机首先对三川的舰队发起攻击，击沉 1 艘巡洋舰，重创 3 艘。此后，他们对阿部舰队中防卫甚弱的运输船只进行反复攻击。至傍晚时，日军已有 6 艘运输舰被击沉，1 艘挣扎着逃回基地。阿部仍率领着剩下的 4 艘运输舰继续向瓜岛推进。为了接应他，近藤率领"雾岛"号战列舰、4 艘巡洋舰和 9 艘驱逐舰从北面赶来。

在同一时间，美军从"企业"号航母编队中分出来的"华盛顿"号和"南达科他"号战列舰及 4 艘驱逐舰也从南面驶来，他们首先到达瓜岛，但未发现日舰队。近藤却发现了美舰，他隐藏在萨沃岛背后，突然冲出来，发起攻击，击沉两艘美驱逐舰。"南达科他"号战列舰和另外两艘驱逐舰也失去了战斗力。美军仅存的"华盛顿"号利用雷达的优势，集中轰击"雾岛"号，使之在 7 分钟内就丧失了机动能力。近藤下令放弃这艘战列舰和另 1 艘被打残的驱逐舰，撤离战场。

此时，阿部少将继续向瓜岛靠近，并将残余部队由 4 艘运输舰送上了海滩。天亮后，美军发现了日军的增援部队，4 艘运输舰立即被美军摧毁。这批舰只的毁灭，结束了历时 3 天 3 夜的瓜岛大海战。

No.6　收复瓜岛

在海战和空战之后，日本基本上已经丧失了对瓜岛的战略主动权。不过，退居瓜岛的日军仍旧在岛上负隅顽抗，进行着最后的挣扎。

在 6 个月的时间里，在瓜岛潮湿、闷热、疾病流行的糟糕环境里，这里变成了浴血奋斗、残酷拼杀的场所，一幕一幕的残酷争夺战在大雨中进行，一场场规模空前的大海战，在瓜岛的周围海域展开。

瓜岛，对于经历过那场战争的人来说，它以不仅仅是一个地名，而是一种感觉，这种感觉让人回想起那将近 200 个殊死战斗的日夜。对于美军士兵来说，那里是一个生与死一线间的生死战场，而对于日本军人来说，那里是饥饿之岛、死亡之地，日本军人的地狱。战争中的双方都付出了惨痛的代价。

在美军士兵踏上瓜岛的时候，他们就已经知道自己将面对的是一场残酷的战斗。在瓜岛泰纳鲁河战斗中，日军向瓜岛泰纳鲁河河口的美军阵地发起了进攻。美军等日军接近到很近距离才开始射击，美军的火力非常猛烈，日军顿时尸横遍地，冲锋立刻被打退。日军又端着上了刺刀的步枪，不顾一切冲锋，在美军机枪的强大火力下，一批一批倒下去，日军无法突破美军防线。经过半夜的激战，日军损失惨重，却毫无进展。

天亮后，日军在河对岸构筑工事，与美军对峙。美军还以为这是日军的佯攻，正等待后续部队发动更大进攻，直到侦察部队报告日军确实没有后续部队之后，范德格里夫特派出一个营绕到日军背后，实施两面夹击。日军只剩下残兵败卒，无法抵挡美军攻击，向海边溃退。一路上倒下的伤兵呼天喊地，美军本着人道主义精神派出了医护人员前往救助，日军伤兵竟拉响手榴弹与医护人员同归于尽。

范德格里夫特闻讯勃然大怒，下令对投降者不予生命保障，并出动轻型坦克去彻底消灭日军残部。5辆轻型坦克向日军盘踞的丛林冲去，用37毫米大炮和机枪逐一消灭残余日军。坦克从日军死尸和伤兵身上碾过，履带上沾满血肉，活像绞肉机。泰纳鲁河战斗以日军的彻底失败而告终，美军阵亡35人，伤75人。日军在战场上留下的尸体则达八百余具。

在此之后，日军像疯了一样对美军的阵地进行自杀式攻击。在日军的发狂攻击面前，美军坚守的阵地几乎要被突破，但没有崩溃，他们将预备队投入战斗进行反击，连续打退了日

▲ 相比日军在岛上吃野草和树叶充饥，美军士兵的伙食可以说是太丰盛了，图为美军正在准备火鸡大餐。

军的 5 次冲锋。随着黎明的来临，日军再次发起冲击，美军隐蔽在阵地后的反坦克炮对日军进行平射，结果整整一个日军纵队被打倒在地。

日军还不放弃又重新组织岛上的日军发起了"最后的决死进攻"。成群的日本兵钻出丛林，高呼"陆战队的士兵们，今晚你们完蛋了"的口号冲了上去。然而他们成十成百地被美军打死。部分日军冲进美军士兵中，用刺刀、战刀、枪托和拳头展开了疯狂的肉搏战。但是，这些都不能挽救日军失败的定局。结果还是一样，战场上日军留下了 2500 多具尸体，丸山不得不集合残兵败将撤退，陆地上的胜负已成定局。

瓜岛的惨败使山本五十六不再冒险将主力舰投入瓜岛战役，于是停止增援瓜岛日军，岛上日军的生存变得越来越困难。1943 年 1 月 4 日，日军大本营不得不下达了从瓜岛撤退的"K号作战"命令。为此，日本花了数周时间，计划以联合舰队的运动转移美军的注意力。直到2 月 1 日，日 20 艘驱逐舰经过 3 个夜晚的快速运输将 1.2 万名即将饿死的幸存者撤出瓜岛。

▲ 热带雨林泥泞的道路上，美军的运输车队在艰难前进。

▲ 饥饿难捱的日军战俘正狼吞虎咽地进食。

等到瓜岛上的美军增加到 5 万人，并于 2 月初完成对日军阵地的钳形攻势时，美国人才发现他们的敌人已经溜掉了。

裕仁天皇得知美军占领瓜岛后，甚是震惊。海军军令部长官永野修身好不容易安抚好天皇，但首相东条英机也开始发火了，他大骂海军，说他们只顾抢功，占领瓜岛竟然没有告诉陆军，以至于陆军未派驻岛部队，因此才给美军钻了空子。永野修身无比羞愧，随后就气急败坏地严命山本五十六夺回瓜岛。

山本五十六接到命令，决定飞往瓜岛前线，但美军无线电特种部队破译了日军 NTF-131755 号绝密电报。根据电报内容，美军获悉山本五十六为了给所罗门前线日军打气，将亲临飞往布干维尔岛巡视。于是美军出动战机，决定伏击山本五十六的座机，以报当年的珍珠港之耻。

1943 年 4 月 18 日，一中队的 P-38"闪电"式战斗机从瓜岛亨德森机场起飞了，在米切尔少校相兰菲亚少校指挥下，在山本航线上伏击他的座机。山本五十六，这位自幼从戎，多才多艺，精通航海、炮术和航空兵战术，亲自谋划了多次大会战的日本海军最高将领，在美机偷袭下机毁人死，在所罗门群岛上空了结了罪恶的一生。

而日本海军也随着"名将之花"的凋败而急剧走向衰落。瓜岛之战后，美军也开始了太平洋战争上的反攻。而此时中国战场上渡过了艰苦的相持阶段，战略反攻的号声也响彻大江南北、长城内外。日寇自食侵略苦果的日子终于到了。

　　历时半年的瓜岛争夺战就此结束，这是日本陆海军协同作战的第一次大败北，也是盟军在南太平洋诸岛登陆作战的首次告捷。瓜岛之战沉重地打击了日本的战争梦想，从此盟军在南太平洋上掌握了战略主动权。

No.7　瓜岛绞肉机

　　1942 年 8 月，美军与日军为夺取这个小岛，在陆地、海洋和空中展开了前所未有的大血战。1942 年初，日军攻陷离瓜岛不远的战略要地拉包尔时，对瓜岛并不关心，日本大本营甚至还不知道这个小岛在哪里。他们更不会想到，瓜岛，这个日语中同"饿岛"读音相似的名字，预示了日军在瓜岛上的命运。

　　然而，让胜券在握的美军没有想到的是，瓜岛的地狱之门，才刚刚开启。10 月 25 日，岛上日军几乎弹尽粮绝，身边只剩下了刺刀。当晚，成群日本兵呐喊着冲出丛林，美军营地顿时一片大乱，很多熟睡的美军刚刚睁开眼睛，看到黑暗中刀光一闪，就失去了生命。战局眼见着就要发生转折，但多数日军因饥饿而体力不支，被迫撤退。

　　11 月 12 日黄昏，日军的援军到达，再次发起冲锋，守岛的美军高度紧张，他们在火力上拥有绝对优势，但近身肉搏却不是日军的对手，一旦被日军逼到身前，便几乎注定战死。

▲ 日军战俘精疲力尽，在美军的帮助下正被送往战俘营。

▲ 正在营地里策划作战方案的美军指挥部。

有美军士兵因过度紧张，向丛林里乱扔手榴弹，甚至炸到了自己人。战斗之后，对日军又怕又恨的美军，通过侮辱日军的尸体泄愤。

　　然而，日军的自杀式冲锋，因为饥饿，逐渐也坚持不下去了。陷入饥饿的日军，采取了一种叫作"猛兵饲育"的办法，凑足一部分剩余的食物，挑出身体特别强健的30人，让他们吃饱，然后组成敢死队，携带手枪、炸药等武器偷袭机场，居然不断重创美军。后来所剩食物越来越少。日军就用抽签方式选出一人，凑几粒米熬一碗粥，让他喝完粥就去袭击美军岗哨，这些体力不支的日军往往有去无回。

　　已经失去战斗能力的日军，成批地饿死在丛林里，无数尸体腐烂生蛆。因为饥饿，奄奄一息的日军士兵甚至张大嘴巴，诱使苍蝇飞进嘴里，惨不忍睹。尚有一丝气力的日军士兵，大多选择了自杀。而日军的战争教育往往是宁死不做俘虏，所以大多数的日军即使是死，也不愿成为美军的俘虏，而成为日本军国主义思想的牺牲品。

　　留在瓜岛上的残余日军后来的日子相当凄惨。他们补给缺乏，经常吃野果和鱼虾充饥，疟疾和其他瘟疫开始流行，伤员创口腐烂却只能坐以待毙，许多士兵因此自杀了。1943年2月，美军搜索部队最后到达了瓜岛西北的埃斯帕恩斯角，在那里发现几个垂死的伤兵和血污的绷带。所有的日军残余部队，共16000名官兵都已被海军用潜艇、驱逐舰和其他快速舰艇撤送出瓜达尔卡纳尔这个一辈子诅咒不尽的活地狱。

这次大撤退完全出乎美军预料，算得上日本海军的一个"敦刻尔克式"杰作。但是有 5 万名日军永远离不开了。他们在大规模的陆海空战争中为日本的扩张野心付出了生命。瓜岛，这个看上去相当美丽的热带海岛，用一个美军当事者的话来说，它不是一个地名，而是一种感情，这种感情使人回想起那些空中殊死的战斗、夜晚激烈的海战，为供应和修建所作的狂热努力，在潮湿的丛林中进行的残酷搏斗以及划破黑夜的凄厉炸弹声和舰炮轰击的震耳欲聋的爆炸声。

瓜岛争夺战是太平洋战争中一场空前残酷而激烈的大搏杀。这一具有决定性意义的争夺战，成为第二次世界大战中著名的战役之一。整个瓜岛战役中，大小海战共 26 次。此役，美日海军各损失航空母舰 2 艘，参战的 6 万美陆军和海军陆战队官兵有 1600 人阵亡，4200人受伤。岛上的 3.6 万日军，阵亡及失踪 1.4 万人，病死 9000 人，被俘 1000 人。当然，这些数字不包括双方在支援瓜岛作战中损失惨重的海军和空军伤亡人数。

No.8 铁血兵王约翰·巴斯隆

约翰·巴斯隆是美军海军陆战队一位普通士兵，但是这个普通的士兵却在瓜岛战役中上演了一场战争传奇。

约翰·巴斯隆出生于纽约州布法罗市，家中有十个孩子，他排行老六。他的父亲在 1903年从意大利那不勒斯移民至新泽西的曼维尔。而他的母亲于 1889 年出生于曼维尔，但她的父母也是来自那不勒斯的意大利移民。也许正是因为有着浓厚的意大利血统，据说巴斯隆最开始的梦想是想成为一名歌唱家，可是每当他唱歌的时候，旁边的人都会大声说道："stop！"。

在加入美国陆军之前，巴斯隆在一家乡村高尔夫俱乐部做球童。1934 年参军之后，他在菲律宾服了三年役。在那儿，巴斯隆是一个著名的冠军拳击手。退役之后，他在马里兰州做了一名卡车司机。干了几个月后，他又回到马尼拉，然后觉得海军陆战队会比陆军更适合他的发展。于是在 1940 年 7 月，巴斯隆在马里兰州巴尔的摩港加入了海军陆战队，1942 年 10月又随军前往南太平洋所罗门群岛的瓜达尔卡纳尔岛，作为美国海军陆战一师第七团第一营C 连机枪手，参加了太平洋战争中的关键战役之一——瓜岛战役。

这位平时看起来有些"暖男"特质的嘻哈少年，在对日军作战的危难之时竟爆发出惊人的战斗力，成为美军一名不可磨灭的传奇英雄。

在瓜达尔卡纳尔岛，巴斯隆因过去的菲律宾服役经历，而被战友戏称为"马尼拉的约翰"。1942 年 10 月 24 日，巴斯隆所在班在 Lunga 地区的阵地遭到了近 3000 日军的攻击。巴斯隆所在班不得不孤身抵挡 3000 名日军的疯狂进攻。日军顶着美军的重机枪，发起一波波的冲锋。在接下来的 48 小时里，全班 15 个人中有 12 人阵亡，只剩巴斯隆和另外两个伤号战友。24 日、25 日凌晨，在援军到来的这段时间里，巴斯隆孤身一人抵抗日军千人的进攻，甚至在弹药不足的时候，亲自穿越火线到日军阵地上搜罗弹药以顶住攻击，在此期间还修好了一挺出了故障的机枪。

在这次战斗中，巴斯隆一人抵抗几千名日军的进攻，并导致日军死伤惨重，成为瓜岛战役中的"铁血兵王"。

这次战斗之后，巴斯隆一战成名。瓜岛战役结束后，巴斯隆被授予美国军方最高荣誉——荣誉勋章，不仅如此，巴斯隆还获得了海军十字勋章，成为美军"二战"历史中唯一一位获得过这两个重量级勋章的双料英雄，同时也是美军唯一保持单兵射杀日本鬼子人数最高纪录的保持者！

既然能在瓜岛痛击日军成为美国传奇英雄，自身没点儿"绝活儿"那绝对是说不过去的。根据时任美国海军陆战队 1 师 7 团 1 营 D 连的下士理查德·格瑞尔在 67 年后的回忆说："巴斯龙是个平时嘻嘻哈哈、逍遥自在的人，他对机枪的透彻了解那是堪称一绝，而且他还有个绝活，他常把那把点 45 口径的手枪拔出枪套看自己动作能有多快，没日没夜地练习，甚至去基地的电影院看电影时也如此。"

也正是这个西部牛仔式的人物，最终在关键时刻力挽狂澜，成就了铁血兵王痛击日军的不朽传奇！如今，约翰·巴斯隆的事迹只能通过他当年的战友来进行回忆，碍于当时的条件所限，巴斯隆的英勇表现也没有留下影像记录，但这些都并不妨碍人们纪念他的光辉形象。

据说，在大名鼎鼎的影片《第一滴血》中，由铁血硬汉史泰龙所扮演的主角——退伍军人兰博，其原型可能就是参考了约翰·巴斯隆这位当年威名赫赫的铁血兵王。而兰博也成为电影电视剧作品中铁血人物的代表之一。

在获得荣誉勋章后，巴斯隆返回美国，并参加了战争债券募集活动。他的英勇战绩广为流传，生活杂志、福克斯新闻等媒体对此进行了全国范围的报道。尽管巴斯隆在国内获得了莫大的荣誉，但他仍想念他的陆战队战友，并请求重返战场。陆战队拒绝了他的请求，因为按照规定，获得过荣誉勋章的战士不能再上战场。但在数次强烈要求重返战场后，陆战队最终批准了他的请求。1943 年 12 月 27 日，巴斯隆在加利福尼亚州的 Pendleton 营地进行训练。

在此期间，巴斯隆遇到了她未来的妻子，一个海军陆战队的预备役女兵。1944 年 7 月 10 日，他们结婚了，并在女方父母位于波特兰的洋葱农场度过了蜜月。

▲ 约翰·巴斯隆在瓜岛战役中因为作战英勇，被授予荣誉勋章。右图为以约翰·巴斯隆为背景的邮票。

巴斯隆重返陆战队后，参加了硫磺岛战役。1945 年 2 月 19 日，硫磺岛登陆战开始。巴斯隆作为排长独身突进，摧毁了一座日军碉堡，并率队朝一号机场进发。途中他还帮助一辆陷入日军雷场的坦克重返安全场所。

在接近一号机场边缘的时候，巴斯隆不幸被迫击炮击中阵亡，阵亡时军衔为海军陆战队枪炮军士，英文缩写为"GySgt"。鉴于巴斯隆在硫磺岛战役中的出色表现，他被追授陆战队第二高的荣誉：海军十字勋章。

巴斯隆逝世后，被授予多项荣誉。美国海军 1949 年将一艘 Gearing 级驱逐舰命名为巴斯隆号（USS Basilone）。该舰于 1945 年 7 月 7 日下水，12 月 21 日正式服役。巴斯隆的遗孀 Lena Mae Basilone 进行了剪彩。巴斯隆的名字被用于很多陆战队的基地，比如通往 Pendleton 营地的巴斯隆路。2005 年，美国邮政发布了一套邮票，用于纪念海军陆战队的英雄，其中就有巴斯隆。

在巴斯隆的家乡，美国新泽西州的拉里坦，每年都有仪式以纪念这位英雄。此外在美国很多地方都有巴斯隆的雕塑、纪念碑以及以他名字命名的建筑。

No.9　注定失败的战争

瓜岛战役后，日军完全丧失了南太平洋战场上的战略主动权，瓜岛战役彻底粉碎了日军在南太平洋的作战企图。由此，太平洋战争进入了关键的转折点，而瓜岛的陷落，也让日本本土直接暴露在了美军面前。美军在瓜岛建立了空军基地，在之后的战争中，无数的美军飞机从瓜岛起飞，对日本本土进行了多次的战略轰炸。

瓜岛的陷落，直接加速了日本法西斯的灭亡，因此，当时一位日本海军大臣曾说：日军在瓜岛的失利，让日本已经输掉了这场战争，而日本的战败已经注定只是一个时间问题了。

日本在瓜岛的失利是必然的，因为在经历了珊瑚海海战和中途岛海战后，日军海军已经受到了严重损失。日本的海军实力，已受到很大程度削弱，而日本军部却没有看到这一点，还在执行着大范围战略进攻的方针，这个战斗目标所需要的军事力量，已经是日本所不能提供的了。

这时的盟军以将国民经济转变为战时经济，军工生产能力突飞猛进，战争的潜力也一天比一天的大，而这时的日本在广阔的战线上，随着人力和物力的不断投入，却没有收获，已经是强弩之末。

瓜岛战役之初，日本的军事工业实力就已经受到了严重的危机。从日本和美国的军事和工业实力来看，日本完全不是美国的竞争对手，所以在太平洋战争一开始，即使日本打了几个漂亮仗，那也只是昙花一现，终究还是要失败的。

在瓜岛长达6个月的战斗里，日本无论是在舰船方面、航空兵力、作战人员、后勤物资方面，可以说都是力不从心的，在日美实力相差悬殊的情况下，日本的战略目标与他们的实力不足的矛盾，成为日本失败的一个根本原因。

其次日本方面对于战场的总体情况判断失误，美军在进攻瓜岛前，可以说谋划周密，准备充分，兵力充足，可是日本方面却把瓜岛看作一个南太平洋上一个无足轻重的海岛，没有将重兵调往瓜岛实施作战，也没有趁美军登陆瓜岛还立足不稳的时候，快速地组织有效的反击，当天皇亲自过问时，日本军方才意识到瓜岛的重要性时，但为时已晚。

在整个战争进行时，日本方面犯的最大的一个错误，那就是他

▲ 正在向瓜岛腹地行军的美军。

们所采用的"添油战术"，这使兵力被极大分散。我们来看一下，他们第一次登陆有 1000 人、第二次有 1500 人，第三次有 3500 人，而美国方面在 8 月 7 日一天就有超过 1 万人登陆，这样就形成了在每次的战斗中，日本的兵力从来没有超过美国过的兵力。

　　而日本在瓜岛也有一次取胜的机会。那就是以日本的海军三川中将为首的日本舰队，重创了美国巡逻舰队的时候。这时美国在瓜岛附近的海军力量出现了一个空白点，美军补济船上的大部份物资还没有下船，三川可以领着他的舰队轻易地将美国的物资销毁在海滩上，如果那样的话，美国登陆部队就会因为没有后勤补给，陷入极大的被动。可这一天赐良机，却让没有战略眼光的三川中将放过了。

瓜岛战役，可以说是日本和美国双方，人力、物力、运力以及战略战术上一次综合的较量，这次战役充分说明了岛屿争夺战中制海权和制空权的重要性，以及各军种之间密切合作的紧要性。

在瓜岛战役中，美军最初的计划也只是一个小规模的登陆战，随后日军为夺回岛屿而逐次增兵，并在海上、陆地、空中展开了空前的争夺，从而演化成了日本与盟军的决战。双方历时半年多的争夺，均损耗了大量的战舰、飞机，而日本的人员伤亡也远超美军。

日本在瓜岛战役中，几乎丧失了大半的精锐部队和舰艇，大约25000名经验丰富的地面部队在战役期间最终战死。庞大的资源流失，直接导致日本未能实现其中的目标，同时日本也失去了所罗门群岛南部的控制权和未能有力制止盟军通往澳大利亚的航运。

更重要的是，日本的地面部队稀缺，空、海军部队已永远在瓜达尔卡纳尔岛的丛林和周边海域消失。日本损失了大量的飞机和战舰以及训练有素和经验丰富的飞行队员，尤其是海军机组人员补充的速度完全比不上同盟国。

▲ 瓜岛战役中，美军在展示战利品——缴获的日本国旗。

▲ 在瓜岛战役中被俘的日军，这些人将被送到战俘营。

所以到了最终，瓜岛战役完全变成了一场持久的消耗战。而美国依托自身强大的工业实力，坚持到了战役的最后。但是日本因无力进行消耗作战，最后不得不无奈地选择撤军。美军最终完全占据瓜岛，而后顺利夺取了所罗门群岛，最终是整个南太平洋地区的制海权，美军因此开始进行战略反攻。

对盟军来说，瓜岛战役的胜利不仅仅是军事上的胜利，同样也有着重要的心理上的胜利。在一个双方对等的战场环境下，美军击败了日本最好的地面、空中和海军部队。瓜达尔卡纳尔岛一役后，美军士兵再也没有了之前面对日军的恐惧和敬畏。对于瓜岛战役的胜利，盟军对太平洋战争最终的结果，也大大地乐观起来。

瓜达尔卡纳尔岛是中途岛之后日本的再次失败，也是日本从战略优势走向劣势的转折点，从世界范围来看，1942 年底盟军在瓜岛的反攻和胜利，与同时期的斯大林格勒会战、阿拉曼战役一起，成为同盟国进入战略反攻阶段的开始

瓜岛战役让美军方面彻底改变了被动防御的不利局面，在经过了瓜岛战役后，美军粉碎了日本的战略进攻计划，稳定了太平洋战场的形势。瓜岛战役结束了在美日双方在太平洋的相持阶段，使日本开始走向下坡路，

▲ 美军士兵正往舰炮弹仓中压炮弹。

第五章

登陆西西里

　　同盟国在苏联战场、太平洋战场、北非战场的胜利，为同盟国反攻欧洲大陆做足了充分的准备。协约国在欧洲大陆的盘踞必须得到终结。一次大规模的登陆战被制订。这次战斗的战略目的是登陆西西里岛，以控制地中海地区。但是，德意联军的重重防守固若金汤，同盟国必须欺骗协约国，以达到声东击西的效果。一场绝妙的斗智斗勇行动展开了。不仅如此，同盟国联军里的巴顿和蒙哥马利将军为争头功，也展开了盟军内部的斗智斗勇。

No.1　大国博弈

随着轴心国的节节败退，盟军已经取得了战争的主动权。同盟国各国都已经开始了对德意日法西斯的反击。在中国战场上，日军已经完全陷入了持久战而不能自拔，消耗了大量的有生力量。在太平洋战场上，随着美军粉碎了日本一个个战略企图，并在中途岛战役和瓜岛战役中摧毁了日军在太平洋上的精锐部队，太平洋战争也已经达到了战略转折点。

而在非洲战场，意大利军队被英军打得十分狼狈，墨索里尼也在意大利国内失去了民众的支持，意大利民众充满反战情绪，墨索里尼被要求下台。德国法西斯也接连在苏联战场受挫，苏联红军开始了对德军的大反攻。世界反法西斯战争已经到了最后的阶段，同盟国一步步取得了战争主动权，大反攻的胜利只是一个时间问题。

进入1943年，北非的局势也已经明朗，在英美等国盟军的打击下，德国法西斯已经丧失了北非的战略控制，盟军在地中海的优势已经确立。

面对着战场的战略主动优势，同盟国决定对欧洲战场发动一次大规模的登陆战，以迅速瓦解德意法西斯。最初盟军考虑在英伦海峡发动登陆战，然后从法国直捣德国法西斯的老巢，不过当发现德军在法国部署了大量的军事力量之后，便放弃了这个战略计划。于是盟军将领们开始把目光转向意大利，在一番讨论之后，决定在意大利的西西里岛发动大规模登陆，先瓦解意大利法西斯，然后占领意大利。

西西里岛是意大利最大的岛屿，同时也是地中海中最大的岛屿，如果盟军在西西里岛登陆成功，不仅可以消灭轴心国在西西里岛上的海空力量，还可以取得整个地中海的战略控制权，从而确定在地中海的主动权，并将墨索里尼赶下台，让意大利退出战争。

从当时的战争形势来看，盟军在西西里岛登陆成功，还可以将土耳其拉入反法西斯阵营，壮大盟军的力量。

不过盟军内部也不是太团结，英国决定在西西里岛登陆还有另一个目的，那就是借助美国的力量，恢复英国在东南欧的传统势力范围。对英国的这一主张，美国表示了强烈反对。美国认为以战争现在的状况，应该集中力量直接在法国北部开辟第二战场，以最快的速度摧毁德国法西斯。美国认为，虽然德军在法国驻守了很多军队力量，但是这并不影响盟军在法国北部的登陆战，而如果在西西里岛登陆，开辟在南欧的作战会影响盟军在法国北部的登陆计划，还将使苏军面临巨大压力，甚至可能会遭到失败的命运。

而且美国更担心盟军主力进入与美国利益无关，但却与英国利益密切相关的地区，这样一来很可能美国会被英国拖入欧洲国家间的复杂纠纷之中。美国虽然属于同盟国，但是并不

▲ 盟军的"爱斯基"西西里作战计划定于 1943 年 7 月实施。这是战役前盟军士兵向集结在利比亚的黎波里港的盟军舰只打旗语。

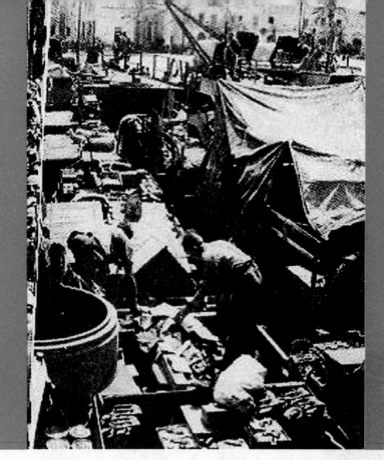

想为了他人而损失自己的利益，毕竟美国从来都是不插手欧洲事务的，即使在"一战"期间，美国也都是在最后才加入了战争的。

对此，英国总参谋长艾伦·布鲁克元帅指出，以德国的军事力量，如果盟军强行在英吉利海峡登陆，那么盟军将遭受到德军的毁灭性打击。因为从战场形势来看，德国目前无须从苏德战场抽调兵力就可在法国北部集结至少 44 个师，而盟国还没有能够拥有对抗这 44 个师的兵力和登陆舰艇。

布鲁克元帅指出，盟军无论在哪一方面都没有做好在法国北部实施登陆的准备，但也不应该在 1943 年无所作为，最佳的方案就是以现有的兵力，采取有限的作战，分散、牵制和削弱德军，以支援苏军的作战，同时为在法国北部登陆做好准备。而地中海地区正是实施这一方案的最理想地区，因为盟军已在地中海战区集结了强大的兵力，掌握了该地区的制空权和制海权，可以在地中海北部沿岸地区任意选择登陆地点。因此在地中海地区实施登陆的成功可能性要比在法国北部大得多，一旦登陆成功，还有迫使意大利退出战争，促使土耳其加入盟国一方的可能，可谓一举多得。

对此，美国欧内斯特·金海军上将，陆军航空兵司令阿诺德上将，这两位重量级的人物

▶ 盟军士兵冒着德军的炮火前进。

也转而同意英国的方案，美国参谋长联席会议主席马歇尔上将只得同意英国的计划，但他担心进攻意大利亚平宁半岛可能会影响在法国北部的登陆，因此要求进攻范围只限于西西里岛。英国也做出让步，同意只在西西里岛登陆。

1943 年 1 月 23 日，盟军各国达成协议，通过了西西里岛登陆方案，并决定了战役发起时间不得迟于 1943 年 7 月。

No.2　登陆前的准备

西西里岛登陆方案通过以后，盟军在阿尔及尔建立特别参谋部，以制订在西西里岛登陆的作战计划。目前而言，西西里岛登陆最大的困难，是西西里岛距离意大利本土太近，而盟军在登陆初期又没有大型港口可供利用，如果登陆受挫，那么德意军增援速度必定大于盟军的增援。

这一难题让地中海战区最高司令艾森豪威尔感到非常头疼，甚至都想放弃登陆计划，不过这个时候，希特勒那里倒是帮了艾森豪威尔的忙。当时，德国在北非战场的总指挥官隆美尔，已经发现了盟军很有可能在意大利登陆，于是告诫希特勒，希望希特勒将地中海轴心国的军队精锐尽数调到突尼斯，以防止盟军在意大利登陆。

不过，刚愎自用的希特勒根本不听隆美尔从北非撤军的建议，认为北非战场仍旧有扭转战局的机会，即使阿拉曼战役中，德军遭受到了北非战场上有史以来最大的一次失败，但是希特勒依旧认为德军不能从北非撤军。不过希特勒也预感到了盟军很可能会在地中海发动进攻，并从意大利登陆，于是决定派兵在地中海驻守，防止盟军登陆。

虽然希特勒派遣了大批军队驻扎在意大利，不过因为希特勒不肯听从隆美尔的建议，结果导致了德军在北非战场上全军覆没，使得轴心国军队再没有力量大举增援西西里岛。

不过就在盟军积极准备登陆作战的同时，德意军也开始抓紧进行反登陆准备，意大利海军一直将最好的舰艇保留着，用以对付盟军的登陆。但由于轴心国始终未能查清盟军即将发动登陆的具体和准确的时间和地点，因此无法做出有针对性的部署。

▲ 盟军军官组织炮火攻击德军的阵地防线。

意大利在西西里岛的守军共约25万人，不过意大利军队普遍厌战，军队战斗力普遍很弱，基本上构不成对盟军登陆作战的巨大威胁，且轴心国并不清楚盟军要在哪里登陆，具体时间也不知道，这无异于给了盟军充分的准备时间。

盟军此时开始肃清轴心国在北非的力量，将轴心国在北非的军队完全赶出后，盟军航空兵开始对意大利本土、西西里岛、萨丁岛和希腊的机场、港口、交通枢纽、部队集结地和雷达站进行广泛而又猛烈的空袭，全力消灭、压制德意航空兵，并阻止其部队的机动。

这其中，盟军重点对西西里岛上的所有机场，进行了极为猛烈的突击，仅在杰尔比尼、卡塔尼亚等机场投下的炸弹就达1500吨。在盟军的猛烈空袭下，德意轴心国的机场和港口均已遭到很大程度的破坏，盟军已经掌握了整个地中海的制空权和制海权。

为了扫清登陆作战的障碍，盟军于1943年6月实施了对班泰雷利亚岛的登陆进攻。盟军的攻击首先是以猛烈的空中打击开始的，班泰雷利亚岛既无驻岛航空兵，又无空中支援，

▲ 美军士兵用轻型105mm榴弹炮向德军进行轰击。

▲ 1943 年 11 月 1 日，盟军攻占那不勒斯港。这是正在卸载的美国军舰。
▼ 在西西里的一个村庄，一位意大利警察在为盟军士兵送水解渴。

面对盟军的空中打击，只有任人宰割的份。

几乎同时，盟军的登陆也开始了，按照预定计划于 12 时许冲上了海岸，随即占领全岛，俘虏了全部守军，英军无一伤亡。这是战争史上以海空兵力实施猛烈轰击从而迫使守军投降的第一个成功战例。6 月 13 日，班泰雷利亚岛附近两个小岛上的守军也向盟军投降，至此，进攻西西里岛的障碍已被全部扫除。

No.3 一具"立功"的尸体

在盟军所有战前准备中，最令人叹服的是代号"特洛伊木马"后改称"肉馅计划"的战略欺骗。

因为只要是稍有军事常识的人，都非常清楚当盟军肃清了北非的轴心国势力之后，在地中海战区，盟军下一个目标毫无疑问就将是西西里岛，特别是当盟军攻占了班泰雷利亚岛后，对西西里岛的攻击是显而易见的，正如英国首相丘吉尔所说的："傻瓜都知道下一步是西西里岛！"

当时德意军在西西里岛已经部署了约 30 万人的兵力，而盟军能够投入的登陆部队仅占有微弱优势，远远低于在太平洋战场上登陆作战中至少3：1的兵力优势。一旦轴心国判明盟军进攻目标，加强西西里岛的防御，那么登陆作战将会面临失败，即使取得胜利，也必将付出惨重的代价。

为了避免陷入这样的被动局面，盟军决定组织实施战略欺骗和伪装，使轴心国相信，正因为西西里岛是再明显不过的目标，盟军将以此作为佯攻来掩护在地中海其他地区的登陆。盟军统帅部确定以希腊和萨丁岛作为战略欺骗中所要进行主攻的地点，因为进攻希腊后，可以乘胜向巴尔干半岛发展；而攻占萨丁岛，又是进攻法国南部的理想跳板，这两地都是轴心国极为敏感的要害之地。

执行此项任务的机关是英国的伦敦监督处。"肉馅计划"是伦敦监督处成立以来组织的第一个战略欺骗行动，很快该处就制订出了进攻希腊和萨丁岛的假计划，但如何将计划不被怀疑地落入德军之手，是至为关键的，由于伦敦监督处马上将要全力投入更重要的诺曼底登陆的战略欺骗，这一任务就由海军情报局蒙太古中校负责。

蒙太古中校绞尽脑汁设计如何将假情报送到德国人手中，最初的方案一一被否决，最后他的得力部属乔治中尉突发奇想，建议用一具尸体，在其随身携带的公文包里装上假情报，然后用潜艇将尸体抛入大海，利用潮汐冲上德国或亲德国的国家海滩，这样德国人就会以为他是溺水身亡，自然就不会怀疑情报的真实性了。蒙太古随即对这一方案进行了可行性研究，觉得完全可以，便立即制订了具体执行计划，并获得了首相批准，接着就着手对所有相关细节进行周密安排。

首先蒙太古向内政部的病理专家请教了有关溺水身亡尸体的病理特征，那就是肺里一定有积水，而因肺水肿死亡的尸体也具有同样的症状，于是他们通过内政部向殡仪馆秘密征用了一具因肺水肿死亡的青年男性尸体。

接着就是为这具尸体精心制造假身份。"他"被起名为威廉·马丁，联合作战司令部的参谋，海军陆战队少校（因为战争期间，海军陆战队的中级军官经常担任战地信使）。在随身携带的公文包中，最关键的是伪造的文件，这些文件既不能太过明显暴露出登陆地点，又要让德国人能从中得出符合盟军希望的结论，蒙太古煞费苦心准备了两封信，一封是英军副总参谋长奈伊将军写给地中海盟军陆军司令亚历山大的，另一封则是英军负责特种作战的联合作战司令部司令蒙巴顿海军上将写给地中海盟军海军司令坎宁安的，这两封信尽管都没有明确写出登陆地点，但在字里行间，却透露着盟军将要在希腊和萨丁岛登陆。

特别是蒙巴顿的信中，还指出马丁少校是登陆艇专家，在战役结束后要求将他立即还回，顺便带回一点在英国配给供应的沙丁鱼，要知道沙丁鱼正是萨丁岛的特产！为了增加真实性，在公文包里，还有一本准备请艾森豪威尔题写前言的著名军事理论家乔治松德斯的新著《联合作战》。私人物品中还有一封情深意长的情书，两张女友的照片，一封银行的催款信，一张透支 7 英镑 19 先令 2 便士的存折，一张购买订婚戒指的发票，两张皇家大戏院的戏票票根，军官证件，联合作战司令部的通行证，以及钥匙、笔记本、香烟和钞票等杂物。上述物品包括尸体穿着的衣服在内的所有物品都经过严格的检查，以确保毫无疏漏，万无一失。

4 月 17 日，在蒙太古亲自监督下，尸体被装入印有"光学仪器"标签的金属圆筒，然后在严密警戒下运往苏格兰格里诺克军港，随即被运上英国海军"六翼天使"号潜艇。蒙太古叮嘱艇长杰威尔少校，在 4 月 29 日或 30 日将尸体投放到西班牙韦尔瓦附近海域，而且必须严格保密，知情者必须限制在最低范围。

4 月 19 日，担负着特殊使命的"六翼天使"号潜艇从苏格兰格里诺克军港起航。

4 月 30 日拂晓，"六翼天使"号潜艇在西班牙韦尔瓦附近海域浮出水面，"马丁少校"

▶ 意大利儿童向第 5 军团的美军献花。

被抬到甲板上，一名艇员给他的救生衣吹足了气，将公文包用铁链系在手腕上，然后放入海中，顺着潮汐向海滩漂去。"六翼天使"号潜艇随即下潜返航。

No.4　兵不厌诈

　　1943 年 4 月 30 日的早上，一个西班牙渔民注意到一个奇怪的东西正在西班牙西南海岸的港口韦尔瓦附近的大西洋上浮动。他喊来附近一艘摩托艇去探查这个物体，结果发现是一具腐尸。死者身着英国皇家海军的制服，外罩战地大衣和一件救生夹克，一个锁着的公文包被链条拴在大衣腰带上。

　　韦尔瓦的西班牙军事当局检查了这具尸体，据死者装在外衣口袋里的证件，此人是 36 岁的威廉·马丁少校。根据当地太平间的一位医生推断说，马丁在入海时仍然活着，也许落海原因是飞机失事，他在被冲到岸边之前，显然已经被淹死 5 至 8 天了。当局找到本地的英国副领事，于是马丁少校很快就被安葬在韦尔瓦郊外的孤独公墓中。从葬礼的细节看，西班

◀ 美军士兵在为一个饥饿的
意大利儿童喂饭。

牙海军给了他充分的军人荣誉，制作了墓碑，但有一件事不合常规：西班牙官员保留了马丁的公文包。英国海军在马德里的联络官立刻要求把它归还，因为他在伦敦的上司已经通知他这个包里有重要的盟军的机密文件，但直到尸体下葬两星期后，西班牙方面才满足了英国方面的请求。

一张相片（实际上是一位战争办公室的雇员的照片），还有一出在伦敦上演的戏票的存根，以及一封来自他父亲的言词粗鲁的信，内容是反对他这段草率的战时婚姻。马丁公文包中所携带的两封官方信函，一封发自英国副总参谋长阿奇博尔德·奈将军，他的信写给自己的老友西北非英军司令哈罗德·亚历山大将军，还暗示盟国正准备发动两次进攻：一次瞄准希腊，而另一次的目标接近西西里（具体目标未指明，但第二封信中做了提示）。

第二封信是写给地中海舰队司令的，由蒙塔古撰写，由海军上将路易斯·蒙巴顿爵士签名。信的内容是说马丁正携带一封非常"火爆"的信件，并且希望他"一旦袭击结束"，就尽快带着回信返回伦敦。

总的来说，这两封信的内容将会让德国人认为，盟军已确定把目标从夺取西西里变为在附近的撒丁岛登陆，而这一行动将在进攻希腊后开始。

1943 年 4 月 30 日上午，装有"马丁"少校的英国潜艇"天使号"经过两星期的长途跋涉来到了距西班牙韦尔瓦一英里左右的大西洋洋面，目的地的选择是因为他们知道一个德国特工组织正在这一地区活动，他们与西班牙地方当局有很好的联系。潜艇指挥官杰韦尔根据计划把装有"马丁"少校的罐子打开，给"马丁"少校穿上一件救生马甲，这样可以使尸体漂起来。罐中的干冰在两个星期的运输过程中延迟了死尸的腐烂，并且这与设想的人体落海后漂泊的情况吻合，"马丁"少校被扔进了大海。

正如一位海军专家所预言，狂风和海潮迅速把他推到海边，紧接着便是一出"好戏"上演，德国间谍和西班牙人完全按照蒙塔古所希望的那样进入了角色。德国间谍比西班牙海军办事处的人狡猾得多。他们从信的寄发地点、日期到收信地点的邮戳，都反复核对验证。这一切看起来都是无懈可击的。当然，为了使这套材料无懈可击，英国谍报部门花费了整整四个月的时间，几乎每一个细节都作了反复的推敲。

德国情报机构仍不放心，又派出藏身伦敦的间谍进行调查。藏身伦敦的德国间谍很快搞到了 4 月 29 日英国海军公布的阵亡将士名单，代理少校威廉·马丁名列其中，身份、姓名与西班牙发现的尸体情况完全一致。接着，潜伏在西班牙的德国间谍也向柏林报告：马丁少校的尸体已按正式军礼安葬在韦尔瓦。

为了迷惑德国人，英国情报部门还安排马丁在英国的"未婚妻"为葬礼送去一个花圈和一张悲痛欲绝的明信片。这一切，自然没有逃过德国间谍的眼睛。他们甚至连英国副领事在马丁墓前设立的碑文内容也向柏林作了报告，而这正是英国人所预想的。

德国情报局为了辨别这些情报的真伪，专门指令由西线德军情报分析科科长冯·罗恩纳上校负责鉴定工作。也许是英国人设计的圈套太逼真了，颇为精明的罗恩纳竟然找不到一丝破绽，对文件的真实性深信不疑。罗恩纳得出结论：情报完全属实，盟军的主攻方向在撒丁岛和伯罗奔尼撒，同时对西西里岛采取佯攻。

5 月 2 日，霍尔爵士在韦尔瓦为马丁少校进行了隆重的葬礼，蒙太古精心准备的马丁女友还特意从伦敦寄来了花圈和明信片。对葬礼上的一切，德国情报机关的人员都进行了严密监视。

6 月 14 日，在英国《泰晤士报》公布的由海军公证司伤亡处提供的阵亡将士名单上，马丁少校的名字赫然其中。

蒙太古拿到从西班牙送回的公文包，立即送技术侦察处检查，果然不出所料，文件已经被技术方法拆开过了，德国人已经咬钩了，但会不会相信这一切哪？正如蒙太古预料的，德国情报机关并没有轻易相信，虽然德国军事情报局鉴定马丁少校所携带的文件全部是真实的，

▲ 一发炮弹在一名美军士兵身旁爆炸的瞬间。

但由于事关重大，希特勒还是命令必须对此进行调查。

5月中旬，德国情报机关的头号王牌特工潜入英国，对出售马丁穿着内衣的商店、发出欠款信的银行以及女友住处都进行了细致的调查，由于英国情报机关事前已经做过了周密的布置，一切都是天衣无缝的。但狡猾的德国王牌特工并不就此放心，还是施展了杀手锏——故意留下地址，试探英国情报机关是否前来捕捉自己，以此证明马丁的真实。蒙太古识破了他的这一伎俩，严令部下不得打草惊蛇，让他安全离境。这样，终于使德国情报机关相信马丁是真的！

几天后，蒙太古又如法炮制，在萨丁岛海域投放了一具穿着迷彩服的尸体，那是伪装成执行侦察任务的突击队员，继续加大战略欺骗的力度。德军西线情报处处长罗恩纳上校根据这一切，向德军统帅部报告，盟军即将发动对西西里岛的登陆，但这只是为进攻希腊和萨丁岛所进行的掩护，仅仅是一场佯攻。

根据这一结论，希特勒在5月12日召开的最高统帅部作战会议上发布命令：在北非战斗结束后，最有可能遭到攻击的危险地区是，东地中海的希腊伯罗奔尼撒半岛和西地中海的萨丁岛，要求德军各部队尽全力加强这些地区的防御，对希腊伯罗奔尼撒半岛和萨丁岛的增援，更是享有优先权。

德军将原驻法国南部的第1装甲师和两个从苏联战场抽调下来的装甲师，都调到希

腊，再加上原有在希腊的部队，由隆美尔组建为一个新的集团军群，同时还将一个党卫军装甲旅调到萨丁岛。而西西里岛的防御则丝毫没有得到加强，甚至还被削弱，有些部队甚至被调到了科西嘉岛！

可以说"肉馅计划"对希特勒产生了预期影响，尽管德军南线总司令凯塞林元帅依然意识到盟军极有可能进攻西西里岛，但希特勒看来更愿意相信"马丁"少校所泄露的"情报"，他拒绝承诺为西西里和南意大利的防卫增加军队。相反，他命令加强撒丁岛的防务，并大大加固了希腊的工事，建立岸边障碍物并沿岸边布雷，此外还把西西里的鱼雷艇调到那里，并把第1装甲师从法国转移到希腊。

即便在7月底，当盟军在西西里遇到微小抵抗而登陆两个星期后，希特勒仍然担心盟军对希腊的进攻，并把他最器重的指挥官隆美尔元帅派到了那里。

"肉馅计划"终于大功告成，取得了圆满成功，为西西里岛登陆的胜利奠定了坚实的基础。

◀ 盟军向西西里岛东南部发动进攻，实施两栖登陆。

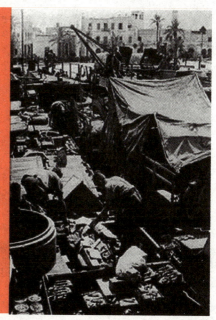

▶ 美军士兵在的黎波里为进攻西西里岛做准备。

▲ 美军进攻途中，遇到德军炮火袭击。

No.5　地中海的战火

地中海，马耳他岛附近，一阵接着一阵的巨浪排山倒海地涌来，几百艘军舰像醉汉一样东倒西歪。这是盟军准备进攻意大利西西里岛的部队，已经完成了集结，正等候出发的命令。一个美军士兵跌跌撞撞地冲向舷边，途中结结实实地撞到了集团军司令巴顿的身上，他紧捂着嘴，也没有来得及道歉，便急急忙忙地加入到船舷边呕吐的"大军"中去了。

巴顿一咧嘴，骂了句粗话。尽管没有晕船，但他的心情也非常的糟糕。满船萎靡不振的士兵，令人作呕的空气，已经使他恼火，更令他生气的是进攻西西里岛的作战计划。

德国北非军团在突尼斯覆灭后，在丘吉尔再三坚持下，盟国决定进攻意大利西西里岛，行动代号"哈斯基"。西西里岛是地中海中最大的岛，位于亚平宁半岛和北非之间，与北非的突尼斯海峡只隔一百四十五公里；与意大利最大的亚平宁半岛仅隔宽约两到五公里的墨西拿海峡。攻占西西里岛，既可以扫清地中海航线，又可以作为进攻意大利的基地，还可以为之后登陆诺曼底的"霸王行动"积累宝贵的经验。对此，巴顿倒没有太大的意见，他耿耿于怀的是作战任务的分配方案。

西西里岛战役盟军总司令艾森豪威尔，任命英国的亚历山大将军指挥地面作战部队，包括巴顿指挥的美国第七集团军和蒙哥马利指挥的英国第八集团军。按计划，蒙哥马利率第八集团军袭击波尔科蒙罗角和波扎洛之间的地区，夺取锡腊库扎和帕基诺的飞机场，建立强大的桥头堡，然后向北进攻；巴顿率第七集团军，在斯卡拉亚角和利卡塔之间的地区登陆，保护第八集团军的侧翼，最后两军在西西里岛北部的墨西拿会师。

对这样的安排，脾气暴躁的巴顿窝了一肚子的火。进攻路线上，蒙哥马利走的是弓弦，他走的是弓背，而且尽是山路。在巴顿看来，整个西西里岛作战计划好像是为了成就蒙哥马利的业绩而量身定做的。当惯了先锋的巴顿可没有胃口给别人打掩护。经过艾森豪威尔的劝解和命令，他闷闷不乐地踏上征程，心里暗暗地与蒙哥马利较劲：别得意，谁先到墨西拿，谁才是真正的先锋。

舰船又是一阵摇晃，巴顿抬头看了看天空，乌云仍在不停地翻滚。这鬼天气，能登陆吗？巴顿无奈地摇了摇头。

"天助我也！"亚历山大从气象军官那里得知，大风将在午夜停止。他高兴得差一点儿跳起来。大风肯定会迷惑敌军，正是偷袭的好时机。

7月9日，盟军舰队在马耳他岛东西两侧集结，盟军按计划以空降登陆打响了西西里岛登陆战役。准备登陆时天气骤变，狂风怒号，恶浪滔天，德意军因此而放松了警惕。

▶盟军士兵冒着敌人的炮火前进。

◀ 指挥了整个西西里登陆战的
美军将领艾森豪威尔。

　　1943 年 7 月 10 日凌晨 2 时 40 分，空降部队首先发动攻击，美军第 82 空降师和英第 1 空降师的 5400 名官兵搭乘 366 架运输机和滑翔机从突尼斯出发，飞向西西里岛。10 日凌晨 3 时 45 分，巴顿和蒙哥马利指挥的 16 万美英登陆大军分乘 3200 艘军舰和运输船，在 1000 架飞机掩护下，在西西里岛的西南部和东南部实施登陆。海岸意军士气低落，仅进行了微弱抵抗。至中午时分，巴顿和蒙哥马利的部队顺利地登上了各自的目标滩头，并保持着攻击态势。

　　海岸边的意大利士兵被震耳的飞机声从睡梦中惊醒。看着低空掠过的密密麻麻的飞机，他们打着哈欠不以为然，反正几天来都是如此。当目光转到海面上时，他们张大的嘴再也合不拢了：海面上大大小小的军舰冲向岸边，多得数也数不清。军舰的炮口红光一闪，飘出一股浓烟，不久闷雷一样的巨响就在他们的头顶连成了一片。

　　更令他们吃惊的是，一些方头方脑的舰艇一直冲上了海滩，然后舰首的舱门徐徐放下，两列士兵跟着中间的坦克直接冲上滩头，向他们逼近过来。守军的心理防线崩溃了。盟军当天就在岸上站稳了脚跟，建立起强大的登陆场。

　　只有空投向一些重要地区的伞兵吃足了苦头。英国第一空降旅的滑翔机，有三分之一以上被美国的拖带飞机过早地甩脱，许多士兵坠海丧生。其余着陆的伞兵由于过于分散，被敌人各个击破，只有少数战士生还。

　　7 月 11 日，西西里岛守军在意军古佐尼中将指挥下开始反击。德第 15 装甲师从岛上西部调到了东岸，以阻止蒙哥马利的英第8集团军向北面的奥古斯塔移动；德军戈林装甲步兵师和意大利的两个摩托化步兵师则向巴顿的美第7集团军发起反击。德空军出动了481架飞机频频轰炸盟军滩头部队，盟军飞机前来拦截，结果引起一场混战，盟军地面的防空武器不分敌我地进行炮击。

激烈的战斗持续了一天，德军坦克几乎推进到距美第7集团军滩头阵地不足两公里处。巴顿亲临前线指挥美军奋力反击，海军也用猛烈的炮火轰击德军坦克。战至傍晚，德军损失大批坦克，被迫撤退。美军趁势攻占杰拉城。12日，东面的英第8集团军攻克了锡腊库扎。

德意军队第一次反攻失利后，凯塞林知道大势已去，只好与盟军混战以拖延时间，牵制盟军，然后经墨西拿海峡退至意大利的卡拉布里亚。希特勒亲自批准了凯塞林的计划，将驻卡拉布里亚的德军第29装甲师和驻法国的第1空降师调往西西里岛。

在加强兵力的同时，德意部队加紧调动，以阻止英第8集团军威胁墨西拿。德戈林装甲

▼美军士兵正在登陆西西里岛，将对德军发动攻击。

师被调往东部的卡塔尼亚；德军第 1 空降师也同时在卡塔尼亚空降；德第 15 装甲师在恩纳附近阻止美第 7 集团军北进；新调来的德第 29 装甲师被部署在埃德纳火山西南。这样德意部队构筑了从恩纳到卡塔尼亚的坚固防线。

No.6　两位将军的角逐

7 月 13 日，蒙哥马利的第 13 军奋力突击卡塔尼亚，盟军 145 架飞机载着英第 1 空降师的 1900 名士兵从突尼斯出发在卡塔尼亚空降，以配合地面部队联合进攻。德军以德戈林装甲师和第 1 空降师两个师进行顽强抵抗，牢牢控制从卡塔尼亚通向墨西拿的海岸公路。蒙哥马利正面进攻受挫，被迫调英第 30 军绕过埃德纳火山西侧，在美第 7 集团军的支援下进攻墨西拿。

巴顿不甘心让蒙哥马利独享战果，他兵分两路，一路由布莱德雷率领美第 2 军在西西里岛中部支援英军作战，一路由凯斯将军率领 1 个暂编军直取西西里首府巴勒莫。

7 月 16 日，分别登陆的英美军队打通了战线，取得联络。亚历山大命令蒙哥马利进攻埃特纳火山的两侧，巴顿在英军的西侧掩护，并向西北方向进攻。

如果要说墨西拿是通往意大利的大门，那么具有许多丘陵和山峰的埃特纳火山则是这扇大门的一个门槛。它耸立在卡塔尼亚平原的北面，俯视着西西里岛的东南角。如果想从南面和西面接近或占领墨西拿，就必须经过埃特纳火山。

德军和意军当然也知道这点，他们在埃特纳周围组织了严密的防守，构筑了层层工事。崎岖的地形使盟军的轰炸起不了太大的作用，蒙哥马利费尽心机却一筹莫展，只能眼睁睁地看着英军一寸一寸地争夺阵地，几乎每一寸阵地上都染上了战士的鲜血。

德意军队把主力军队放在了埃特纳，这让巴顿捡了一个便宜。进攻途中，他遇到的抵抗远远弱于英军，主要的困难是翻越崎岖的山谷和险峻的山峰。为了先到墨西拿，他发了疯似地催促部下

不停地前进！甚至不顾自己司令官的身份，亲自登上第一辆坦克为全军开路，好几次差一点翻落悬崖，面临车毁人亡的危险。可他却一点也不在乎，依然挥舞着手杖，斜叼着雪茄，大声吼叫着让士兵向前冲。

7月22日，美军不战而克巴勒莫，俘虏意军共5.3万人。巴顿的虚荣心得到了极大的满足，艾森豪威尔也为美军的胜利而鼓舞。但与此同时，蒙哥马利却在两个重要方向上都陷入困境，他的第13军被阻于卡塔尼亚，而向西迂回的第30军也在阿德拉诺地区徘徊不前。6个师竟然对付不了德军的3个师和一些意大利部队。

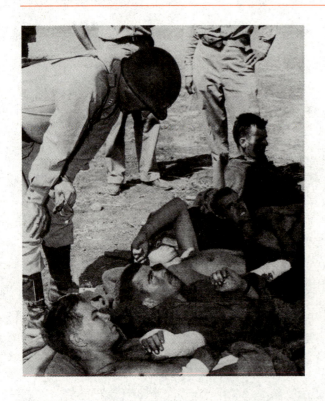

◀ 巴顿在看望伤员。

　　巴顿和布莱德雷见蒙哥马利受阻，决心改变战前布局，变助攻为主攻，抢在蒙哥马利之前拿下墨西拿，一洗来自英国宣传机器的奚落和咒骂。布莱德雷的美第2军在攻占北部的佩特拉里亚后，迅速调头东进，沿北海岸公路直扑墨西拿。

　　7月25日，战局突变。墨索里尼垮台，新生的意大利政权向盟军投降。德国迅速作出反应，不得不接管了意大利北部的防御。这个巨大的变化使西西里岛的情况完全改观。尽管德军仍在拼死抵抗，但意军开始成批成批地投降。

　　因此，巴顿推进的速度更快了，先头部队已经绕过了西西里岛的西北角转向东北，直指墨西拿。

　　8月1日，艾伦指挥的美军"大红一师"向特罗伊纳发起进攻。攻击刚开始，艾伦低估了德军的兵力和战斗力，结果伤亡惨重。德军死守特罗伊纳，与美军殊死搏斗了7天才撤离该城。8月5日，英第8集团军终于攻克卡塔尼亚，开始沿东海岸公路向墨西拿推进。德军有计划地边打边撤，沿途过河炸桥，并埋下数以万计的地雷。

　　8月10日，德意部队退到墨西拿附近，由于盟军没有切断墨西拿海峡的计划和行动，4

万德军和 7 万意军用 6 天 7 夜的时间，完成了向意大利本土的"敦刻尔克式"撤退。8 月 13 日，德军全线后撤，没命地逃往墨西拿，渡海北逃。美军于 16 日进入墨西拿，攻占墨西拿。

蒙哥马利简直气疯了，德军撤退时破坏了所有的公路，使得英军在和德军主力激战一个多月伤亡惨重，结果却让美军夺了头功。想到胜利的荣誉和丰富的战利品都被巴顿夺走，还要去看巴顿那张骄横的、充满嘲笑和讥讽的脸，蒙哥马利实在难以咽不下这口气。

盟军向墨西拿的进军变成了美英两国军队的竞赛。8 月 16 日傍晚，美军第 3 师的先头部队到达墨西拿城下。8 月 17 日上午 6 时 30 分，美军的先遣部队进入墨西拿。10 时 30 分，巴顿乘坐指挥车率领一个摩托车队驶进城里。1 小时后，一队英军终于也进了城。

一位英国军官走到巴顿面前，同他握了握手说："这是一场有趣的竞赛，我祝贺你的成功。"当天，岛上的一切抵抗均告停止，西西里岛登陆战结束。盟军占领了西西里岛，从此在地中海往来无阻，打开了登陆欧洲的大门。

为了向世人表明，攻克西西里岛的主要功绩是英军的，英军在进入墨西拿时举行了盛大的入城式，蒙哥马利走在穿着苏格兰短裙的仪仗队的最前列，大摇大摆地进了城，毫不客气地向巴顿示威：我才是真正的胜利者！

No.7 西西里的胜利

在这场西西里岛登陆战役中，盟军共伤亡 22811 人，其中 5532 人死亡，14410 人受伤，2869 人失踪。德意军伤亡 3.3 万人，被俘 13.2 万人，此外还损失坦克 260 辆，大炮 500 门，飞机 1700 架。

这次战役虽然没能消灭大量德军有生力量，但达到了迫使意大利退出战争目的。7 月 25 日，墨索里尼下台，他的继任者巴多格利奥上台后与盟国进行了秘密联系，试探投降的可能性。他因担心德军攻占意大利而继续抵抗盟军，但是希特勒却只认他的盟友墨索里尼，于是，德军毫不客气地占领了意大利，还帮助墨索里尼建立了一个所谓的"萨罗共和国"。

在西西里登陆战役中，盟军首次进行由海岸到海岸的登陆并实施大规模空降，为以后组织和实施登陆战役提供了经验。

在这场战役中，德意军队共投入兵力约 27 万人，总计损失近 17 万人，盟军损失 3 万余人。西西里岛战役是盟军在欧洲战场上进行的一次重要战役，战役的胜利为盟军打开了直接进攻意大利的大门，加深了墨索里尼在意大利国内的危机，并为最终迫使意大利投降创造了条件。

而德意军队失败的主要原因是在地中海的精锐主力在突尼斯丧失殆尽，西西里岛的防御非常空虚，战略上对盟军进攻方向判断错误，战术上德意军之间又在抗登陆作战部署上存在严重分歧，而最终的折中方案使守备部队部署失当，配置极其分散，难以有效组织抗登陆作战，加之意军士气低落，一触即溃，更是加剧了德军抗登陆的困难。

盟军在此次战役中，以较小的代价取得了攻占西西里岛的预期目标，并动摇了德意联盟。盟军在战役策划中，采取的一系列卓有成效的战略欺骗、伪装及保密措施，保障了战役的突然性，收获了奇袭的效果。其中"肉馅计划"的实施，更是战略欺骗的经典之作，成功使德意统帅机关相信，盟军的主攻方向是在萨丁岛和希腊，甚至直到 7 月 9 日，即登陆前一天，德军统帅部还要求南线部队，尽全力加强在希腊的防御。

当然，在作战中，盟军还是暴露了不少问题，首先是在掌握绝对海空优势的有利情况下，却未能全歼岛上的德意军主力，致使德军 4 个师的主力和 6 万余意军得以携带着大量重装备和补给，成功撤离西西里岛。这批德意军后来成为德意军在意大利抵抗盟军进攻的骨干，对以后的战争发展带来了极为不利的影响。

其次，海陆空军三军协同非常糟糕，乃至发生了己方舰队误击运送空降部队的运输机群的大悲剧，这一事件是盟军在"二战"期间损失最惨重的"友军射击"。

再次，登陆作战的准备比较仓促，由于高级将领对作战计划的争执导致最终方案迟迟无法出台，使得根本来不及对登陆地点进行周密细致的侦察，结果登陆地点上的沙丘使大批登陆艇搁浅，严重影响了作战进程；登陆部队缺乏有针对性的临战训练，尤其是初次参加登陆作战的美军，畏缩不前，由于意军抵抗轻微，登陆作战才能获得成功。

最后盟军在空军使用的指导思想有误，过分夸大空军的作用，主张实施间接和远距离支援，忽略直接支援的重要性，结果使舰队遭到了不必要的损失。

但是西西里岛登陆作战的胜利，不仅加速了墨索里尼政府的垮台，导致意大利退出战争，还确保了地中海运输线的安全，分散了德国对苏联的压力，为盟军登陆欧洲打开了大门。此次战役，盟军得到了许多成功的经验。

在西西里登陆战，盟军扭转了在地中海的局势，使盟军完全掌握了地中海的战略地位。而希特勒在库尔斯克的失败，也让苏军开始了对德国占领地的收复，世界反法西斯战争开始进入了反攻的阶段。

西西里的胜利，也让盟军的两栖登陆作战的水平有了长足的进步，盟军不仅取得了战役胜利，而且取得了非常宝贵的战略登陆的经验，为以后的诺曼底登陆奠定了基础。

第六章

诺曼底登陆战

　　世界反法西斯战争已经到了最后的阶段，苏联红军日益逼近柏林，但自身奋战，仍有心无力。斯大林要求英美开辟第二战场，以夹击德国纳粹。就这样，一次人类有史以来最大规模的登陆战即将在法国的诺曼底展开。但是，连日来，天公不作美，天气十分恶劣，盟军将怎么办？而德军苦心经营的"大西洋壁垒"是否能抵挡住盟军的登陆？最后的决战已经来了，盟军的"孤注一掷"将如何获得成功？

▲　这组从空中拍摄的照片记录了 1944 年那场最终促成盟军击败纳粹，解放法国的战役。数百名美国空降兵在 1944 年 6 月 6 日当天或邻近的日子降落在法国诺曼底。他们是盟军从海空发起全面进攻的一部分。空降兵降落在诺曼底是盟军横扫欧洲的开始，他们最终打败了纳粹德国。

No.1 领袖意见不统一

第二次世界大战爆发不久，德国法西斯相继攻占了波兰、法国、挪威，横扫了整个欧洲。当时在欧洲大陆，德军已经控制了北起挪威、南迄西班牙的全部西欧海岸。在敦刻尔克，英法联军被迫大撤退后，西欧大陆基本上已经全部由德军控制。

苏德战争爆发后，斯大林和全体苏联军民，付出了惨重的代价，终于在莫斯科阻挡住了德军战车，并在斯大林格勒战役中重创德军。当时的欧洲大陆，只有苏联在东线与德军孤身奋战，是唯一在抗击德国法西斯的欧洲国家。

面临着当时的被动的战争局面，斯大林曾多次要求美国和英国在西欧开辟第二战场，但是英美两国却迟迟拖延。对于苏联的这个建议，英国当时考虑到美国尚未参战，而英国根本无力组织这样大规模的战略登陆作战，所以并没有同意苏联的要求。

因为英美两国都不想在欧洲开辟第二战场之后，反被德军又打回去。但是当进入1943年，整个欧洲战场已经发生了根本的转变。德军相继在东线失利，并在库尔斯克会战中损失大半，失去了整个东线作战的主动权。于是盟军趁机在西西里登陆，一举拿下了地中海的控制权，并让意大利退出了轴心国集团，加入了同盟国反法西斯阵营中。

这时战争胜利的天平，已经完全倾向了同盟国一边。于是斯大林再次向丘吉尔提出了在欧洲开辟第二战场对德国实施战略夹击的要求。英国当时的回应却只是派出小部队对欧洲大陆实施偷袭骚扰，并没有同意在法国北部开辟第二战场。

丘吉尔也有自己的忧虑，因为在此之前，苏美英三国曾达成过联合协议，通过了在法国北部开辟第二战场的共识。不过在1942年，英军就曾在法国北部的迪耶普进行了一次战略性的登陆进攻尝试，但是因为登陆行动过于仓促，结果遭受到了惨败，英军伤亡5810人，伤亡率高达96.5%，基本被德军打得全军覆没。

所以，英国基本上是已经不想在法国北部进行第二次登陆尝试，毕竟是"一朝被蛇咬，十年怕井绳"，有了顾忌。于是英国借着迪耶普登陆战的失败，以大规模两栖登陆的复杂与危险必须谨慎从事为理由，坚持要求推迟对欧洲大陆的登陆。

实际上英国也有自己的小算盘，它想乘苏德相争的机会坐收渔翁之利，顺便还想借美国的力量，当苏德两国两败俱伤的时候，趁机恢复英国在北非和南欧的传统势力。只不过，美国当然知道英国的想法，而且美国也有自己的想法，想趁此捞一笔，以后还可以接管欧洲的政治事务，所以英国的建议遭到了美国强烈的反对。于是英国只得同意成立英美特别计划参谋部，负责制订在欧洲的登陆计划。

1943年5月，英美两国在华盛顿举行

▲ 1944 年 6 月 6 日的航拍图显示，盟军诺曼底登陆时参加"霸王行动"的盟军海军部队。诺曼底战役是全球最为惨烈的重要战役之一，在诺曼底登陆的盟军促成了法国的解放，成为第二次世界大战欧洲西线战场的转折点。

会议，根据会议达成的协议，英美两国决定于1944年5月在欧洲大陆实施登陆，开辟第二战场。于是同盟国成立了以英国陆军中将摩根为首的盟军最高司令参谋部，开始着手组建"考萨克"计划，即同盟国欧洲远征军最高参谋部着手制订战役计划。

计划的重点主要是确定登陆地点。他们根据以往的登陆作战和迪耶普登陆战失败的经验，考虑到登陆的地点所须具备的条件，最后经过商议，盟军最高司令部选择了在诺曼底登陆，并于1943年6月26日起制订具体计划，以"霸王"为作战方案的代号，以"海王"为相关海军行动的代号。

7月15日，摩根将"霸王"计划大纲呈交英美联合参谋长委员会。1943年8月，英美魁北克会议批准"霸王"计划。1943年末，罗斯福、丘吉尔和斯大林在德黑兰会议上正式商定，准备在1944年5月，由美英盟军在法国北部地区登陆，同时在法国南部进行牵制性登陆。随后，美、英任命陆军上将艾森豪威尔为盟国欧洲远征军最高司令，行动代号为"霸王"行动。

No.2 紧锣密鼓的登陆计划

当"霸王"行动被开始制订的时候，盟军内部开始紧锣密鼓地进行准备。1943年12月，美国陆军上将艾森豪威尔被任命为欧洲同盟国远征军的最高司令，于1944年1月2日抵达伦敦就任，正式参与诺曼底登陆的作战计划。

▲ 诺曼底海岸港口设施的航拍图。这些港口设施有助于盟军进攻西欧时地面部队和物资供应的移动。

▲ 盟军第九航空队的 B-26 "马丁劫掠者" 战机在诺曼底海岸上空为下方海滩的登陆艇提供支持

　　艾森豪威尔阅读了作战计划并提出了修改意见，把登陆的作战区域和部队增加了一倍，用以预防德军的反击，这一意见得到了最高司令部三军司令的支持。

　　1944 年 2 月，英美联合参谋长委员会批准了 "霸王" 计划大纲和修改后的作战计划，但是随之对登陆舰艇的需求也增加了，为了确保能够找到足够多的登陆舰艇，英美联合参谋长委员会决定将登陆日期推迟到 6 月初，并且将原定同时在法国南部的登陆推迟到 8 月。

　　当最后确定登陆的具体日期和时刻时，陆军、空军、海军各自根据自己的需要提出不同需求。最后经认真考虑，决定登陆部队在高潮与低潮间登陆，由于有五个登陆点，而五个滩头的潮汐又不尽相同，所以规定了五个不同的登陆时刻（代号 H 时）。最后经过一致商议，

盟军决定在 6 月 5 日发动登陆作战计划。

我们再来看看作战双方的兵力部署情况。盟军最高司令一职由艾森豪威尔出任,最高司令部的其他成员有:副司令英国空军元帅特德,参谋长美国陆军中将史密斯,副参谋长英国陆军中将摩根,陆军司令英国陆军上将蒙哥马利,海军司令英国海军上将拉姆齐,空军司令英国空军上将马洛里。可见,为了这次诺曼底登陆计划,盟军这里可谓名将云集。

同时,为了实施这一大规模的战役,盟军共集结了多达 288 万人的部队。参与作战的陆军共 36 个师,其中 23 个步兵师、10 个装甲师、3 个伞兵师,约 153 万人。海军投入作战的军舰约 5300 艘,其中战斗舰只包括 13 艘战列舰、47 艘巡洋舰、134 艘驱逐舰在内约 1200 艘,

▲ 1944 年 6 月 9 日，由 4000 艘舰艇组成的大规模舰队在诺曼底海岸附近的法国沿岸集结

登陆舰艇 4126 艘，还有 5000 余艘运输船。空军作战飞机 13700 架，其中轰炸机 5800 架、战斗机 4900 架、运输机滑翔机 3000 架。

我们再来看看德国方面的兵力部署。早在 1941 年 12 月，德国为了防止盟军在法国北部登陆，就开始构筑沿海永久性防御工事，以此来抗击盟军的登陆，即所谓的"大西洋壁垒"。但由于种种原因，直到 1944 年 5 月，在塞纳河以东地区完成了 68%，塞纳河以西地区仅完成了 18%，只有在加莱地区基本完成了防御。

其中，德军的兵力部署也非常有限，当时在诺曼底地区守卫的德军为第 7 集团军所属的 6 个师又 3 个团，其中 3 个海防师，战斗力较弱；2 个步兵师，1 个装甲师，战斗力稍强；3 个团是 2 个独立步兵团和 1 个伞兵团，总兵力约 9 万人。

综上所述，德军的防御工事比较薄弱，只构筑了若干钢筋混凝土的独立支撑点，大部分工事都是野战工事，纵深也只设置了少量防空降障碍物。而希特勒在 1944 年 4 月就判断出了诺曼底将是盟军的登陆地点，于是要求加派兵力，派隆美尔制订反盟军登陆作战计划，隆美尔根据这一指示，将原驻圣洛的第 352 步兵师调到诺曼底。

除了军队的部署，盟军也开始了大量物资的准备工作。自从 1943 年盟军在大西洋上已

▲ 德军的大西洋防线，只有相距很远的坚固支撑点，没有雷达。

经取得了反潜护航的全面胜利以来，基本上已经保证了由美国本土运往英国的大批物资、人员可以安全地横渡大西洋。而此时的英国，为了登陆作战的准备，几乎成了一个大兵营，驻有来自十一个国家的近三百万部队。

　　自从 1942 年 1 月至 1944 年 5 月以来，由美国运到英国的各种物资达五百三十余万吨。这为诺曼底登陆提供了坚实的物质供应基础。而在所有物资中，最重要的就是登陆艇，因为大规模的登陆作战势必需要大量的登陆艇，为了保证足够数量的登陆艇，美军陆军总参谋长马歇尔甚至不顾美国海军的强烈反对，从太平洋战场调来了一批登陆艇。

　　同时，为了填补舰炮火力与部队上陆之间的火力空白，盟军又创造性地将大炮、多管火箭炮装载上了登陆艇，并改装成火力支援艇，伴随登陆艇一起冲击，提供不间断的火力支援。这样可以有效的弥补火力空白，减少盟军不必要的伤亡。

　　而为了快速突破德军的雷区和防御阵地，英军的坦克专家陆军少将霍巴特研制出了特种坦克，同时开始组建特种装甲部队，充当开路先锋。霍巴特经数月努力，研制成功两栖坦克、铺路用的"转筒"坦克、扫雷坦克、喷火坦克、架桥坦克、工兵突击车等多种特种坦克，并训练出一批特种坦克驾驶员。英军在此基础上组建了第 79 装甲师，任命霍巴特为师长。

◀ 隆美尔和伦德施泰特在商讨防御部署。

综合以上，可以看出盟军为了这次的诺曼底登陆作战计划，真可谓面面俱到，什么都想到了，生怕疏忽任何一个缺点。因为诺曼底登陆作战，是盟军计划的自"二战"开战以来最大的一次登陆作战，而盟军之前经验不足，所以必须做好一切准备，不敢有一丝一毫的马虎。无论出现任何一个疏忽，那都是要付出巨大的代价的，会导致登陆的部队大规模不必要的流血牺牲，甚至会葬送掉整个诺曼底登陆计划。

因为在此之前，盟军并没有类似的大规模登陆作战，所以训练就显得尤其的必要。而事实上，在人类历史上，也从来没有过这么大规模的登陆作战，所以诺曼底登陆战成了一次不折不扣的"博弈"，如果成功就会成为一个传奇，但是一旦失败，那么将是一场灭顶之灾。所以为了解决盟军没有实战经验的问题，盟军还进行了实战训练。

No.3　战前的忙碌

为了让盟军士兵尽快熟悉他们即将面临的登陆战，从1943年9月开始，美军中校保尔·汤普森就在英国德文郡北部建立了一个训练基地，并选择了与美军登陆滩头地形相似的海滩，按照侦察到的德军防御工事设置雷区、反坦克壕、碉堡、铁丝网、障碍物等，再设想出各种战时可能发生的情况，组织部队反复训练。同时，英军也在英格兰东部的偏僻海滩对参战部队进行近似实战的训练。

▲ 在攻击开始日的前五个星期中，盟军以强大的航空兵优势，共出动了 53800 架次对敌人的海上防御工事和通信目标进行了猛烈的轰炸，共投弹 30700 吨。

▲ 德军沿海岸线设置了重重的反坦克障碍。

　　一直到了 1944 年 5 月 3 日至 5 月 8 日，这时候的盟军组织了最后一次大规模联合演习，由盟军海军司令英国海军上将拉姆齐任总指挥。演习就在美军的训练基地，除了没有进行横渡海峡外，其他环节都与实战相同。演习结束后，军官在严格保密的措施下向士兵介绍作战情况，先说明本单位的任务和登陆位置，再结合登陆滩头的照片及沙盘模型，讲解具体任务，地雷如何清除，德军火力点如何解决，占领哪个地方，一切都一清二楚。这样一来，士兵们完全明白自己在战斗中的任务，并通过训练掌握应付的方法，使他们对登陆战斗充满信心，既不陌生，也无恐惧。

　　后来事实证明，盟军通过对登陆部队的训练，是极其正确的选择，这让盟军士兵在诺曼底登陆战中最大限度上减少了伤亡。除了重视陆军的实战训练之外，盟军对空降兵的训练更为重视。艾森豪威尔认为诺曼底海滩后面是一片沼泽，只有几条路可供通行，如果不能及时控制这些通路，登陆部队将会被困在海滩上，而且德军的装甲部队就部署在附近，如果不能占领关键要地进行阻击，登陆部队就有被赶下海的危险，甚至会重蹈迪耶普登陆战的覆辙，造成盟军士兵的大量伤亡。而这两项至关重要的任务又必须在登陆的同时完成，这样一来只有空降兵能做到。

　　出于以上考虑，艾森豪威尔最终决定使用盟军在欧洲全部的空降兵力——3 个空降师抢占关键地区，以配合海上登陆。为此，他对这支担负艰巨而又重要任务的空降兵部队临战训

▲ 在目力所及的地方，排满了坦克、车辆。这都是为诺曼底登陆准备的。

练十分关注，并特别采取了特殊的训练方法：首先按照计划空降地区的地貌，造出一定比例的立体模型，模拟飞机从上空飞过的实景拍成影片，在训练中给空降兵先看黑白影片，熟悉后再加上蓝色滤光镜，模拟成月光下的情景，让空降兵熟悉了解空降地区，要求每个空降兵利用地图和沙盘模型明确自己的任务，还要了解友邻的使命；其次强化对飞机的识别和夺取敌阵地的针对性训练；最后进行实战演习，检验作战方案，加强与登陆部队的协同演练。为保证空降部队有足够的装备阻止德军的装甲部队，还给空降部队加强了反坦克手雷、地雷和火箭筒的配备。

除此之外，考虑到第一批登陆部队就达 17.6 万人，分别从空中和海上投入作战，所以盟军不仅对部队进行登陆战例行的上船、航渡、换乘、突击上陆等单项训练，还特别加强了海、陆、空三军的协同作战，以避免在西西里登陆时自相残杀的误伤事件重演。

经过一系列的战前准备，这时候的盟军指挥部，开始考虑到了诺曼底登陆作战的侦察和战略轰炸了。

No.4 大战前夕

大战在即，侦察当然是很重要的，正所谓："知己知彼，百战不殆"。盟军的诺曼底登陆战的侦察工作，早在 1943 年 6 月就开始了。盟军的战前侦察主要是空中侦察，仅从 1944 年 4 月 1 日到 6 月 6 日，盟军出动飞机多达 4.5 万架次，对法国北部进行了广泛的空中照相侦察，获得了比较全面系统的情报。

除了飞机外，盟军还动用了袖珍潜艇和鱼雷艇乘夜间到达登陆地区，开始全面搜集水文、地质、气象、植被及德军部署等情报。尽管盟军通过多种手段的侦察取得了很多情报，但由于种种原因，仍无法获得一些重要情报，这给以后的作战带来一定影响。

而气象则是登陆作战能否顺利实施的重要保证之一。为此，1944 年 5 月初盟军最高司令部任命英国空军上校气象学教授斯塔格为首席气象顾问，负责领导一个气象组每周两次向最高司令部报告气象情况，5 月 20 日起改为每天两次汇报气象情况。

正因为有了充足的物资供应，逼真的实战演练，广泛的战前侦察，准确的气象保障，才

▲ 盟军最高指挥官们在商讨诺曼底作战计划。

◀ 英国首相丘吉尔和艾森豪威尔将军在一起。

使得诺曼底的胜利有了切实保证和坚实基础。由此看来，盟军在战前的准备可谓非常充分。

同时，在实施登陆之前，盟军还对驻扎在法国境内的德军实施了一系列战略轰炸。从1943 年 3 月 30 日开始，盟军轰炸机便集中打击铁路、公路、桥梁，破坏德军的交通部署，让德军无法进行大规模的兵力运输。直到诺曼底登陆时，盟军的轰炸机一共投下 66000 吨炸弹，因此德军的铁路运输量已下降 50%，巴黎和海岸之间的 24 座桥梁中的 18 座被毁、3 座停用，德军基本已经丧失快速集结兵力的交通条件。此外，盟军飞机也对德军海防工事、雷达站和飞机场发动了普遍的准备性攻击。

不过，德军那里自然也不是傻子。面对着盟军大规模的轰炸和侦察，德军指挥部已经知道了盟军将进行登陆作战。所以盟军最高司令部还采取了一系列迷惑德军的措施，让德军摸不清盟军到底会在哪里登陆，同时盟军还制造了一系列的假象，让德军误认为盟军将在"大西洋堡垒"的加莱海岸进行登陆作战计划。

盟军通过海空军的卓有成效的佯动，成功运用了双重特工、电子干扰，以及在英国东南部地区伪装部队及船只的集结等一系列措施，还让巴顿将军在英国进行战前演说，再加上严格的保密措施，使德军统帅部在很长时间里对盟军登陆地点、时间都作出了错误判断，以为盟军将在诺曼底东北方的加莱海滩登陆，

这些措施使伦德施泰特和隆美尔对盟军将在加莱海峡沿岸登陆信以为真，将 B 集团军群主力第 15 集团军部署在加莱海峡沿岸，而驻守在诺曼底及附近地区的仅有第 7 集团军的 6

个步兵师，兵力不到 9 万人，且装备的重武器很少。甚至后来，当盟军在诺曼底登陆后，德军指挥部仍认为是牵制性的佯攻，这就导致了德军在西线的大部分兵力、兵器被浪费在加莱地区，而在诺曼底则因兵力单薄而无法抵御盟军的登陆。

希特勒起初也倾向于认为盟军将在加莱地区登陆，但自 1942 年 2 月中旬以后，他就不这么认为了，他三番五次在大本营会议上宣称："毫无疑问，英美军队一定会在西线登陆。在我们漫长的战线上，除了靠近暗礁的部分地区外，其他任何地方都可以登陆。但有两个地点最具可能，因此所受的威胁最大。这就是诺曼底海岸和布列塔尼半岛，而战略目标是夺取瑟堡。"

根据情报，希特勒越来越相信盟军的主要目标是诺曼底，不过这已经是盟军在诺曼底登陆成功之后的事了。对于希特勒来说，这一切似乎来得有点迟了。

俗话说："兵不厌诈"。盟军使用的战略欺骗，使得德军统帅部判断错误，不仅保障了登陆作战的突然性，还保证了战役顺利进行，对整个战役具有重大影响。

No.5　天气预测的胜利

说起诺曼底登陆之所以胜利，还有一个重要因素，那就是盟军使用了天气观测技术，也就是天气预报。说起天气预报，现代的人并不陌生，但是对于当时，可是一个新鲜玩意儿，而且还只属于军方的技术。

其实，尽管发生在 1944 年 6 月 6 日的诺曼底登陆曾拥有详尽的作战计划，但它的成功却与一项军事无法控制的因素密切相关，这就是天气。就在诺曼底登陆期间，盟军气象学家递送了至关重要的天气预报。如果他们的预报出错，那么盟军不仅会损失数以万计的士兵，还有可能输掉整个"二战"。

1944 年 6 月 4 日清晨 4 点 15 分，相对于英格兰朴茨茅斯即将破晓的晴空，盟军指挥官们却集结在阴暗的索斯维克市政厅，他们正因为一个严重的事情而焦急等待着，每个人的脸上都是一脸凝重。因为，在盟军将士们已经为诺曼底登陆筹备了数年，正准备开始登陆作战时，可就在计划实施的几小时前，他们却得到消息：登陆作战计划推迟。这让大家准备一鼓作气拿下诺曼底的劲头一下子泄了下去，整个市政厅弥漫着一股失望的情绪。

空军上校詹姆斯·斯塔格不得不最后一次说服大家暂缓计划，作为诺曼底登陆战的首席气象官员，这位身材瘦长的英国人几乎算不上战争指挥官，不过整个诺曼底之战的命运却不

▲ 开往诺曼底的军舰上装满了车辆，士兵们只能挤在车辆的间隙中。

▼ 德军在诺曼底防线上为了掩护伪装，把火炮掩体盖成了房屋模样。

得不听从于他的决策中。

　　失落的指挥官们知道被划为潜在登陆日的日子稀少而珍贵，盟军最高指挥官艾森豪威尔将6月5日定为登陆日的第一天，这也是仅有的符合天气条件的3天中的第一天。但在诺曼底进行大量的登陆也需要最佳的天气条件。狂风和大浪足以使登陆船倾覆，从而破坏两栖进攻；与此同时，湿润的天气会对进军造成困扰，厚厚的云层会阻碍必要的空中补给。

　　英吉利海峡以多变的天气而"臭名昭著"，而这项预测它天气的至关重要却又不令人羡慕的任务落在了一支由皇家海军、英国气象办公室和美国空军战略战术中心人员组成的队伍身上。随着登陆日的接近，这间气象办公室里也酝酿着一场风暴。

　　5月29日在纽芬兰的气象观测显示，在预期的登陆日到来之时，天气将会发生变化。基于他们对英吉利海峡气候的了解和观测，这些英国气象学家预测暴风雨天气将会在6月5日及时到达，这必然会影响盟军的登陆作战计划。参照诺曼底登陆战的天气条件，这样的天气是绝不能发动登陆作战的，如果贸然发动登陆，极有可能会造成盟军士兵的大量伤亡，甚至还会使得诺曼底登陆计划破产。

　　空军上校詹姆斯·斯塔格不得不给艾森豪威尔拨打电话。在电话中，他告诉艾森豪威尔，虽然在6月4日凌晨还是无风的晴天，但恶劣的天气不出几小时便会到来，如果强行登陆，会造成不可挽回的毁灭性后果，不能因为登陆日而让盟军百万士兵冒这个险。

　　斯塔格在电话里一再告诫艾森豪威尔，推荐艾森豪威尔将登陆日延期，因为斯塔格懂得恶劣的天气有可能会成为比纳粹更可怕的敌人。于是艾森豪威尔不情愿地同意将登陆日延期24小时。

　　而与此同时，在英吉利海峡的另一边，德国预测人员也同样预测出了令斯塔格和他的同事们畏惧的暴风天气。但是纳粹空军首席气象学家做出了更有远见的报告，声称恶劣的天气不太可能在6月中旬之前消散。得到这样的预报，纳粹指挥官们觉得盟军近期之内不可能发动入侵，因此他们中的许多人离开了坚守的防线而前往并参与到临近的战事中。德国阵地的埃尔温·隆美尔元帅甚至赶回家为妻子献上一双巴黎的鞋子作为生日礼物。

　　不过跟纳粹和盟军获取天气数据的通道相比，纳粹空军的气象学家运用的是更简单的数据和模型。而盟军在加拿大、格陵兰和冰岛都拥有更为科技化的气象站网，并且他们还在北大西洋拥有天气监测船、检测飞机和与爱尔兰中立共和国气象站秘密取得同意的观测结果。

　　而在这些气象站中，有一个位于爱尔兰偏远西侧邮局的站点，这个站点为发现这次风暴天气将会出现好转提供了至关重要的证据，这让斯塔格和他的同事们相信风暴将暂时平息以允许他们在 6 月 6 日发动登陆。6 月 4 日晚，随着暴风骤雨对朴茨茅斯的洗礼，斯塔格通知艾森豪威尔，他们预测坏天气会有一个短暂的间歇。由于下一个可行的登陆日要等到两周之后，如果等到那时，盟军就是再进行登陆作战计划，也会失去登陆胜利的战争因素。

听了斯塔格的话，艾森豪威尔不顾屋外的狂风暴雨，下达了诺曼底登陆的指令。

斯塔格的天气预报，直接为盟军胜利登陆诺曼底打下了坚实的基础，也正式宣布了天气预报的准确性。因为就在盟军准备登陆的前几个小时，天气还不是特别理想。厚厚的云层导致盟军的炸弹和伞兵偏离目标数英里。汹涌的海浪使登陆船倾覆，迫击炮弹无法击中目标。但是等到正午之前，天气就已经开始变晴，斯塔格的预测得到了证实。当德国人面对汹涌而来的盟军士兵而惊魂未定时，"二战"的浪潮也正式开始了颠覆性的转折。

在后来的历史文献里显示，当诺曼底登陆战胜利几周后，斯塔格发给艾森豪威尔一封备忘录，里面记录着如果登陆日被推迟到 6 月末，盟军将会遭受近二十年来最恶劣的天气。"感

▲ 美军在占领的高地上展开国旗，以防盟军炮火误炸。

谢战争之神在我们决定出击的时候保佑了我们的胜利"，艾森豪威尔在报告上潦草地写道。

现在看来，如果没有准确的天气预报，当时盟军就只能面对两个局面，一是登陆作战的失败，二是推迟到六月底进行登陆作战计划。而如果当时作战计划被推迟到六月末，诺曼底登陆的条件就再也不具备，解放西欧就只得再等上一年了。

No.6 竣工的"大西洋堡垒"

1941 年，第二次世界大战进入了相持阶段时，希特勒和纳粹最高指挥部就已经预感到，如果盟军在法国北部进行大规模的登陆，开辟欧洲第二战场，那么会让德国陷入东西两面夹击的危险。

于是希特勒下令，在法国北部修建防御工事，以此来阻止可能来自英国的登陆作战计划。

▲ 在诺曼底登陆战攻击发起日的早晨，希特勒在听取他的将军们的汇报。

▲ 法国村民在欢迎盟军的到来。

这个防御工程，就是"大西洋堡垒"，又称大西洋防线。大西洋壁垒是第二次世界大战期间，纳粹德国用来防御西线的军事设施，该防线自挪威沿海岸北部至法国和西班牙的边界，长达2700公里，主要用来防止盟军登陆欧洲大陆，由弗里兹·托特组织、弗里兹·托特和阿尔伯特·斯佩尔建造，之后由隆美尔所强化。希特勒和宣传部长戈培尔曾大力提倡大西洋堡垒，称之为不倒的防线。

当时的德国并未想过建设规模如此巨大的防御工事，只是在法国战役打败盟军后，为防止英国突击队的骚扰和登陆而相继建造。当入侵苏联的巴巴罗萨作战开始后，为了将更多兵力投入苏德战争中，德军必须降低西线的守军兵力，所以才有了后来的大西洋壁垒。

1942年7月20日，希特勒下令从挪威北部至西班牙海岸构筑由1.5万个坚固支撑点组成的防线，也就是所谓的大西洋壁垒，希特勒要求在1943年5月1日之前完成，实际上直到1944年5月，除加莱地区外，在960公里广阔海岸线上，只修筑了少数相距遥远的零星点。1943年11月，陆军元帅隆美尔受命负责监督大西洋壁垒的建造，便加紧建造进度和提高防

▲ 盟军在奥马哈海滩的登陆场。

御工事的灵活性，将其防御力大幅提升。此外，德国还有一项优先建设的工程是海峡群岛设防工程，至 1944 年共建成 11 座配备 38 门 210 毫米至 305 毫米火炮的炮台，不过这一工程在战略上毫无意义，只是浪费了大量宝贵的人力物力。

其实当时德国在西线的大多数士兵年纪太大，装有假肢的军官也不罕见。有一个营竟然是由患耳病的人组成。后来把患胃病，需要特殊饮食的人组成一个师——第 70 师（尽管许多士兵老是胃痛，该师后来在瓦尔切伦岛作战仍然十分顽强）。至于军队的机动性，西线多数部队缺乏或根本没有机动性，因而在战术上这种部队的作用是十分有限的。重型武器，特别是坦克，严重短缺。并且由于东线一再告急，大量的兵力被派往苏德战场，也使德军在西线的防御力量陷入了空虚。

不仅如此，德军在西线还没有任何战略后备部队，这种后备队应该在对方进攻一开始便能迅速而有效的主动的投入战斗。战略后备部队的缺失，很大程度上影响了战斗力。

当时负责大西洋堡垒的伦德施泰特将这个报告递交给了希特勒，但是希特勒根本就没有

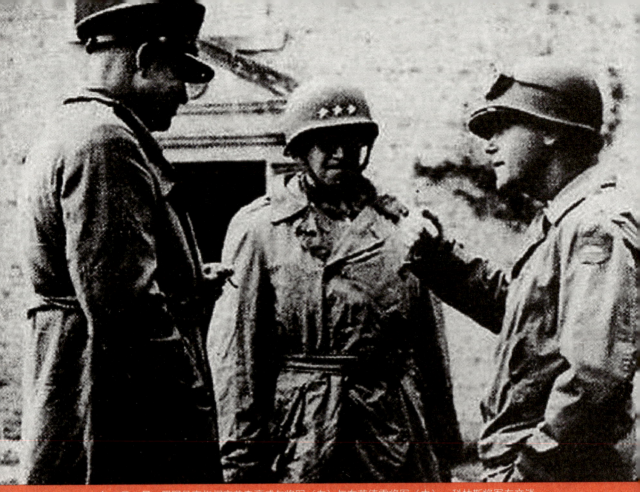

在意他的这个提议。伦德施泰特在日记中写道："他（希特勒）再次答应给我们派增援部队。但是，真正派来的援军数量很少，或者根本根本就没有派，这是由于东线一再发生危机，必须把他们调往那里"。

1943 年就这样过去了，而在英吉利海峡彼岸，英美军队正集结力量准备进行一场无疑将决定战争胜负的大规模登陆战斗，伦德施泰特估计这一仗将于来年春天爆发。1943 年年底，希特勒派隆美尔视察从丹麦到西班牙边境的西线沿海防御情况。隆美尔也清楚地意识到，德军在西线的防御太过于薄弱，于是提交了关于增兵西线的战略建议，不过希特勒仍然是没有在意。

隆美尔在巴黎与伦德施泰特进行了谈话，伦德施泰特扼要地介绍了当时的形势并谈了自己的疑虑，他谈到部队的素质很差，空军的实力虚弱的危险，海军舰只几乎完全没有，并且特别强调了防御系统中的主要缺陷是根本没有强大的中央后备军。最后他说到："在我看来，

▲ 一位加拿大士兵在看守一名被俘的德军军官。1944 年 6 月 6 日～月 23 日，盟军共俘虏 11500 名德军官兵。

情况是很糟糕的。"

  1943 年冬天，最高统帅部决定让隆美尔参与西线指挥，于是隆美尔全力以赴地展开了工作。整个春天都用来大力加固防御工事。隆美尔搞了两项革新，修建了所谓"隆美尔芦笋"，即在原先认为适合滑翔机着陆的地区埋置木桩，沿海滩设置水下障碍物和布雷。对于这些热火朝天的备战活动，盟军通过空中侦察都了解得一清二楚。

  当大西洋堡垒开始修建的时候，此时在东线战场，苏联已经开始了反攻，德国不得不设三条战线进行防守。为了东线的战略形势，希特勒又把部署在西线的兵力抽调了回来。这个时候，以伦德施泰特为首的前东线军官主张集中装甲师，在盟军登陆进行纵深作战时集中消灭，主要是由于装甲师数量极为不足，分散防御只会更加浪费，即进行"机动防御"。

  但隆美尔认为德军兵力不足，主张将装甲兵力分散于滩头前不远处，因为一旦盟军登陆成功德军必败无疑，除非让登陆兵力消灭在沙滩上，且若在敌方登陆后再进行机动防御，基于北非作战的经验，在盟军拥有制空权下是极为不易的。由于以上观点的冲突，两人还有数次争吵，直到盟军登陆时，隆美尔的主张都未被采用，而之后投入的装甲师也被消灭。

而对于盟军具体的登陆地点，隆美尔也估计错误，这导致了一直到盟军在诺曼底开始登陆时，西线德军司令部曾上报希特勒，但最高统帅部的约德尔却以元首休息和认为是盟军声东击西作消极的回应，使得伦德施泰特无法在关键时刻动用足够的装甲师来反制，到了盟军已巩固阵地后才派出前往战斗，但是为时已晚。

综合以上，我们可以看到，大西洋堡垒之所以是失败的，那是因为没有发挥它所具有的作用，而这完全是因为德军的准备不足和估计错误。其实在当时，大西洋壁垒也未建造完成，比如地雷并未埋好、要塞也没有建成，在盟军登陆前的舰炮、飞机重火力轰炸下，防御结构多处遭到破坏。另外就是，盟军获得了整个大西洋壁垒的蓝图：1942年，一名名叫雷内·杜歇的法国油漆工意外偷得德军整个大西洋壁垒设计图，并将它交给盟军，使它的主要防御工

▲ 一位负伤的加拿大士兵正在接受救治，在几步远的地方一辆德军坦克正在燃烧。

事彻底被盟军知道。

大西洋堡垒防线一开始时还算是有着不错的表现，数次打败自由法国的轰炸和英军入侵等小型登陆行动，但后来由美国、英国、自由法国、加拿大和荷兰流亡政府联合策划的大型登陆行动——诺曼底登陆时，大西洋堡垒却没有发挥出所期望的效果。希特勒梦想大西洋堡垒可以阻止盟军在西线的登陆，可事实却告诉希特勒，大西洋堡垒只是一个烂尾工程，并间接导致了纳粹德国于第二次世界大战战败。

No.7　登陆诺曼底

1944 年 6 月 6 日凌晨，世界反法西斯战争中最有决定性的战役，开辟第二战场的伟大光荣时刻——诺曼底登陆战役终于打响了。

凌晨 1 时 15 分，就在那一刻，在法国的瑟堡半岛，120 名美军先导官兵在月色中跳下所乘坐的座机。5 分钟后，在西面 80 公里开外，首批英军空降兵也跳出了座机。凌晨三时，2219 架盟军轰炸机首先对德军的海岸工事和滩头障碍物发起猛烈轰炸，一共投下 7616 吨炸弹。凌晨 5 点，盟军海军的重炮也开始轰击德军固定炮台和混凝土防御工事。到了 6 时，第一波突击部队搭乘 4266 艘舰艇（大到战列舰，小到登陆艇），在海军炮火和 10 个战斗机中队的掩护下接近 5 个目标海滩，部队先放下水陆两栖坦克由他们领先向滩头挺进。8 时 30 分，第一梯队先头团突破德军防线，向阵地突围。

而此时的德军将领，却不知道战役已经惨烈地打响了。因为由于 6 月 5 日狂风大作，英吉利海峡风大浪急，德国将领们都认为盟军不会在这时登陆。当然这跟德军气象部门没有预报出 6 月 6 日的短暂好天气有关，为此德军上上下下官兵都认为盟军不可能在这样恶劣的天气里登陆。所以，德军一些重要指挥官都不在岗位，第 21 装甲师师长费希丁格少将以及师作战处处长认为恶劣天气不会有什么情况，乘机到巴黎休假，只留下参谋长留在卡昂的师部。而 B 集团军群司令隆美尔正赶回赫尔林根的家中庆贺妻子的生日。而掌握战略预备队指挥权的希特勒则刚刚入睡，随从虽然接到了前线传来的紧急报告，却不敢叫醒他，等到他醒来时已是 6 月 6 日上午 10 时，盟军登陆已经过去好几个小时了。

本来希特勒可以抓住这一时刻，让德军大规模增兵诺曼底。当然，希特勒即使这么做，也基本上没有太大的作用。当希特勒醒后，听取了有关部门的报告，他仍然认为盟军在诺曼底的登陆只是一场佯攻，所以下令 B 集团军群的第 15 集团军和战略预备队都不得调往诺曼底，

▲ 希特勒与高级将领正在讨论应对盟军在诺曼底的登陆行动。

这对于盟军来说无疑是一个好消息。

可到了下午两点时，希特勒突然改变主意，将党卫军第12装甲师划归诺曼底的第7集团军指挥，一小时后，他又命令党卫军第12装甲师和装甲教导师组成党卫军第1装甲军，立即开赴诺曼底。但这一命令因为受到盟军强烈的电子干扰，直到16时才传到这两个师，而此时这两个师距离诺曼底战场距离都很远，加上盟军空军对交通线的严密封锁，根本无法投入战斗。因此，由于德军失算，盟军的登陆较为顺利。

盟军登陆的当天上午10时许，隆美尔才获知盟军已经在诺曼底登陆的消息。为此，他急忙驱车赶回法国。还在途中，他就电令德国守军："立即将第21装甲师投入反攻，不要等什么进一步增援，马上进攻！"

当天夜间10点，隆美尔才终于赶回了他的司令部，而在登陆战线上的第7集团军和第21装甲师，正拼命阻止猛扑前来的盟军的攻击。隆美尔立即下令德军第21装甲师和党卫军装甲师于7日清晨发动反攻，可是第21装甲师经诺曼底开战以来的苦斗后仅剩下70辆坦克，而党卫军装甲师从120公里外的驻地冒着盟军飞机的猛烈轰炸，7日9时才赶到了诺曼底战地，沿途损失惨重，急需整顿。这让德军指挥部不得不一再推迟反攻，错过了最佳反击的时机。就这样整个6月7日白天，在盟军海空军绝对优势火力下，德军根本无力发动决定性的大规模反击。相反，盟军在艾森豪威尔的率领下，进一步巩固登陆场，肃清海滩附近残余德军。当天英军就攻占了诺曼底的前滩地区。

德军虽然紧急调动了大量军队赶往诺曼底地区，但是由于时机已过，已经丧失了在诺曼底的战略主动权。再加上盟军指挥部的伪装计划，让希特勒开始认为诺曼底登陆是盟军的一次佯攻，于是希特勒又下令停止增援诺曼底，并将其他地区部队火速调往加莱。伦德施泰特得知这一消息后仰天长叹道："这场战争输定了！"同一天，美军第2步兵师在奥马哈海滩上陆，美第5军在得到该师加强后，向西向南大步推进。

6月10日，隆美尔和西线装甲集群司令施韦彭格上将一致决定集中在诺曼底的所有装甲部队，在第2空降军的配合下，全力反击，以阻止盟军继续扩大登陆场。不料盟军的飞机轰炸了西线装甲集群司令部所在地，施韦彭格被炸成重伤，他的参谋长和很多参谋人员丧生，使得这次反击还未实施就遭破产。

这时，德军向英国本土发射的第一颗飞弹（Ⅴ-1）落在了伦敦，德国想以这种恐怖空袭迫使英美国家同意议和。但实际上这对盟军登陆诺曼底没造成多大影响。到这时，德军已经不能把盟军赶下大海去了。德军此时的计划是尽可能长时间地把盟军封锁在登陆场内，以免盟军突破防线后向纵深挺进。

而这个时候，短暂的好天气也已经过去，暴风雨又一次席卷了诺曼底地区。在登陆滩头，盟军共有7艘坦克登陆舰、1艘大型人员登陆舰、1艘油船、3艘驳船、7艘拖网渔船、67艘登陆艇被大风刮沉，1艘巡洋舰和1艘渡船因相互碰撞而损坏，还有一些舰船因汹涌的风浪引爆了德军布设的水压水雷而被炸伤。狂风暴雨还将近800艘舰艇抛上陆地，迫使盟军的卸载中止了整整5天，使2万辆车辆，10万吨物资无法按计划上陆。风暴造成的物质损失大大超过了13天作战中的损失，并迫使盟军的后勤补给出现严重困难。但当时德军的兵力已经不足以进行反击，所以错失了这一大好时机。

诺曼底登陆战至七月初，美、英、加拿大军已上陆100万人，车辆17万余辆，补给品近60万吨。盟军和德军的兵力比例已经形成2∶1和火炮形成3∶1的优势。7月18日，英军终于攻占了法国卡昂。与此同时，向圣洛方向进攻的美军也占领了圣洛城，从而在西欧大陆上建立起从卡昂延伸到圣洛的稳固战线。至此，诺曼底登陆成功，盟军也因此具备了收复西欧大陆的条件。

▲ 隆美尔正在视察德军"大西洋壁垒"防务情况。

No.8　血战奥马哈

在登陆过程中，奥马哈海滩的争夺最为激烈，因此，这里有着"血腥的奥马哈"之称。

奥马哈位于犹他海滩的东面，科汤坦半岛南端维尔河口至贝辛港之间长 6.4 公里的海滩。奥马哈海滩的地形有易守难攻的特点。因为这里的海岸是 30 多米高的悬崖陡坡，有 4 个被海水冲刷出的深谷，成为通向内陆的天然出口。海滩上高低潮之间的落差约为 270 米。海滩是硬质沙地，上面筑有高耸的鹅卵石堤岸，后面是沙丘、草地、树林。唯一通向内陆的道路沿途有 3 个小村子，村舍都是用厚石砌成，四周是一片田野，田间土埂上长满了小树。这就是诺曼底地区特有的树篱地形，易守难攻。

奥马哈海滩是五个登陆滩头中盟军损失最惨重的地方之一，有"血腥的奥马哈"之称。正因为如此，1994 年纪念诺曼底登陆五十周年的会址就设在奥马哈海滩上。好莱坞著名导演斯皮尔伯格拍摄的经典战争影片《拯救大兵瑞恩》的片头那二十多分钟令人震撼的战争场面，反映的正是奥马哈滩头上所发生的惨烈战斗。

德军充分利用有利的自然地形构筑防御工事，在低潮线到高潮线之间设置了 3 道障碍物，还混杂布设大量水雷，在卵石堤岸上筑有混凝土堡垒，在堡垒前有蛇腹形铁丝网和地雷，4 个出口都用地雷和钢筋水泥障碍物封死。海岸上有 16 个坚固支撑点，配有机枪和反坦克炮，悬崖上还构筑暗堡，内有威力极强的 88 毫米火炮，炮火杀伤范围可以覆盖整个海滩，在霍克角悬崖上还有 6 门 155 毫米的海岸炮，对海上军舰的活动构成极大威胁。

那么既然这样难攻，那么盟军为什么会选择在这里登陆呢？这是因为从维尔河口到阿罗门奇之间正处在美军犹他海滩和英军海滩当中，位置非常重要，而这段 32 公里长的海岸只有这一段还勉强可以登陆，其余地段都是悬崖绝壁根本无法登陆。

就这样，一场血战便不可避免了。

在奥马哈登陆的是美军第 5 军的第 1 师和第 29 师的各 1 个团。由霍尔海军少将指挥的 O 编队负责运送。6 月 6 日 3 时到达换乘区时，海面上风力 5 级，浪高 12 米，有 10 艘登陆艇因风浪太大而翻沉，艇上所载 300 名士兵在海面上挣扎。即使没有翻船的，情况也不是很好。士兵绝大多数人都晕了船，再加上海水打进艇内，士兵们又冷又湿，当到达海滩时，士兵们已经疲惫不堪。

此外，还有一个对盟军不利的就是预先航空火力准备时没有对这一地区进行轰炸。这是为什么呢？因为在 6 月 6 日的火力准备中，由于害怕霍克角德军岸炮射击，军舰只是在远距离上进行射击，准确率很低。当时又由于登陆作战已经开始，飞行员怕误伤己方部队，故意

▲美军在"奥马哈"滩头登陆。
▼登陆的美军用迫击炮向德军阵地轰击。

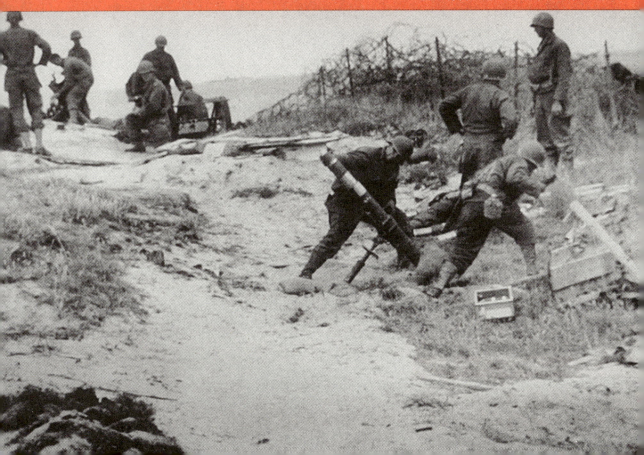

▲ 盟军轰炸机群在投弹摧毁德军防御工事。

▲ 盟军在诺曼底登陆战中使用了大批的空降兵部队。

延迟 30 秒投弹，结果使 1285 吨炸弹都落在目标区 5 公里外。

就这样，德军的防御工事和火力点大都完好无损，当盟军的火力准备刚一结束，德军的炮火就开始射击了。这时盟军第一波 1500 名士兵开始突击上陆，因为海中有一股向东的潮汐，以及岸上迷漫的硝烟，使得士兵难辨方向，队形也变得混乱。上陆时士兵们要先趟水涉过 1 米多深，50 至 90 米宽的浅水区，再要通过 180 至 270 米宽毫无遮掩的海滩，才能接近到堤岸，而且这一切都在德军密集而猛烈的炮火下。

所以在最初的半小时里，这 1500 名士兵根本无法投入作战，只是在浅水中、海滩上为生存而苦苦挣扎。在第一批登陆的 8 个连中只有 2 个连登上预定海滩，但也被德军的火力压得抬不起头。

由工兵和海军潜水员组成的水下爆破组，伤亡惨重，装备丢失损坏严重，但仍克服困难冒着德军炮火开始清除障碍物，在东段开辟出两条通路，在西段开辟出四条通路，可惜在涨潮前来不及将通路标示出来，后续登陆艇一直找不到通路，拥塞在海滩上听任德军炮击。

德军炮火非常准确猛烈，完全将登陆部队压制在狭窄的滩头。两小时里美军在西段没有一个人冲上海滩，在东段也仅仅占领 9 米宽的一段海滩。海面上挤满了登陆艇，秩序异常混乱，海滩勤务主任只好下令只许人员上陆，车辆物资一律暂时不上陆。

此时美军第 1 集团军司令布莱德利根据几份零星的通信和军舰瞭望哨的报告，知道登陆遇到极大困难，胜利几乎不可能了，他打算放弃在奥马哈的登陆，让美军第 5 军后续部队在犹他海滩或英军的滩头上陆。

然而就在这时，局势发生了转机，担任舰炮火力支援的美国海军见陆上的官兵死伤累累，岸上火力控制组和海军联络组都没有消息，意识到海滩上形式已极为严峻，17 艘驱逐舰充分发挥主动精神不顾搁浅、触雷和遭炮击的危险，驶到距海滩仅 730 米处，进行近距火力支援。

海滩上有 150 名别动队员艰难地爬上了霍克角，发现所谓的海岸炮竟然是由电线杆伪装的，他们随即消除了海岸炮的威胁，美军的驱逐舰大发神威，向海滩上德军火力点逐一开火。强大的火力打得德军毫无招架之力，只得黯然撤退。

就这样，海滩上的美军第一步兵师尽管伤亡惨重，但还是前仆后继，终于冲过了堤岸，占领了奥马哈海滩。

No.9　一寸沙滩一寸血

当时诺曼底登陆战的惨烈情况，可以用一位盟军军官的话来描述：留在海滩上的只有两种人，一种是已经死的人，另一种是即将要死的人。

1944 年 6 月 6 日，盟军诺曼底登陆那一天，法国奥马哈海滩德军战壕中的 20 岁德军士兵海恩塞弗罗创造了一项惊人纪录：在他藏身的 WN62 碉堡前，共有 4184 名美国士兵中弹倒下，而其中至少一半的死亡人数都应该由塞弗罗一人的机关枪来负责。"二战"后，他被人称作"奥马哈海滩之兽"。然而如今迟暮之年的他悔恨地表示，他从不想卷入那场战争。塞弗罗是德军第 352 步兵师的一名下士，他们班驻守的堡垒名叫 62 号哨所。

据塞弗罗回忆，当海水刚刚漫过盟军士兵膝盖的时候，塞弗罗的上司便下令他开火。塞弗罗用机枪不停地向大批挺进的美国士兵发射子弹，在长达 9 个小时中几乎没有一刻停止过，唯一的间隙就是更换备用的枪管，杀红了眼的机枪组已经忘记了枪管的寿命。

他的机关枪枪管最后变得通红烫手，不堪使用，他不得不另换机枪，当换下的火红枪管扔到一旁时，碉堡旁边的干草立即被热量引燃。在那场战斗中，塞弗罗杀红了眼，美国士兵像潮水一样涌向塞弗罗所在的碉堡，又像潮水一样倒在地上。鲜血染红了整片海水和沙滩。

9 个小时里，他用光了哨所里所有库存的 12000 发子弹，海水被尸体的鲜血染红了。机枪子弹用完了以后，他又用自己的毛瑟步枪继续射击了 400 发子弹，当步枪子弹打完后，他只能掏出自己自卫用的 p38 手枪继续射击，"因为敌军的数量实在太多了"。

他回忆时说："我几乎消灭了一个团的登陆部队，周围的海水都染红了，我能听见美军指挥官在喇叭里面歇斯底里的喊叫。我看见当机枪子弹打在海滩上水花四溅，当这些小喷泉接近那些美国兵的时候，他们开始倒下，很快。第一具尸体开始漂浮在涨潮的海浪上，不久，所有的美国兵趴下开始射击。"

塞弗罗回忆称，一名年轻的美国大兵在海上逃过了火线的射击，并冲上了奥马哈海滩。塞弗罗看到后，立即举枪朝他瞄准，子弹击中了这名美兵的前额，将他的头盔都打得飞转起来。这名美兵的脑袋立即开花，倒在了被血染红的沙滩上。

塞弗罗至今仍然记得那名美兵死亡前扭曲痛苦的表情，他回忆说："直到那时，我才意识到我正在杀人。直到如今，我仍经常梦到那名美国士兵，每当我想起他时，我就感到如此心痛和愧疚。"

海滩上满是血水和海水，大口径火炮将滩头的美军成片地炸翻，机枪极高的射速就如同

▲ 盟军突击队离开登陆艇，冲向诺曼底海滩

▲ 诺曼底滩头阵地上，浴血奋战的盟军士兵

电锯一样锯倒一片又一片的美军，美军三五成群地蜷缩在滩头上，所有坦克全部被德军埋设的磁性水雷和海防炮连船一起击沉。

战斗持续 9 个小时后，美国海军为奥马哈海滩带来了转机。美国海军的 17 艘驱逐舰在近距离为登陆美军进行火力支援。而在空军的指引下，美国海军的战列舰和巡洋舰也开始对岸射击，德军的防御至此基本崩溃。

天黑时，美军正式登陆成功，第 5 军军部上岸并开设了战场指挥所。军长罗杰少将上陆后立刻发电报给布莱德利："感谢上帝缔造了美国海军。"

盟军一位幸存士兵后来回忆时说："我们登陆之前。天空开始破晓。许多美国士兵跳入海水中。有些人被海水卷走了。我们不能在那里停留，因为我们有作战时间表：每隔5分钟就有一批登陆艇到达。"

另一位参加过诺曼底登陆战的盟军幸存士兵回忆道："当你从那些受伤的或倒在血泊中的士兵身上跑过时，是难以保持身体平衡的。由于没有落脚的地方，我们只能在海水中跑动。海浪拍打在尸体上，一会儿拍向岸边，一会儿推拍向大海。到处可见阵亡者的肢体。"

艾森豪威尔在诺曼底登陆后感慨地说："毫无疑问，诺曼底战场是战争领域所曾出现过的最大屠宰场之一，那儿一带的通道、公路和田野上，到处塞满了毁弃的武器装备以及人和牲畜的尸体，甚至要通过这个地区也极为困难。我所见到的那幅景象，只有但丁能够加以描述。一口气走上几百码，而脚步全是踩在死人和腐烂的尸体上……"

诺曼底登陆战，作为第二次世界大战最大规模，也是人类有史以来最大规模的登陆战，其惨烈程度是无法想象的。一寸沙滩一寸血！无数的盟军士兵用鲜血和生命，为世界反法西斯战争做出了难以磨灭的贡献。

No.10　希特勒的噩梦——诺曼底

诺曼底登陆战役，是二十世纪最大的登陆战役，也是战争史上最有影响的登陆战役之一。盟军先后调集了36个师，总兵力达288万人，其中陆军有153万人，相当于20世纪末美国的全部军队。从1944年6月6日至7月初，美国、英国、加拿大的百万军队，17万辆车辆，60万吨各类补给品，成功地渡过了英吉利海峡。

在这次登陆战中，战争双方约有24万人伤亡、被俘，其中盟军伤亡 12.2 万人，德军伤亡和被俘 11.3 万人。至 8 月底，盟军一共消灭或重创德军 40 个师，德军的 3 名元帅和 1 名集团军司令先后被撤职或离职，击毙和俘虏德军集团军司令、军长、师长等高级将领 20 人，缴获和摧毁德军的各种火炮 3000 多门，摧毁战车 1000 多辆。德军共损失飞机 3500 架，坦克 1.3 万辆，各种车辆 2 万辆，人员 40 万。诺曼底登陆成功后，美英军队重返欧洲大陆，第二次世界大战的战略态势也发生了根本性的变化。

对比这次战役，可以看出盟军方面也出现了不少问题，比如战前侦察不够周密，给作战带来不小困难。比如未掌握德军防空火力的配置，使运输机在空降时遭到猛烈的高炮射击，被迫增加飞行的速度和高度，甚至在躲避炮火时偏离了航线，导致伞兵着陆极为分散。

相对于盟军的胜利，我们再来看看德军失败的原因。德军的失败原因主要是在西线部署的兵力太过分散，使得德军不能集中优势兵力攻击登陆的盟军。在战术上，德军从一开始错误估计了盟军的登陆地，并且在明知盟军已经开始准备大规模登陆战的时候，仍抽调了大部分的兵力赶往东线，这是德军失败的主要原因。

而且希特勒过于刚愎自用，不听从属下的建议，这也是导致德军失败的一个重要原因之一。大西洋堡垒的防御不够稳妥，也间接导致了德军在诺曼底登陆战开战以来便受到盟军的重创。

▲ 一个美军士兵牺牲了，他的战友将他的枪和头盔树立在牺牲之地。

▲ 盟军在登陆"奥马哈"滩头时，被德军火力压制在海滩上，用德军设置的障碍物作掩护.

　　美国史学家萨姆尔·纽兰德对这场战役如此评价："从日军偷袭珍珠港到巴黎陷落，从斯大林格勒保卫战到攻克柏林，第二次世界大战中没有任何一次战斗的意义能够与诺曼底登陆相媲美。"

　　诺曼底登陆以后，欧洲的战局对德军已经十分不利，相反对盟军却很有利。为此，盟军开始了收复西欧的计划。诺曼底登陆战的胜利，开辟了欧洲的第二战场，让德国法西斯受到了盟军的东西两面夹攻，加速了德国法西斯的灭亡。在此之后，上百万的盟军涌入了欧洲大陆。

　　在诺曼底登陆之前，苏联一直扮演着独立抵抗德国法西斯的角色，在东线战场整整坚持了三年。诺曼底登陆的胜利，宣告了盟军在欧洲大陆第二战场的开辟，减轻了苏联的压力，使盟军得以协同苏军有力地攻克柏林，迫使法西斯德国提前投降。美军方面则开始把主力投入太平洋对日全力作战，加快了第二次世界大战结束的进程。

▲ 巴顿的装甲部队正通过一座由工兵架设的浮桥。

第七章

市场花园行动

　　盟军开辟了第二战场之后，在解放法国、比利时后，士气高涨，并豪言要赶在 1944 年"圣诞节前结束战争"。英国蒙哥马利元帅首当其冲，短时间内提出了一个冒险的计划即市场花园行动。但这次人类史上规模最大的空降部队奇袭却没有达到预期目的。德军事先获悉了盟军的行动，严正以待，而盟军方面却一无所知。更糟糕的是，盟军的协调作战以及后勤补给的能力出现了极大的疏忽，并闹出了不少笑话。骄兵必败。盟军是怎样从成功走向失败的？

No.1　大胆的计划

1944 年 6 月，盟军在法国北部成功地进行了诺曼底登陆战，由于希特勒的战术失误，让盟军得以迅速地摧毁德军在法国北部的军事防御，并光复了被德国法西斯占领的巴黎。当数百万盟军涌入欧洲大陆，开辟第二战场之后，盟军上至将领下到士兵，已经被胜利完全冲昏头脑，他们认为只需要再使一使劲，就可以马上攻入德国柏林，令希特勒灭亡。

1944 年 8 月 25 日，盟军解放巴黎。之后，盟军兵分两路，一支由蒙哥马利率领的北路盟军很快就打到比利时与荷兰的边境，另一支由布莱德雷率领的南路盟军也直逼德国与比利时边境。当时艾森豪威尔的计划是分别征服德国，将德国一分为二，一半交给蒙哥马利的北路盟军，一半交给布莱德雷的南路盟军。

当时布莱德雷手下的猛将巴顿率领美军一天前进了 50 英里（约 80.5 公里），誓要赶在蒙哥马利之前占领德国。一时间，盟军势如破竹，纳粹似乎没有什么力量可以阻止盟军进入德国本土了。1944 年 9 月 3 日，盟军又解放了比利时首都

▲ 1944 年 9 月，在市场花园行动中荷兰的伞兵部队

▲ 市场花园行动中，因为空袭而被摧毁的街道。

布鲁塞尔。

　　当时的盟军上下都认为德军已是强弩之末，不值一提了。当连续的胜利让他们的神经开始麻痹大意的时候，他们面临的将是一场史无前例的惨败。这次惨败，也将让盟军清楚地意识到，他们所面对的德军依旧不可轻视。

　　1944 年 7 月 25 日，巴顿率领的盟军第 3 集团军从诺曼底地区登陆后，为了尽快击败纳粹德国，于是开始了在法兰西平原上对德军的大追击，盟军上下逐渐开始弥漫乐观的情绪。当时盟军的计划是，从北面迂回齐格菲防线，直取德国的鲁尔地区，迅速摧毁德国法西斯的斗志，以便在"圣诞节前结束战争"。

　　当时蒙哥马利一反以谨慎著称的性格，提出了一个代号为"市场花园"的大胆而冒险的计划。这一行动计划是：夺取跨越莱茵河、瓦尔河等河流上的一系列重要桥梁后，从荷兰直插德国腹地，争取在 1944 年圣诞前结束欧洲战场作战。

　　作战部队是由英国第 30 军向安特卫普发起地面进攻，同时由美军第 101 空降师、第 82 空降师、英军第 1 空降师及波兰伞兵旅共 3.5 万人的空降部队，采用蛙跳战术依次在 63 英里（约

101 公里）战役纵深的战线上进攻德军，夺取莱茵河上的桥梁。

而此时在德军方面，在遭到了 1944 年夏季东线诺曼底战役和塞纳河保卫战的巨大消耗之后，德军已经没有足够的时间来休整补充损失惨重的装甲师，所以他们匆忙组建了十个装甲旅。1944 年德国兵工厂生产的"豹"式坦克有一半分配给了这十个新组建的旅，这些部队被派往盟军最可能进攻的地段进行防御，其中一个装甲旅是 107 旅。该旅是在八月初由第 25 装甲掷弹兵师的残部基础上组建而成，驻扎在东普鲁士进行短期的战前训练，指挥官是冯·马尔特蔡恩上校，该旅共接收了 33 辆新式的"豹"式坦克和 12 辆四号突击炮，所有的掷弹兵和冲锋队员行军都乘坐装甲运兵车，全旅配备有大约一百辆左右的各型装甲车辆，车辆均配备喷火器或机枪、迫击炮和 75 毫米加农炮。

综上，该旅拥有极强的机动性和无与伦比的火力，以致还没有完成训练就被匆忙派往前线，"豹"式坦克的炮塔上甚至还没来得及喷涂编号。最初 107 旅是被命令调往东线而不是西线，不过当时西线的形式开始逐渐恶化，先是第 4 旅被派往西线作战，然后第 2 旅被派往亚琛地区。在最后一刻，第 107 旅被派往了荷兰的维尼罗——因为盟军的市场花园战役开始了。

No.2　诺曼底后遗症

当盟军士兵个个摩拳擦掌，准备打好这最后一战的时候，殊不知他们即将陷入一场常胜以来的前所未有的灾难。当时盟军官兵上上下下，都觉得德军已经不堪一击。除了曾和德军交过手的英法联军对德军还有所顾忌之外，刚刚踏入欧洲大陆的美军士兵根本没把德军当回事。他们天真地认为，不是德军太强，而是英法联军当年太弱，所以才被德军一直赶到敦刻尔克，最后落得个狼狈撤退。当时盟军内部充满了一种情绪，即被胜利迷失了理性，变得狂妄自大起来。在即将来临的战役中，他们将为自己的盲目轻敌而付出惨重的代价。

从战略角度上来看，自从盟军在诺曼底登陆胜利并攻入法国纵深后，战线已经拉得越来越长，后勤物资的需求量也越来越大，法国境内糟糕的交通运输状况让盟军大伤脑筋。虽然在战前，法国拥有当时欧洲最发达的交通运输网，但由于盟军在诺曼底登陆之前，对法国境内的公路、铁路、交通设施实施的狂轰滥炸，法国原来 2000 节的火车头被炸毁了 1500 节，整个铁路的交通运输能力只有不到原先的三分之一。

可以这样说，当时法国的交通运输系统已经被盟军的飞机炸了个稀巴烂。虽然这些对诺曼底登陆是非常有帮助的，但是现在它却成了负面影响，让盟军的后勤物资供应能力大大减弱。这个情况，使得盟军的行进速度被延缓。

同时，蒙哥马利和巴顿这两个冤家都想当第一名，都想充当进军德国本土的主角。于是，蒙哥马利和巴顿开始争夺数量有限的汽油和炮弹。巴顿甚至扬言，只要有足够的汽油，他在一个月内就能杀到柏林。但是汽油的供应却相当紧张，坦克耗油量很高，永远入不敷出。蒙哥马利向艾森豪威尔建议，最好集中盟军的全部兵力挺进，由他指挥走北方迂回路线。但是艾森豪威尔坚持正面进攻的观点，并没有同意蒙哥马利的建议。

不过，当德军研制成功 V-2 导弹，并开始向英国本土发射之后，艾森豪威尔也开始犹豫了起来。英国首都伦敦也面临着 V-2 导弹这一可怕的突发威胁。同时，因为这一威胁，使得艾森豪威尔最终改变了以前的想法，他同意先由蒙哥马利向北部进军德国本土。

因为德国"复仇天使" V-2 导弹的出现，欧洲战场的战况又出现了新的危险与恐惧。在这种形状怪异的武器面前，英国人显得惊恐万分，V-2 导弹爆炸后所引发的火灾也让英国的生产力急剧下降，到战争结束时，为躲避 V-2 导弹的打击，一共有 145 万英国人被迫离开了伦敦。

而正是由于 V-2 导弹的发射基地设在荷兰境内，为了消除它的威胁，蒙哥马利元帅顺势提出了一个冒险的军事行动计划——"市场花园"行动。

蒙哥马利计划的"市场花园"作战行动，采用空降"蛙跳"战术，以美军第 82、第 101 空降师、英军第 1 空降师和波兰的 1 个伞兵旅共 35000 人，依次在荷兰的埃因霍温、奈梅根和阿纳姆三地空降，像"接力棒"一样，护送盟军的地面兵团直捣德国腹地鲁尔

▼ 英国伞兵在阿纳姆附近的欧斯特贝克村与德军进行战斗。

▲ 盟军的飞机停在地面上，严阵以待。

地区，迫使德国投降，从而尽快结束战争。

"市场花园"行动这个计划本身就有很大的隐患，根据该计划，盟军向纵深突破103公里到达阿纳姆地区，而突破宽度却非常的狭窄。而且3个师和1个旅的后勤补给将全部依赖降落伞，这是非常困难的。同时还必须依靠有利于飞行的天气才能保证空降作战和后勤补给，否则就有可能功亏一篑。本来在狭窄的地段上偷袭的胜算就不是很大，并且还把成功的希望寄托在天气上，使得"市场花园"行动无疑是一次具有赌博性质的冒险行动。

其实，盟军最高统帅艾森豪威尔也并不太喜欢性情古怪的蒙哥马利，对"市场花园"行动计划也抱有疑问。当他看完"市场花园"行动的作战计划之后，认为在后勤补给困难的情况下，实施这一计划非常冒险。

但是，艾森豪威尔深知假如他否定了"市场花园"行动这一计划，那么他与蒙哥马利之间的分歧便会进一步加大，而这对于盟军的联合作战行动是十分不利的。于是在与蒙哥马利进行了最后一次讨论时，艾森豪威尔决定了还是同意这个计划。而这时盟军的作战参谋人员和指挥官们根本无法预见战争的进程和结局，诺曼底登陆战后，胜利的喜悦和乐观的情绪已经影响了他们的判断力。艾森豪威尔和蒙哥马利都不会想到，"市场花园"行动将会让千万名盟军士兵走向地狱。

No.3 市场花园行动

蒙哥马利将"市场花园"行动定在1944年9月17日。于是盟军从9月10日起，就开始了紧锣密鼓的战前准备，然而，就在蒙哥马利与盟军上上下下一片狂热之中时，盟军的参谋和情报人员却突然发现，在荷兰埃因霍温与阿纳姆之间，也就是"市场花园"行动主要的空降地区，德军的力量突然一下子增强了。但这份情报却未能引起蒙哥马利的警觉，他把这份重要的情报完全置之于

◀ 盟军死守阿纳姆桥。

脑后了，于是"市场花园"行动从一开始便蒙上了失败的阴影。

　　1944年9月17日上午，英国机场上空风和日丽，风速仅为每小时8英里，按照西欧的标准，这是一个飞行的好日子。9点45分，盟军1545架运输机拖曳着478架滑翔机，在1131架战斗机的护航下，从英格兰南部中央的24个机场凌空而起，向远方飞去。庞大的机群保持着整齐的队伍，轰鸣声充塞在天地之间，人类有史以来规模第二大的空降作战行动开始了！

　　在英国各机场，美、英空军几乎动用了自己的全部家当，先后包括5500余架运输机、2596架滑翔机、8000余架战斗及轰炸机，同时在三地成功地空降了3.5万余人、568门火炮、1927辆军车、5230吨物资，发动了这场人类战争史上规模第二大的空降作战行动。

　　"市场花园"行动主要由英军指挥，地面的作战也主要由英军担当。于是，35000名空降兵被送到了纳粹占领的荷兰上空。他们的任务是必须占领重要的桥梁，为对德国发动闪电进攻铺平道路。

　　第一批空降后半小时，英国第30军军长霍罗克斯将军下令盟军部队发起攻击，于是盟军的装甲师开始向正面的德军防御部队的五个营发动攻击，第 43 团和第 50 团也随后跟进，战线迅速推进了几英里。在第 30 军正面进入阵地防御的德军瓦尔兹师支队，由于在仓促间发挥不了战斗力，被分为两部，德军防线开始崩溃，被驱逐而向道路两侧撤退。

市场花园行动中，共有三支空降兵分队参与：美国第 101 空降师负责占领艾恩德霍芬和格雷夫之间的运河和水上通道；第 82 空降师负责格雷夫和奈梅亨之间的路程，包括在辽阔的瓦尔河上的公路桥；绰号"红魔"的英国第 1 空降师，将在阿纳姆发动进攻，占领重要的桥梁。随后，他们将展开联合行动，在纳粹占领下的荷兰腹地打开一条通道。为了保证计划的成功，英国第 30 军的坦克部队要及时前往支援。

在阿纳姆，当先锋队伍准备赶往阿纳姆桥时，英国空降兵守住了他们的降落区域。在 32 公里远的地方，美国第 82 空降师使用了突击战术，迅速占领了格雷夫桥。再往南，第 101 空降师前往靠近艾恩德霍芬的目的地，不过在威廉明娜运河上，关键的索昂桥仍在德军手上，他们使用致命的 88 毫米大炮，来对付前进的伞兵。尽管第 101 空降师击溃了德军的防御，但索昂桥却被德国士兵炸毁了。

第一天下午 2 点 35 分，英国第 30 军的坦克开始朝阿纳姆挺进，他们必须得冲破 96 公里长的敌军占领区域，支援在阿纳姆的英国第 1 空降师。下午 5 点 30 分，在阿纳姆战线末端，已经有超过 5000 名英国士兵降落，而他们需要对抗一支快速组织起来的德国防御部队。陆军中校约翰·弗罗斯特率领了 740 名士兵突围出去，到达了阿纳姆桥的北端，他们收到命令，要坚守桥梁 48 小时。然而这并不容易，两支党卫队装甲师恰好在这个区域休整，如果第 30 军的装甲救援队不能及时赶到，守卫阿纳姆桥的部队很可能全军覆没。

第二天中午，第 30 军与靠近艾恩德霍芬的第 101 空降师部队会合，终于到达了通往阿纳姆的第一个重要台阶，但由于索昂桥被炸毁，他们需要快速建造一座临时的浮桥，以便坦克能够通过。尽管工程师们竭尽全力重建通往阿纳姆的道路，但整个过程花费了 12 个小时。

驻守在阿纳姆桥的士兵，正期盼着支援部队的到来，他们的有效战斗力减至 250 人。虽然被围困在阿纳姆西部的英军士兵，曾派出小分队进行突破，希望前往桥边与约翰中校率领的部队会合，但由于德军的猛烈进攻，他们大多数只能被迫守卫在靠近奥斯特贝克郊区的位置。

第三天中午，第 30 军终于扫清了通往奈梅亨郊区的路。奈梅亨是通往阿纳姆的第二个主要台阶，可是摆在他们面前的，还有德军重兵布防的奈梅亨桥。第 82 空降师部队的士兵接到命令，派遣士兵乘坐小船渡过距离桥梁西部 1.6 公里的瓦尔河，在第 30 军的坦克开过去

▲ 那座永远无法接近的桥。

时，占领河对岸的通道。战斗一直持续到第四天的晚上，盟军才攻克了奈梅亨桥，通向阿纳姆的路终于被打通了。

然而，命运的天平似乎一开始就倾向德军。由于情报失误，蒙哥马利根本不知道，在盟军预定着陆的地区，德军已经部署了党卫军第 2 装甲军的两个装甲师和空降第 1 集团军的部分部队。缺少重型装备的盟军空降兵在德国装甲兵头上空降，而且美军进行的是高空跳伞，平均跳伞高度在 366 ～ 457 米，比"二战"中标准跳伞高度 244 米要高得多。跳伞地区就有德军的高射炮不断射击，很多人还没有降到地面就被德军打死了。

尤其糟糕的是，盟军发起空中突击不过两小时后，德军空降第 1 集团军司令司徒登特便从一架打下的滑翔机中取得了一份盟军的作战命令。他立刻携带这份命令到 B 集团军群总部去见总司令莫德尔，策划德军的反攻。在德军的将领中，司徒登特比任何人更熟悉荷兰，也了解空降部队的重大缺陷——诸如在地面上欠机动以及缺乏重武器。最后，莫德尔选择了安恒作为党卫军装甲部队一部的整训地区，他们极力阻止盟军空降部队和战车部队的会师。

No.4 无比漫长的战斗

凌晨时分，"豹"式坦克、四号突击炮和半履带车的引擎开始轰鸣，德国人出发了，第 107 旅到目前为止只有一部分可以投入战斗，其他的装备还在卸车。这是一个平和的早晨，空气中弥漫着薄薄的一层雾气，乡村的景色美极了：零星的农舍点缀在一望无际的田野和牧场上，林子里还有鸟儿在欢唱。战争看起来离这里很遥远，多么鲜明的对比！不过很快人们就被巨大的引擎声惊住了：德国人来了。不同的是，这次德国人不是如人们想象的骑着偷来的自行车慌乱不堪地向德国境内溃退，而是向相反方向艾德霍芬进军，看看他们都装备了什么重武器：坦克、火箭发射车还有大炮！

在海尔蒙德，德第 107 旅短暂停留了一下，增援的伞兵们爬上坦克和 107 旅一起行军。下午时分，德军到达了纽南，这是一次很顺利的行军，没有任何麻烦。德国士兵们又渴又饿，纷纷敲开居民的屋门讨要吃喝，而纽南的居民们则意识到战争又一次降临到了他们头上。

与此同时，"市场花园"行动进行得很不顺利。自打从比利时跨越荷兰边境后，英国第二军的近卫坦克师便在向艾德霍芬进军的路上和德军发生了一系列激烈的战斗，激战中九辆"谢尔曼"坦克被德军的突击炮、七十五毫米反坦克炮和"铁拳"击毁。粉碎德国人的抵抗很费时间，那天晚上英军终于抵达目的地，在那里休整了一个晚上。宝贵的时间在悄悄流逝。

▲ 被德军俘虏的盟军空降兵部队士兵。

九月十九日的艾德霍芬成为欢乐的海洋，德国人终于走了，可爱的美国人和英国人来了，荷兰姑娘们亲吻着这些大兵，一切看上去都很不错，不过街道上人山人海，交通阻塞在一点一点消耗着时间。第二天晚上则是一场灾难：出乎所有人意外，德国轰炸机猛烈轰炸了艾德霍芬。这并不是盲目的报复，而是有着明确的战术目标，那就是艾德霍芬的废墟将迫使英军第二军花费更多的时间通过该城以延缓该军向北部的奈梅根和安恒推进。

此时在桑城的德军正在和美第 101 空降师的伞兵作战，他们被告知将有一只德军坦克部队会从东面配合攻击，但结果什么也没有。德军第 59 步兵师的将军感到非常遗憾，他刚刚单独发动了一次进攻，损失了一千七百多人。毫无疑问，英国人会和他们的"克伦威尔"坦克一起来，可是德国自己的坦克在哪里呢？

九月十九日下午，冯·马尔特蔡恩研究了一下地图，他正指挥着他的坦克向桑城内的大桥推进，尽管有好几种方案可以达到目标，他最终决定利用运河的堤坝让"豹"式坦克开过去。在狭窄的堤坝上开坦克不是件容易的事，可驾驶员们别无选择。指挥这些坦克的一位德军中尉，通过望远镜可以看见在通往奈梅根的道路上挤满了坦克和卡车，英国人坐在地上抽着烟，喝着咖啡，没人注意他们到这些"豹"式坦克！那么就给英国人来个惊喜吧，"豹"式坦克一辆接一辆地左转弯开上堤坝，现在在他们右边是威廉敏纳运河，在他们左边是灌木丛和树林，他们顺着堤坝前进，没有掩护，不能后退也没有选择，是一次真正的冒险！此时的时间是下午五时。

美军第 101 空降师的指挥官泰勒将军不断听到有传闻说德国人的坦克正向桑城开来，他感到有点担心，于是便派出了一支侦察排去探个究竟。这些美国大兵们刚走过堤坝，突然听到一阵低沉的引擎轰鸣声，与此同时他们看见一辆伪装过的"豹"式坦克从树丛后面开出来，紧跟在后面还有一辆，所有人都恐惧极了开始四散奔逃，有一些人甚至还跳到了河里。德军坦克毫不犹豫地开火并击中了桥上的一辆卡车，更多的德军坦克从树丛里开出来向河对岸的房屋射击，场面顿时一片混乱！

一些美国士兵试图用火箭筒挡住德军坦克的前进，但没有成功，泰勒将军的指挥部也挨了好几发炮弹，他跑出去找到并发动了一辆吉普开到一些还没有卸载的滑翔机附近，找到一门五十七毫米反坦克炮并把它拉了出来，很快在桥附近设好了射击阵地并对着几乎已经要到达桥边的第一辆"豹"式坦克开了火，幸运的是他竟然打中了。"豹"式坦克停了下来挡住了后面坦克的道路，德国人无法前进了，第二辆"豹"式坦克很快被火箭筒击中并起火燃烧，这位德军中尉意识到现在仅靠他的"豹"式坦克无能为力。德军坦克开始后撤，同时他向马尔特蔡恩请求派出掷弹兵进攻，而坦克则为其提供火力支援。

但是马尔特蔡恩拒绝了他，理由是天色已晚而且桑城很可能防卫森严。其实完全相反，如果他果断派出步兵的话他将轻松地占领大桥。德军第 107 坦克旅的第一次进攻失败了，但对于美英军来说他们实在是死里逃生。那天晚上德国空军轰炸了艾德霍芬，欢乐的情绪很快过去，人们开始担心德国人会很快回来。

No.5 地狱公路

从艾德霍芬通往奈梅根的路被盟军称为地狱公路。这条公路南北走向，从艾恩德霍芬到费赫尔，到奈梅根，再到阿纳姆。路一半是沥青，一半是砖，可供两辆小汽车相对开过。但对卡车来说就有点挤了。与荷兰大多数的公路一样，它比地面高出一米左右，意味着任何在路上行驶的车辆在地平线上都很突出。德军不止一次地切断这一公路并且和盟军爆发了激烈的战斗。

从早晨开始，德军从桑城南部向通往奈梅根的公路发起进攻，由于地面非常潮湿泥泞，德军的坦克和半履带车几乎无法使用，所以德军没有什么掩护，美军使用七十五毫米自行榴弹炮还击，德国人虽然无法切断盟军的生命线，但是他们达到了阻滞盟军的目的。路上挤满了英军各式各样的运输车辆，被击毁的车辆冒出的黑烟在很远距离都可以看见。

英军的克伦威尔坦克试图转道攻击德军，其中几辆很快被德军击毁，另几辆则撞上了反坦克雷。德军使用"豹"式坦克和突击炮猛轰公路上的车辆，另盟军损失惨重。德军也损失了一些坦克，这主要归咎于油料不足，由于受到几个方向的反击压力，德军最终后撤。英军继续从艾德霍芬发起进攻，中午十二时，在损失了一百五十八人后，德军终于撤退了。但是这场战斗持续了五个小时，在这期间公路上的车辆挤在一起动弹不得。

英军比起德军，无疑占有更大的优势，他们在第四十四坦克营、轻骑兵坦克营和一些"司事"自行火炮掩护下进攻。德军损失了两辆"豹"式坦克后撤退到了纽南，答应给马尔特蔡恩的油料补充连影子也看不见，他一共损失了九辆"豹"式坦克，其中有些仅仅是因为缺油。

德第 107 旅剩下的装备在那天早晨终于全部卸车完毕，全旅在纽南集结。这时盟军从几个方向向纽南发起进攻，显而易见，所有的进攻都失败了，"谢尔曼"坦克被德军密集的炮火一辆接一辆地摧毁，德国人把纽南变成了一个坚固的堡垒并准备坚守阵地，不过英国第 8 军此刻在艾德霍芬东部取得了进展，其辖下的第 11 坦克师到达了一线，准备从背后攻击德第 107 旅。

九月二十一日荷兰的平民告知第 506 团的伞兵，德国人已经离开了纽南，向着海尔蒙德去了。十时三十分，纽南和周围地区解放，轻骑兵的坦克没有发现任何抵抗，德军已经撤离，为什么德国人后撤了呢？答案很快出来了，在十六时左右纽南的人们听到了"卡塔卡塔"的坦克履带声，不过这次不是德军而是英军第 11 坦克师的第 23 营，该师刚刚解放了目标并差点攻击德军的背部。那天晚上，有人报告说德军的"豹"式坦克穿越了南威廉敏斯瓦特运河大桥，消失在了黑暗中，所有运河上的桥梁都被德军炸毁了。

英美盟军不久将再次碰上第 107 旅！

在桑城南部十四公里处的菲豪，是整个走廊最狭窄的地方，摩德尔元帅命令就在此地发动一次反击。德军拥有的反击部队瓦尔特战斗群的核心是 107 旅，另外还有第 180 步兵师的一个营。九月二十二日英军的侦察车发现四辆"豹"式坦克向菲豪进发，在十二时德国坦克到达了在菲豪东北部的走廊，就像预计的那样，通道被轻而易举地切断了，但是盟军的增援部队很快赶到开始攻击德军。

在十二时十五分，美军第 101 空降师的 506 团赶到菲豪参与作战，同时携带着重型反坦克炮的第 327 团也在赶来。德军第 107 旅的坦克正在击毁路上他们看到的任何东西，但是一

▶ 受伤被俘的盟军战士，面临他们的将是一场噩梦。

颗六磅反坦克炮弹击毁了一辆坦克的履带，第二天德国坦克就很小心了。整个局势对盟军来说依然非常危险，德军第二次发动了进攻，他们试图在坦克的掩护下从菲豪东面突破，最终没有成功，还损失了一辆"豹"式坦克。总之德国人使用一切方法不顾一切地阻挡盟军，他们干得很成功。

九月二十三日，德军再次发动进攻，并与美军第 101 师 501 团的第二营发生激战。天下着雨，战斗进行得非常残酷，双方进行了白刃搏斗。德军坦克击毁了几辆"谢尔曼"和一辆"萤火虫"，有辆"豹"式坦克也被从后面击毁。在激烈的战斗中，德军装甲预备大队的指挥官阵亡。最终，德军后撤了，另一辆"豹"式坦克因为燃油短缺而被放弃。

此时，德国人的"虎"式坦克对阿纳姆桥的英军士兵，发动了一波又一波的攻击。英军指挥官陆军中校约翰·弗罗斯特受了重伤，而那些还能战斗的士兵，仍然在坚守着阵地。到了第四天夜幕降临时，战场上已经遍布死者和伤员。第五天中午，英国第 30 军的坦克距离阿纳姆只有 16 公里了。在阿纳姆桥上，英国空降兵已经在此坚守了 4 天的时间，现在只剩下了几十个空降兵还能继续战斗，然而面对耗尽弹药情况，他们不得不向德军投降。

阿纳姆桥的失守，意味着市场花园行动的主要目标已经失去。现在，对于阿纳姆西部的

3600 名英国士兵来说，最后的战斗即将到来。当德军在慢慢包围时，他们在等待盟军救援队的到来。这些精疲力竭的士兵，守卫着莱茵河下游河岸靠近奥斯特贝克的建筑和树林里的阵线。又是两天过去了，战斗一刻都没有停止，他们仍然在坚守着战线。到了第八天，只有 2000 多个作战士兵在守卫着不到 2.6 平方公里的区域了。

第九天，盟军领导对奥斯特贝克的士兵发布了新的命令，占领莱茵河通道的战役已经结束，被围困的士兵需要策划一次撤退行动，渡过这条凶险的河流。在夜幕的掩护下，他们乘坐小船，渡过这条 466 米宽的河流……最终，英国第 1 空降师的超过 1 万名在阿纳姆战役中作战的士兵，只有不到 2400 人逃了出来。

▼ 一位盟军士兵的墓地。

十二月，德军在阿登发动了大规模进攻，那是他们最后的赌博。

回过头来，盟军的"市场花园"作战为什么失败了呢？主要有以下几个原因：

一、盟军过于低估了德军，他们认为在经历了诺曼底战役和其后一系列战斗的失败后，德军已经溃不成军，毫无斗志。但事实是德军很快组织起了有效的防御并狠狠打击了盟军。匆忙组成的几个战斗群被证明是有很强的战斗力的，能够对抗比他们强大的多的盟军，一些原先认为战斗力不强的德军部队打得出人意料的好，他们往往顽强战斗至最后一人。这些完全都在盟军的意料之外。

二、天气的确很不好，但这是一个值得争议的借口，尤其是在盟军"市场花园"作战失败之后。就算天气不好，老是下雨，但总有不下雨的时候。

三、盟军没有听从荷兰抵抗组织的警告：霍亨施道芬（Hohenstaufen）师的坦克部队已经到达了安恒附近。蒙哥马利不希望听到这个情报，所以它被忽略掉了。

四、英军整体推进的速度太慢，他们没有抓住开始关键时刻的先机，他们居然在法尔肯斯瓦德（Valkenswaard）休整了一个晚上，在接近艾德霍芬时又仅仅因为一些88毫米炮而让整个第30军停顿下来，他们彻底失去了先机。宝贵的时间流逝了，相反德军更加清楚地知道时间的重要性。

五、英美伞兵空降的地域选择是有问题的，这给伞兵制造了麻烦，伞兵们要花很长的时间抵达目标地，英国第1伞兵师的伞兵们不得不走上十公里才到达了莱茵河。

六、只使用有限的几条公路（比利时边境–安恒）被事实证明是非常冒险的。"市场花园"作战在纸面上看起来问题不大，且值得一试，但它过于野心勃勃。战役不是在安恒失败的，那些英勇的伞兵该用什么去对抗那些装备了突击炮、"豹"式坦克、半履带车和"虎"式坦克的党卫军呢？"市场花园"战役是在比利时、荷兰边境的奈梅根失败的，在那里出了问题，而安恒的英国第一伞兵师则为此付出了代价。

在整个"市场花园"行动中，巴斯通是著名的战场，但是战斗最激烈、盟军损失最惨重、德军抵抗最顽强的战场却是在皮尔地区，那里战斗的激烈残酷程度可以和德国伞兵在卡西诺峰的抵抗相媲美。

大部分盟军老兵都希望忘掉那场噩梦般的战斗，那里没有光荣的胜利，只有潮湿、冰冷、肮脏和血腥。在皮尔地区的战斗中没有巴斯通般的荣耀，德军打的比盟军好得多，而只有德军决定撤退时盟军才能推进成功，那也是为什么皮尔的战斗在英美的"二战"历史上很少被提到的原因之一。

"市场花园"行动有着极为恐怖的伤亡数字，参加这次行动的空降兵中，超过17000名盟军士兵被杀、失踪或者受伤，德国人则损失了大约8000名士兵。虽然"市场花园"行动没有能提前结束欧洲的战争，当然，为通往阿纳姆的道路而战斗的士兵却没有白白牺牲，进入德国的跳板已经拿下，这为最后的胜利作了铺垫。

而且瓦尔特战斗群受到了背后盟军的威胁，再也无力对"地狱公路"发动进攻。但是盟军最终没有能够恢复走廊。幸运的是晚上德军撤退了，他们害怕被包围，九月二十六日早晨盟军发现德军已经走了，尽管他们没有受到打击。不管怎么样，走廊再次畅通了，不过对于"市场花园"战役来说已经太晚了。

九月二十四日菲豪的德军所进行的进攻就意味着战役的彻底失败。安恒和奈梅根伞兵需要的增援和物资都阻滞在了艾德霍芬，蒙哥马利的"市场花园"作战失败了，尽管他自称战役的90%都是成功的，但是剩下的那个10%是致命的！所以他是100%的失败了。盟军总共损失了一万七千人，超过一百辆坦克、二百六十架飞机被击毁，另外一千四百架飞机严重损坏。德军则损失了九千人和一百辆各型车辆（包括坦克）。

No.6　一将功成万骨枯

美军第101空降师在费赫尔地区空降后，当天就夺取了附近南威廉斯运河大桥并攻占宗镇，18日与地面先头部队会合，又攻占了艾恩德霍芬。而两支空降部队伤亡了3542人，才与地面部队会师。由于战线拖长，装甲部队前进停滞，盟军的供给不得不一减再减。101空降师和82师在前线撑了两个多月，没能抽调回来，他们在10天的"市场"作战中伤亡近万人。

9月27日，在经过10天的苦战后，盟军不得不承认"市场花园"行动彻底失败。在此次作战行动中，德军仅伤亡3300人，而盟军则损失1.7万多人。其中，美第82空降师伤亡3400人，第101空降师伤亡3800人。而突击在最前方、负责夺取阿纳姆大桥的英国第1空降师和波兰伞兵旅在得不到任何援助的情况下，损失更为惨重。

波兰伞兵旅1000名空降人员中伤亡近700名。英国第1空降师伤亡与被俘人员近7000人，只有不到2000人从德军坦克的包围下突围成功。该师一位战地指挥官面对那座他们永远也未能到达的阿纳姆大桥哀叹道："那座桥对我们来说真的太遥远了！"

此战结束后，美军第101空降师和第82空降师在"二战"中都再未进行过空降作战。"市场花园"行动也因此成为"二战"中美军精英空降部队大规模空降行动的绝唱。

　　"市场花园"行动中，德军之所以取胜并且给盟军造成重大损失，一方面是因为德军反应迅速，战斗素质高，另一方面，则是盟军的战前情报收集与战场指挥不力，后勤供给杂乱，如当英国的"红魔"部队（英军第1伞兵师）急需弹药与重型反坦克武器时，空军空投机队冒着防空火力拼死空投在空投区的竟然是军帽？武器弹药与给养大部分都错误地空投到德军阵地，单凭这一点，德军取胜也在常理之中！

　　也是因为这场战役，让人们对蒙哥马利的指挥能力产生怀疑！如此大规模的空降行动，盟军空投机群竟然将空投地点搞错！实际空投区与预设空投区竟然相去甚远！情报收集也是如此，在战役发起时，盟军最高统帅部竟然对德军的兵力部署没有做到进一步核实就发起进攻，以至众多士兵在空中就遭到武装精良的党卫军的火力杀伤，能安全着陆的士兵也因为德军的猛烈火力而无法集结，只能单兵防御，根本就谈不上反击，更别说是完成战斗任务！就算能结集起来的连队，在不满员、缺少武器的情况下贸然向敌目标区挺进，结果等到最后只能是投降或战死！

　　此外，盟军间的战斗支援不力也注定了此次将面临失败，步兵苦苦等待的坦克部队迟迟

▼ 登上飞机执行任务的盟军空降兵，殊不知他们将遭受到欧洲战场上最大的失败。

没到达指定战位，以至于盟军士兵在缺少装甲掩护的情况下，与机械化的德军进行战斗，打到最后，只能全连全营地被德军俘虏！

此战历时 9 天，盟军付出惨重的代价后，在宽 200 公里的正面上向纵深推进了 45 ～ 90 公里。但德军重新夺回阿纳姆的控制权，因而使此次作战没有达到最终的目的。阿纳姆的桥梁被称为"远方的大桥（A Bridge Too Far）"。对此人们应该相信一点，战争中——永远没有英雄

英国人奋力争夺这座珍贵的阿纳姆桥，却并没有在战争中遗留下来。为了稳定莱茵河以南的战线，美国陆军航空队第 344 轰炸机中队的 B-26 "掠夺者"式轰炸机在 1944 年 10 月 7 日炸毁了这座桥梁以阻止德军使用。它在 1948 年为另一条外观类似的桥梁所取代，并在 1977 年 12 月 17 日被更名为约翰·弗罗斯特桥。

"二战"之后，有一系列的纪念碑在阿纳姆地区落成。靠近阿纳姆的一个纪念碑文上写道："对于海尔德兰的居民：50 年前，英国和波兰空降部队士兵在这里进行极端不利的战斗以打通进入德国的道路和使战争早日结束。虽然为我们带来了死亡和毁灭，但我们从来没有埋怨他们。这个石碑标志着我们钦佩你们的勇气，特别是妇女记住照料我们的伤员。在之后漫长的冬季，你们的家人冒着死亡隐藏盟军士兵和空军官兵，而抵抗组织成员引领获得安全。"

1994 年 9 月 16 日，第 101 空降师的老兵在圣乌登罗德建立"荷兰纪念碑"。纪念碑是退伍军人对居民的一份礼物，因他们曾与美军并肩作战。纪念碑上写道："第 101 空降师的退伍军人献给人民的走廊，对他们的勇气、同情和友谊表示赞赏和感谢"。

2006 年 5 月 31 日，波兰第 1 独立空降旅被荷兰贝娅特丽克丝女王授予威廉军事奖章以嘉许他们于 1944 年"市场花园"行动期间在阿纳姆的英勇。而美军第 82 空降师在此前的 1945 年 10 月 8 日亦被授予同一奖章以嘉许他们于该行动中的英勇作战。

第八章

阿登反击战

　　盟军在西线不断推进，一步步蚕食着德国纳粹的生存空间。
欧洲大陆的战争天平完全倒向了盟军。狡猾的希特勒梦想策划
一次反攻，以遏制盟军的前进步伐，乃至将盟军赶回英国。纳
粹的狗急跳墙式的反扑不可小视。德军选在阿登山区进行反攻。
战争初期，德军在阿登山区奇袭法国获得成功，这次，他们梦
想重复当年的辉煌。德军将如何躲过盟军的监视，使其出其不
意地发动进攻？盟军又将如何在德军的突袭后发动反攻，使希
特勒失去最后的希望？

No.1　希特勒的反攻

　　1944 年，盟军在诺曼底登陆战中取得了辉煌的胜利，从而开辟了欧洲第二战场，让德军陷入了东西线被动作战的局面，加速了德国法西斯的灭亡。在诺曼底登陆战后，上百万的盟军涌入了欧洲大陆，对德国法西斯开始了最后的决战，相继收复了被德军占领的法国大部分区域，控制了西线战场的战争主动权，并解放了法国巴黎。

　　盟军在西线的节节胜利，也让东线战场的苏军倍受鼓舞，对德国法西斯进行最后的决战。直到 1944 年，苏军已经收复了德军占领的全部苏联领土，并攻入波兰，陆陆续续地解放了所有的东欧国家。

　　1944 年深秋，战争从东西南三面向德国本土逼近，西线的盟军已经逼近德国西部边境，而苏军也已经进攻到了德国的东部边境，德国法西斯的彻底失败看起来已经为时不远。但是，盟军虽然已经进攻到德国的西部边境，但是却多次进攻德军齐格菲防线受阻。在此情况下，德军在西线还算是勉强可以抵抗得住盟军的进攻。

　　时间一转眼到了 1944 年的冬季，虽然在市场花园行动结束以后，盟军已经从东西南三面挺进到第三帝国的边界，但是冬季极大地拖延了盟军的进攻速度。当年的冬天让德国没有能拿下莫斯科，而 1944 年的冬季却对德国来说是救命稻草。盟军在安特卫普港的修复完成后补给还没有完全解决。这时，德军的防线较短，比较利于防御作战。

　　在这种情况下，希特勒觉得这是一个反攻作战的好时机，可以利用冬季来临盟军减缓进攻速度的时间，发动一场大规模的反攻，就像苏联红军利用冬天进行反攻那样。希特勒决心发动一场大规模战役，在阿登地区美军防守较为薄弱的防线上进行反攻，企图重占比利时的列日和安特卫普，切断美、英军补给线，围歼其主力，从而迫使英美与德国单独媾和。

　　其实，早在 1944 年 8 月，希特勒就已经要求德军至少准备 25 个师，计划在西线向盟军发起反攻。希特勒坚信只要在漫长的前线对盟军几处弱点地区展开大规模行动，就可以打破西线的僵局，分割美军，全歼盟军在此的力量。

　　希特勒极为重视这个作战计划，认为这是德军唯一获得翻身的机会，他甚至开始幻想一旦在西线击败盟军，就可以迫使对方和谈以保障德国本土，最终发展到击败苏联。当时的瓦尔特·莫德尔和伦德施泰特两位元帅则主张小规模解决方案，也就是在亚琛方面夹击美军。但是希特勒错误估计了形势，坚持认为要在阿登地区分割美军，消灭盟军的 4 个集团军，然后将兵力调到东线。伦德施泰特元帅虽然不敢反对希特勒的计划，但是也表示如果德军在阿登地区展开大规模反攻，能打到莫兹河就已经不错了，显然他对计划能否成功抱有怀疑。

▲ 阿登反击战中的德国党卫军士兵。

　　但是所有人都知道希特勒的性情，他决定了的事情，任何人游说也没有用。当年在东线要不是希特勒一意孤行，德军也不会落了个惨败的局面。但是没有办法，希特勒是德国的最高元首，军人只能以服从命令为天职。

　　于是希特勒决定在阿登地区发动一场大规模反攻，把盟军赶下海去，让他们再来一次敦刻尔克式的大撤退，然后再转过头来集中兵力对付东线的苏联红军，进而实现战争的大逆转，重新夺取战争的主动权。因此他倾注了自己几乎所有的家当，比如把当时刚生产完的"虎"式和"豹"式坦克都用来装备反攻部队，他还秘密从东线调走了一些精英部队，准备对盟军发动一场"毁灭性打击"的战役。

　　这次反攻作战计划，德军将其命名为"守望莱茵河"作战计划，作战计划由希特勒亲自设计。为此，从 1943 年 9 月底，希特勒就和他的最高统帅部十分秘密地着手制订西线最大的阵地反击战——阿登反击战计划。该计划的主要内容是：集中优势兵力，迅速突破盟军防线，强渡马斯河，夺取盟军的主要补给港口安特卫普，把盟军一分为二，并制造第二个"敦刻尔克"，然后再转过头来对付苏联。

当伦德施泰特获悉了阿登作战计划的全部内容时，对希特勒野心勃勃的计划大吃一惊，他虽然努力地想说服希特勒改变作战计划，但在劝说无效后也不敢再多言。阿登作战计划由希特勒一人掌握，包括每一个细节甚至炮轰时间都是希特勒在大本营制订的，所有的作战计划必须由希特勒过目。

11 月 3 日，希特勒派特使约德尔上将赶到设在西线克雷菲尔松树林的 B 集团军司令部，将"守望莱茵河"的详细作战计划交给伦德施泰特和莫德尔，在作战计划书上面，希特勒亲笔警告："不得更改"。

由于希特勒警告作战计划不得更改，阿登战役也许注定将成为了一场失败的战役。希特

◀ 阿登反击战中的德军士兵正在休息。

▶ 阿登反击战中，被盟军俘获的德军士兵。

勒的刚愎自用和独断专行，不听取手下将领的意见，最终导致了阿登作战的最终失败。

No.2　最后的疯狂

此次阿登战役的计划是绝密的，德军的无线电几乎完全静默。虽然盟军破译了德国秘密无线电通信的密码，但是因为德军无线电处于静默状态，而无法获取德军有关的作战计划。但是，也正因为德军的无线电处于静默状态，也让盟军的情报人员怀疑德军可能会采取大规模作战计划。因为在突袭之前，无线电一般都会处于静默状态，这是一般的军事常识。美第3军的情报人员认为德国无线电静默的迹象，表明了德军会在近日对盟军发动进攻。

当然，自从诺曼底登陆战胜利以后，盟军已经被胜利冲昏了头脑，虽然美军的情报人员把德军可能会发动进攻的情报递交到了盟军指挥部，但是盟军将领仍忽视了德军可能会采取突袭的可能性。此外，盟军盲目自信，忙于进攻计划，空中侦察不足，美国第1军相对缺乏

▲ 美军士兵在积雪中操纵轻型高射炮。

战斗经验，这些疏漏都为德军的突击提供了进一步的可乘之机。

从现在看来，德军的在战前动员的做法是对的，他们希望从阿登地区出兵重演 1940 年闪电战的胜利。在准备过程中他们保持着高度的无线电静默，白天在树丛中行进以躲避美军的空中威胁，神不知鬼不觉地开始了阿登反击战的进攻。

当德军装甲军已经悄悄地把尖刀伸向了盟军的时候，而此时的盟军则非常麻痹，之前一系列的成功让他们自信德军已经无力反击，加上一路的疲惫和大量的新兵补充，他们不断挑战着一般的军事常识。比如美国第 2 步兵师甚至认为这是宁静的地区，遍布在 45 公里的范围上休息，比教科书上绘制的图还大三倍。虽然盟军之中有少数人意识到了危险性，认为盟军太过于懈怠，很可能会让德军乘虚而入，但是在盟军集体放松警惕的时候，一些人的担心和顾虑并没有受到指挥官的重视。

而相比于盟军的懒散懈怠，德军为了实施这一计划，做了很多细致的准备。1943 年秋天，德国政府发布了关于建立"人民近卫军"的命令，应征年龄从 16 岁到 60 岁，很快招募了大批新兵，在经过 6 至 8 周的短期训练后，调往西线，补充入攻击部队。同时，希特勒从东线调来了大批部队，一并参与到西线的作战行动当中。

到 12 月初，经过不断的兵力调遣，阿登地区的德军前线兵力已经达到了 30 万人，并建立了拥有 4 个党卫军装甲师的第 6 装甲军，由党卫军上将迪特里希指挥。由于希特勒大量地从东线调动人员，使得东线极其空虚，连古德里安也不断向希特勒抱怨兵力不足。

古德里安担心，德军将大量的兵力投入到西线，是一个很冒险的决定。因为如果西线反攻遭受失败，那么苏联红军就会趁着德军东线防守的空虚，对德国东部边境发动毁灭性打击，对于整个东线战局来说将是彻底的崩溃，会让苏联红军迅速打到柏林。但是古德里安的担心无济于事，希特勒已经下定决心开始这场赌博。

不过，智者千虑必有一失，阿登作战计划看似合理，但却忽略了几点。它是建立在盟军遇到袭击之后不能完全反应过来，并且在很长时间内处于混乱状态，无力发动反击的状态下才可以胜利地被实施。

可是当时的盟军机械化部队越来越占主体地位，而且在盟军不断的空袭下，德军几乎已经丧失了西线战场的制空权，而盟军却掌握了绝对的空中优势。同时经过西线的不断战斗，盟军普通士兵的战斗素质也大为提升，这是普遍缺乏训练的德军新兵所不能比较的。此外，计划规定德军必须攻占盟军沿途的燃料补给站，但是德军对这个任务好像不够重视，所以种下了以后失败的苦果。阿登反击从头到尾，德军从来都没有完整地从盟军手中夺到过一个燃料补给站，造成了后期的燃料短缺，致使无法继续向马斯河进攻，从而造成了阿登反击战的彻底失败。

不过优秀的保密工作使德军在初期取得了胜利，达到了突然袭击的后果。大量德军在夜间调动，并且利用各种手段掩盖噪音，而且还使用了各种手段伪装部队的行踪。作战代号一改再改，而且这一计划一开始只有十几个部分高级将领知道，其他士兵只是知道短时间内会反击，但不知道是在哪里。这些措施，有效地保证了阿登作战计划的绝密性。

时间就是生命！这句话既是闪击战的精髓，也蕴涵了德国闪击战的弱点之在。因为一旦时间被拖延和浪费，那么德军的闪电战就会彻底破产。很明显，经过一两年血的教训，盟军认识到了这一点，但德军却没有看到自己的弱点。所以这不仅是阿登反击战的失败原因，还是许多战役中德军先赢后输的主要原因之一。

▲ 盟军飞机正在轰炸德国目标

▲ 美军士兵在靠近前线的道路旁稍作休息

▲ 美军士兵挤在前线附近的散兵坑中

No.3 "格赖夫"计划

当希特勒调集了30万军队赶往西线的时候，而面对着西线的盟军军队，希特勒却又犹豫了起来。因为这时，在西线的盟军兵力达到了300万，德军和盟军兵力比例为1:10，同时盟军的飞机坦克和大炮也对德军占压倒性优势。

希特勒知道，所谓的阿登反击战明显是一场军事赌博，为了弥补进攻兵力的不足，希特勒决定使用欺诈战术，所以，他亲自召见36岁的党卫队上校斯科尔兹内。斯科尔兹内是德军特种作战的首创者，擅长冒险，曾使用滑翔机从一个山顶监狱搭救出意大利独裁者墨索里尼。希特勒见到斯科尔兹内后，告诉他需要组织一支突击队，先于主攻部队潜入敌后，抢占马斯河桥梁，并设法扰乱盟军后方，保证德军主力实现阿登地区的突破。

这个计划被定名为"格赖夫"作战计划。"格赖夫"一词在德语中指神话中那种鹰头狮身长有翅膀的怪兽，如果就它在盟军中造成的巨大而惊人的混乱而言，这个名字取得十分恰当。

随后，德军最高统帅部招募军队中的志愿者参加一项秘密行动，要求报名者会讲英语。在招募来的2500名志愿者中，500人来自党卫军，800人来自空军，1200人来自陆军。但最令斯科尔兹内难受的是，他发现这些志愿者中只有约400人会讲小学生式的英语，只有10人能够讲流利的美国俚语。"其余的英语水平大都只是会讲'Yes'和'OK'，"斯科尔兹

▲ 阿登反击战期间，两位美军士兵趁着战斗结束正在休息。

内在回忆录中写道，"他们根本不可能欺骗美国人，甚至连聋子也骗不了。"单兵装备同样短缺，尽管德国战俘管理局局长接到命令为150装甲旅提供美军战俘的制服，但到11月中旬，150旅仍缺少1500个美式头盔，许多士兵只领到了夏季的美军制服，而且上边还带着战俘标志。

于是，志愿者们首先被集中于一个地方进行封闭式强化训练，首先强化英语口语，有的还被送到战俘营练习英语水平。他们还要学习美军士兵的一些习惯，甚至说粗口时的腔调，嚼口香糖的动作，吊儿郎当的懒散站立姿势等。最后一项任务最难训练，因为德国士兵在和上级说话时往往不自觉地并拢脚跟立正聆听，而美军中上下级关系很散漫，这种德国习惯很可能会要了他们的命。此外这些人还要学习驾驶美国车辆，使用美制武器等。训练的内容极其机密，据法国历史学家说，有一位参加训练的士兵因为违反了保密规定，在家信中描述了近况而被枪毙了。斯科尔兹内从经过训练后的志愿者中挑出44名英语最流利的士兵，组成一支特殊突击队，作为第150旅主要部队的先头部队。

于是德军发动阿登攻势的前夕，这支操英语，穿美军服装，挎美式卡宾枪，乘美式吉普和美制"斯图亚特"坦克的突击队，趁夜晚偷越美军防线，插入了美军后方。这支"伪美军"散成了无数个小分队，在美军防区大摇大摆地活动。

就是这支军队，干了不少令盟军头疼的事情。他们割断电话线，捕捉美国传令兵，把表示雷区的红色标记移到没有地雷的安全路段，还倒转路标把盟军援兵和补给车队引上歧途。他们还打乱了盟军的后勤，让盟军的后勤部队陷入混乱，大到军火物资，小到鸡毛蒜皮的供应餐，经常弄得一支盟军部队中午每人两份饭，而另一支盟军部队则看不到午饭的影子。同时还抢占重要桥梁渡口，接应德军主攻部队。

No.4　斗智斗勇

由于德军"格赖夫"突击队的疯狂活动，美军后方乱成一团。装甲部队按标记小心翼翼地绕过假雷区，却闯入了没有任何标记的真雷区；运送燃料弹药的车队根据值勤人员的指挥行进，却发现正好落入德军装甲部队的口袋阵中，因为在路口指挥车辆的是操英语，穿美军制服的党卫军。著名的美军101空降师奉命由迪南启程，前往巴斯托尼解围，却陷入德军摆下的路标迷魂阵中，以至南辕北辙，贻误戎机。而德军主力，则趁美军混乱之机，一举实现突破。德国坦克群迅速冲过"格赖夫"突击队抢占的各重要桥梁要隘，向纵深发展。在格赖夫突击队配合下，阿登境内的德军在几天之内，就撕开美军防线，向西突进近100公里。盟军300万大军，面对区区30万德军，一时竟也束手无策。

▲ 两名美军士兵快速跑过已经成为废墟的建筑物，这是在最近的战斗中被摧毁的。

▶ 受伤的德国俘虏躺在临时铺就的床上，他是在夺取美军燃料库的战斗中被俘的。

美军被这少数德国兵的活动扰得惊恐不安。因为他们造成一种印象，好像不知道有多少这种单位在美军后方活动。混乱局面持续了几天，美军总部才弄清造成混乱的真正原因。因为一支美国侦察车队在前线截住了一名德军传令官，从其公文包里搜出一份标有"格赖夫"行动计划的绝密文件，从中了解到美军混乱皆由斯科尔兹纳上校及其指挥的几千名德军突击队员所造成。美军总部根据缴获文件，下令组织力量，消灭"格赖夫"突击队，但这引起了百万盟军更严重的混乱。

根据缴获的德军"格赖夫"行动计划文件和俘虏供词，德军"格赖夫"行动计划的另一个内容是相机刺杀美军高级司令官，尤其是刺杀艾森豪威尔将军。这引起了盟军司令部和各级保安部门的恐慌。盟军各级司令部因而大大加强安全警卫措施，对陌生人进出严加盘查，对高级司令官外出严加保护。艾森豪威尔将军住宅四周，更是岗哨林立，如临大敌，房顶上架满机关枪，人员外出受严格限制，如非外出不可，也必定是前呼后拥，一长列警卫车队随行，严密保护。

美国一直以移民国度著称，在美国的德裔人口仅次于英裔人口，所以很多美国人带有日耳曼人血统。从外貌看，德国兵和美国兵一样，凹眼高鼻，身健腿长，泛红的皮肤上生长一层白毛，因而很难加以区别他们。要在百万穿美军制服，操英语的美军中，搜出几千名假美国兵，那无异于大海捞针。

　　结果，为了搜索这些德军小分队，美军到处拦截车辆实施检查，驻守在几百公里战线上的百万美军也相互盘查，弄得美军后方人人自危，同时，又像一场大规模军中游戏。每一个过路者，不论经过哪一个岔路口或哨位，即使穿戴整齐，出示过完整的军阶、证件，也免不了要遭到各种盘问。

　　美军当时盘问的内容很多，大都是关于美国历史的。比如说，美国第几任总统是谁？美国的面积有多大？伊利诺伊州的首府所在地？但是他们没有想到，德军这支小分队训练期间，曾专门学习过美国的地理历史知识。所以盟军当时用的这种办法，不但一个德军小分队都没抓到，倒是误抓了不少历史地理不及格而回答错误的士兵。

　　甚至连威名远扬的美军第12集团军群总司令布莱德雷将军也在一天之内受到美军岗哨的三次严格盘查，将军遇到的问题是伊利诺斯州的首府所在地。虽然布莱德雷将军答对了问题，但是士兵却因为不知道伊利诺斯州的首府，以为布莱德雷回答错误，便要对布莱德雷实

▲ 难民们带着他们的随身财物，正在逃离阿登战区。

▲ 1944 年，德党卫军指挥官霍夫曼（左）在阿登地区。

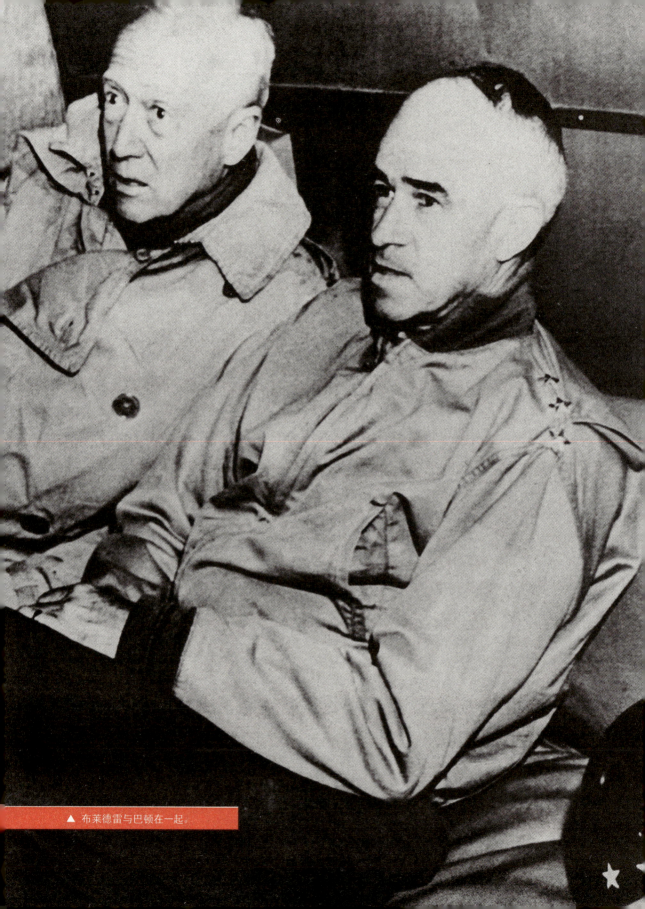

▲ 布莱德雷与巴顿在一起。

施隔离审查。眼见要被哨兵隔离审查，幸好有几个过路士兵认出了他是集团军群总司令，他才没有受到进一步刁难。在这同一天，全线有不少名美军官兵因不能正确地回答关于美国历史地理的各种问题而被临时拘捕，其中不乏身负紧急使命的高级军官。经过仔细审查，几百名被拘官兵没有一个是德国突击队员。

就在这时候，盟军改变策略，将盘问内容从美国历史变成了关于美国娱乐和体育方面的问题，比如美式橄榄球的规则，一个美国女影星三任丈夫的名字。命令一下达，竟然收货奇效，很快就抓住了德军这支小分队的全部成员。原来德军这支小分队只顾着学习美国历史地理知识，却不知道美国娱乐和体育的任何消息，而美军士兵在业余闲暇，通常通过娱乐和体育消遣。这样一来，这支德军小分队很快就落网了。

德军"格赖夫"突击队给百万美军造成的混乱持续了半个月之久。而美军混乱正是阿登战役德军在进攻初期取得一系列成功的基本条件之一。但盟军已在各条战线上占据绝对优势，德军失败只是时间迟早问题。希特勒不可能凭借几千名突击队员给美军制造永久混乱，更不能凭借其扭转战局。德军阿登攻势仅持续半个月，就失去原先猛烈的进攻势头。盟军在肃清了混入美军后方的"格赖夫"突击队后，一下子便转入了反攻。

No.5　血腥阿登

1944年12月16日，"二战"结束前西线最后也是最大规模的战役"阿登战役"爆发。只不过，这次发动攻击的是一直节节败退的德国人。"我们从来没有看到过这样的景致"，一名德国奥宁堡部队的士兵后来回忆说。他们以为能够重现4年前席卷英法军队的情景，然而面临的最终结果，却是西线盟军踏上了直捣柏林之路。

12月16日拂晓时分，德军兵分三路对阿登地区的盟军发动了突然出击。德军密集的大炮对几乎所有的美军阵地猛轰，蜷缩在睡袋中的美军士兵从睡梦中惊醒，连滚带爬地钻入掩体，惊恐中不知发生了什么事。紧随着炮火，几百架探照灯又罩住了美军阵地，耀眼的强光刺得美军士兵眼花缭乱。在混乱中，德军突击部队在坦克的掩护下向美军阵地发起了猛烈攻击，美军阵脚大乱，狼狈溃逃。当时美国战地记者英格索尔描述道："德军突破我军防线达80公里，他们涌向突破口，就像洪水冲进被炸开的堤坝一样。而美国人则沿所有道路向西拼命逃跑。"

刚开始德军的进攻很顺利，因为盟军在阿登地区部署的军队是一些战斗力偏弱的军队，而且总共只有三个师，再加上德军的出其不意，战斗一开始德军迅猛地冲破了美军的防线，让美军遭受了巨大损失。

直到 17 日早上，盟军最高指挥部的司令官们才承认了德军全面进攻已经开始。艾森豪威尔急调第 82 和第 101 空降师火速赶往前线进行增援，以阻止德军西进。加文将军指挥的美第 82 空降师被派往圣维特防线，而麦考利夫将军指挥的美 101 伞兵师则驰援巴斯托克。19 日，艾森豪威尔在凡尔登召开了高级将领的会议，以商讨作战对策。在会议上，盟军决定采取南攻北守的方针。

而到了 17 日时，德军已经成功地用一个钳形攻势包围了美军第 106 师的两个团，并且迫使美军 7000 人以上投降，这是美军在欧洲战场上遭到的最严重的失败。

盟军这时开始了应对德军反攻的救火计划。巴顿的美第 3 集团军北上攻击德军，德弗斯的美第 6 集团军向北靠拢保护巴顿的右翼，霍奇斯的美第 1 集团军防守从北面和南面突入阿登地区的德军，扼住西去的咽喉要道，坚守阵地，并准备由北向南反攻，与巴顿的美第 3 集团军合围德军。

12 月 22 日，巴顿率领美第 3 集团军从南面发起了攻击。与此同时，德军也在当天要求被围在巴斯托克的美军投降，但只得到麦考利夫否定的回答："Nuts（神经病）！"。这句话把希特勒气疯了，于是当天德军向巴斯托克发动了猛烈进攻，但是进展很缓慢，直到圣诞节也未能拿下这个重镇。麦考利夫这个美国俚语含意颇深，从此在"二战"史上传为美谈。不得不佩服在这种紧要关头上还没忘了幽默感。此电文在盟军中广为流传，很大程度上鼓舞了军心。"二战"后还载入了吉尼斯世界纪录（世界短信之最，只有一个单词）。

12 月 25 日，德军集团军突破了盟军战线，并向纵深推进 90 多公里。其先头坦克部队已距马斯河只有 4 公里。美英军指挥部为加强阿登地区的军队采取了坚决措施，从战场其他地段向这里调来了若干个师。双方经过了一番血战，德军向马斯河的进攻已被阻止。但法西斯德军指挥部并没有放弃自己的计划，德军强渡马斯河的希望落空后，希特勒又决定在阿登山脉以南实施新的突击，夺回阿尔萨斯。

1945 年 1 月 1 日，德军出动 900 多架飞机对盟军在比利时和法国北部的机场进行了几个月以来最猛烈的轰炸。接着，德军地面部队突破了马奇诺防线，向阿尔萨斯北部发起了进攻。不过在 3 日，盟军便转入了反攻，德军在这一天对阿尔萨斯发动了最猛烈的攻势，从而展开了阿登战役中最激烈的战斗。双方血战了 5 天，德军损失惨重，但被迫退却，最终德军仍未能拿下这个城市。

　　1945 年 1 月 6 日，丘吉尔向斯大林求援。为了支援西线盟友，苏联红军比原定日期提前 8 天于 1 月 12 日在东线发起了维斯瓦河 – 奥得河战役。由于苏军的进攻，希特勒被迫减少西线的行动，把准备派往阿登地区的后备兵力的 6 个装甲师又调往东线。这使得德军再也无力在阿登地区继续维持进攻了。

　　1945 年 1 月 8 日，希特勒终于下令德军撤退。1 月 12 日，在德军抽出兵力对付东线苏联红军后，盟军迅速乘机推进。1 月 16 日，霍奇斯的美第 1 集团军和巴顿的美第 3 集团军胜利会师，1945 年 1 月 28 日，在盟军的一路追杀下，德军被全部赶回了阿登战役发起前的位置。

　　在丘吉尔的著作《二战回忆录》中，他表示，当时他对德军的判断是一场"我们明知危险而又甘冒这种危险"。但他也不得不承认，对于德军的进攻还是缺乏关注。而此时统领英国军队的蒙哥马利则更乐观："目前敌军在所有战线上都在打防御战；他们的处境已不可能使他们发动大规模的进攻战了。"

▲ 在与美军 101 空降师的战斗中阵亡的德军士兵。

◀阿登战役中，躲在积雪的战壕里的
美军士兵。

　　尽管后来丘吉尔为英军在此役中无所作为进行辩解，但他无法不盛赞美军在阿登战役中
的英勇。"毫无疑问，这是美国人在战争中最伟大的一役，并且我相信，这将被认为是美国
人永垂不朽的胜利。"

No.6　德国"鹰"伞兵

　　在阿登反击战中，不得不提到当时德国的"鹰"伞兵部队。阿登战役中，为了配合德军
大部队的行动，德军统帅部使用了伞兵部队，空降到美军后方占据一个桥头堡，来切断美军
地面交通、阻击其增援部队、接应正面进攻的德军大部队。此次行动代号为"鹰"，这将是
德军在"二战"中进行的最后一次空降作战。

　　在"二战"初期，德国伞兵从天而降，曾出其不意地发动了多次奇袭，在丹麦和挪威谱写了历史上第一次大规模空降作战的篇章。当时德国伞兵空降之后，攻占了所有的荷兰机场，为德军迅速占领荷兰提供了保证。这些空降作战为德军"闪电战"的胜利提供了重要保障。不过在"二战"中后期，由于伞兵空降作战伤亡过大，希特勒为此禁止了空降作战，德国伞兵也被编入普通步兵部队投入到了地面战斗当中去。因此，海特上校在接到这次久违的空降任务后心中十分激动，他将"鹰"行动视为重振德国伞兵威望的荣誉之战。

海特上校立即着手组建一支 1200 人的伞兵突击队，不过因为连年的征战使有空降经验的老兵损失殆尽，他只得在其他空降军中东拼西凑，才招集齐了 1200 个伞兵突击队员。但招集的伞兵大都是刚刚经过训练的新兵，再加上正值冬季，阿登山区的恶劣天气和夜间空降的难度较大，以及运输机驾驶员经验不足，使得准确进行空降成为一大难题。为此，海特上校想出了一个办法，就是让德军轰炸机投下燃烧弹在伞兵的空降地区，指示给伞兵空降的位置。为了让运输机不偏离航线，他命令从出发机场到空降地区，一路上由地面探照灯指示航线，没有探照灯的地方用高射炮发射曳光弹加以指示；伞兵空降时由运输机投放照明弹，确保伞兵准确着陆。

当第一批运输伞兵突击队的飞机起飞后，在地面探照灯和高射炮的引导下，空降伞兵平稳着陆在了空降区域。但在第一批运输机过后，地面上的德军以为已经结束，于是把沿线的探照灯全部关闭，高射炮也停止了发射曳光弹。这导致了其后的几批运输机因为失去引导而偏离航线，其中部分飞至盟军高射炮防区上空，遭遇密集炮火拦截，被击落 10 架。其余运输机队形散乱，加上阿登上空的风速超过每秒 6 米，大约 200 名德国伞兵在着陆后发现自己身处空降区域的 50 公里以外，而最终成功到达目标地的伞兵突击队员只有 450 人。

这时，第一批执行空降任务的海特上校和伞兵突击队员已经准确降落到了巴拉格米奇尔，由于人数太少，海特上校命令部队隐蔽进树林，等待其他伞兵前来。这天夜里，其余 300 人终于先后赶到，但所有的通信兵和无线电台都在后续的空降时不知去向。在无法同指挥部取得联系的情况下，海特上校仍然决定，即使只有四百人，也要完成任务，攻下原定目标。于是，400 多名德国伞兵在海特上校的指挥下，用 FG-42 伞兵步枪和 MP-40 冲锋枪杀入了巴拉格米奇尔公路交叉点附近的美军驻地，将对方打了个措手不及。

虽然到 18 日晨，巴拉格米奇尔公路交叉点已经完全处在德国伞兵的控制之中。但是巧合的是被袭击的是美军第 101 空降师的一个连，其中有 40 多人被德军俘虏，而战斗中同样有不少德国伞兵受伤，由于没有任何药品，他们生命垂危。为了给这些伤员一线生机，海特上校叫来了被俘的美军，要求他们将德军伤员带回美军阵地并给予治疗。

　　作为交换条件，海特上校释放了投降的美军战俘。在释放美军战俘时，海特特意给美军第101空降师师长泰勒将军写了一封信。信中写道："阁下曾与我指挥部队在诺曼底的卡朗坦地区交过手，从那时起我便得知您是一位勇敢、豪爽的将军。现在我把抓到的贵军战俘全部奉还，同时还将我们的伤员交给您。如果您能给予他们急需的治疗，我将不胜感激！"

　　当这些被释放的美军战俘护送着德国受伤伞兵返回美军阵地时，泰勒将军本着人道主义精神和德军的信任，果然妥善安置了那些德军伤员，即使是处于德军重兵包围的危急关头，美军第101空降师的医护所依旧为他们提供了细心的医护。

　　不过海特上校的心里十分清楚，在放回美军战俘的同时，必然会招来美军的大举反攻，他命令部下立即在美军驻地和公路两侧的树林中布防。几小时后，赶往增援巴斯托尼的美军第101空降师部队向海特上校他们发起了进攻。于是，在阿登战役初期德军大举进攻时，在主战场以外的巴拉格米奇尔，一支德国伞兵部队却面临着数倍于己的美军的进攻。由于此处是通往巴斯托尼的必经之路，美军的攻势相当凶猛。公路两侧的地区几经易手，遍地是双方阵亡官兵的尸体。战斗进行到19日，海特上校身边只剩下不到200人，而且弹药和口粮即将耗尽。正面进攻的党卫军第6装甲集团军援军也仍未赶到，海特上校预感到这次由元首下

◀阿登战役期间，撤退中的美军医疗运输队在挖掘一名美军医疗兵的尸体，他是被德军轰炸而引起的塌方所掩埋的。

令发动的反击前景渺茫。

在弹尽粮绝的情况下，海特上校被迫作出决定，主动放弃巴拉格米奇尔公路交叉点，将剩余的部下分散转移，向东撤回 13 公里外的德军防线。然而，许多德国伞兵在转移途中迷失方向，先后被美军歼灭或俘虏。

在美军的追击下，与海特上校随行的伞兵突击队员们纷纷中弹而亡，只剩下受伤的海特上校独自一人逃进了一个小镇，躲在一所民宅内。于是美军开始在小镇内大举搜查，毫无抵抗能力的海特上校把自己的银质伞兵突击奖章送给了镇里的一个小男孩，让他给美军带口信说自己准备投降。当天中午，美军前来将海特上校带走。

至此，"二战"德国伞兵的最后一次空降作战"鹰"行动以彻底失败而告终。1 个月后，德军在阿登的反击被盟军击退，德军所有的进攻部队全部都被赶回到反击前的出发阵地上。欧洲的上空此后再也没有出现过曾经所向无敌的德国伞兵。阿登战役中的"鹰"行动成为纳粹德国伞兵的绝唱，只剩下鹰徽标志向人们表述着德国伞兵拥有过的荣耀，以及他们曾经作战过的地方。

No.7　胜败已定

阿登战役是欧洲西线战场最大的一次阵地反击战，有 60 多万名德军、近 65 万名盟军参战。美军伤 81000 人，亡 19000 人，英军伤 1400 人，亡 200 人，德军则有超过 10 万人伤亡、被俘或失踪。阿登战役之后，希特勒再无后备力量可以补充，德军在西线再也无力阻挡盟军的推进了。

纵观整个阿登战役可以发现，美军伤亡主要集中在战役的前三天，美军第 106 步兵师三个团中有两个被迫投降。这时因为盟军事先并没有预感到德军将发动大规模的反攻，面对着西线的胜利和德军的步步后撤，胜利的喜悦冲昏了他们的头脑，让他们太过于轻敌，结果导致了阿登战役的前期，盟军遭受到了西线开战以来最大的伤亡。

整体而言，阿登战役是美国在"二战"所经历最血腥的一役，美军阵亡人数达 19000 人，超过此前任何战役。对美国陆军而言，参与阿登战役的美军人数与敌军人数皆超过美国在"二战"前曾经参与的任何冲突。

此战，德军的作战计划虽然设计得很好，只不过如果德军有足够的人力物力做后盾，如果不是东西两线作战，或许能够成功，但是德军没有这些先决条件，所以注定了阿登战役的失败。

◀两位美军士兵一边忙着救助伤兵，一边忙着搬运阵亡将士的尸体。

　　德国在阿登战役中进攻的失败，代表着希特勒妄想在西欧取得决定性军事胜利的冒险企图遭受了破产，意味着他们迫使美英政府拒绝同苏联就彻底打败法西斯德国进行军事政治合作的计谋最终完全落空。

　　同时，阿登战役也是西线作战进程的顶点。在阿登战役的后期，德军的大量兵力兵器被迫调往苏德战场，他们在阿登地域遭受损失以及缺少预备队，所有这一切大大削弱了西线的德军，而导致了美英法军队在阿登进攻战役中获胜。

在阿登战役中，德军损失虽与盟军相当，但是盟军能轻易地补充他们的损失，但德军却不能。而且德军已投入了他们最后的精锐部队，阿登战役使德国消耗了最后的精锐部队，再也没有后备力量可以补充，因而成为在西线德军发动的最后一次进攻。此后，德军在西线再也无力阻挡盟军的进攻了。

阿登战役之后，盟军高级将领们意识到盟军之所以初期会遭遇到失败，有一部分原因是当时的大部分盟军将领只想着如何进攻，没有想到德国的反攻。在整个阿登战役中，虽然盟军一开始遭受到了巨大损失，但是随着德军的兵力出现不足，以及苏军在东线发动的进攻，让德军的阿登反击战成了一次不折不扣的自掘坟墓。后来，随着盟军迅速调集军队，顶住了德军的进攻，最终发动了反攻，使德军最后又回到了出发时的地方，导致了德军的最后失败。

希特勒的战略失误，也是阿登战役失败的根本原因之一。希特勒只顾着把军队调往西线，而忽视了苏军很可能会在东线防守薄弱的时候趁虚而入，对东线的德军防线发动进攻。即使有古德里安的反对，但这并没有让希特勒改变作战计划。可以说，盟军在诺曼底登陆战的胜利极大程度上刺激了希特勒，让希特勒把目光从东线的苏德战场转向了西线，犯了一次又一次的战略失误。而这些失误，也让纳粹德国加速了其灭亡的速度。在阿登战役结束仅仅 4 个月后，苏联红军攻入柏林，宣告了纳粹德国的彻底战败。

▲ 希特勒与手下将领在"鹰巢"大本营。

第九章

攻克柏林

　　美苏盟军的夹击使得德国纳粹彻底崩溃，胜利就在眼前。苏联红军加紧时间攻打德国首都柏林。但疯狂的纳粹还要作殊死的搏斗，由德军最后的一百万左右的军民组成的柏林保卫防线，使苏联红军前进缓慢。红军是如何一步步克服，直到将红旗插到德国帝国大厦的楼顶的？除了德国军队，柏林城的德国民众也着魔似地加入了战斗，血腥的巷战似乎在重演莫斯科巷战，红军将如何面对？更重要的事情，纳粹头目希特勒将如何对待自己的惨败？

No.1　易北河会师

　　1945 年春天，盟军对纳粹德国法西斯的战争已经进行到最后的阶段。英美法三国在西线已经进攻到了德国西部本土，而苏联红军也已经在东线攻打到了德国的东部地区，并占领了德国的大部分领土。

　　1945 年 3 月，美英法等国盟军强渡莱茵河，开始向德国的腹地推进，距离德国首都柏林已经只有一百多公里。4 月，美军在取得鲁尔战役胜利后，以每天 50 到 80 公里的速度进抵易北河畔。4 月 18 日，美军第 9 集团军占领了易北河畔的马格德堡，次日英第 2 集团军进抵易北河畔的劳恩堡，美第 1 集团军占领莱比锡。与此同时，东线的苏军也于 4 月 16 日从奥得河边向西面发动强大的攻势，开始实施攻占柏林的战役。

　　4 月 25 日，美第 1 集团军第 69 师的一支侦察队与一队苏军队伍在柏林南部 120 公里处易北河畔的托尔高地区不期而遇。一开始，双方都以为遇到了德国军队，正准备开始战斗时，却发现对方穿着的并非德军军服。当双方确定了对方是盟友军队的时候，便欢呼雀跃，兴奋极了，互相握手拥抱。这一情形被当时的随军记者拍了下来，成为"二战"中最经典的镜头之一，这就是"二战"中著名的易北河会师。

▲　苏联红军经过近四年的浴血牺牲、艰苦奋斗，终于攻入了法西斯德国的巢穴：柏林。图为大批苏联红军奔赴柏林前线，准备投入攻克柏林的战斗。指路牌上标明"西距柏林 165 公里，东距莫斯科 1535 公里"。

易北河的胜利会师，吹响了德国法西斯灭亡的号角，东西两线并肩作战的两支盟军终于实现了历史性握手，将负隅顽抗的纳粹德国法西斯拦腰截为两段。这激动人心的一幕通过照片迅速传遍整个世界，成为反法西斯战争欧洲战场出现胜利曙光，纳粹德国希特勒政权即将灭亡的最广为人知的象征之一。

易北河会师后，美苏双方开始商定，两军沿易北河及其支流穆尔德河一线会合。易北河的胜利会师，标志着反法西斯德国的东、西两条战线从此相衔接。为庆祝盟军易北河会师，斯大林命令莫斯科鸣放礼炮，并发表《告红军和盟军书》，向红军和盟军致敬。

易北河会师后，盟军开始向德国北部进攻，向纳粹德国最核心的区域——首都柏林开始了反攻。当时德军主力仍旧在集中对付苏军，在苏德战场前线作战的德军共有 214 个师，而当时负责面对美英盟军作战的只有 60 个人员装备不齐的德国师。

当希特勒闻听美苏两国军队已经在德国易北河会师后的消息时，不禁破口大骂，恼羞成怒。此时的希特勒已经清楚地意识到，纳粹德国已经离失败的时间不远了。他知道，此时的纳粹德国已经不可能再扭转乾坤，德国的失败只是一个简单的时间问题。

1945 年 4 月，盟军在意大利战场发动大规模攻势，开始对墨索里尼的傀儡政权萨罗共和国发动进攻，并俘虏了 3 万名德军。墨索里尼的统治已经土崩瓦解，所谓的萨罗共和国政府也宣告解散，其高层领导纷纷逃亡。墨索里尼向希特勒求救，可此时的希特勒"泥菩萨过河自身难保"，所以根本没有精力再去管墨索里尼。

这个时候的希特勒，已经不得不开始考虑自己的后路了。

No.2 兵临城下

相比对西线盟军的猛烈进攻，更让希特勒坐立不安的是东线苏联红军的攻势。因为此时，苏联红军已经打到了柏林市郊，距离柏林已是一步之遥了。柏林每天都会遭受到来自苏联红军飞机的空袭，城内已经是一地瓦砾。

希特勒为了自己的安全，不得不搬到"狼穴"里（希特勒为了避免空袭而修建的一个由巨石和混凝土构成的巨大的地下防御系统）。"狼穴"这个名字听起来有点恐怖的名字，不过既然是住进希特勒这样的人物，那么这个地方也真算是"实至名归"了。对于"狼穴"，希特勒曾经说过这样的评价："在欧洲这是少有的一处，我可以在这里自由自在，安泰从容地工作。"

此时的苏军最高指挥部，开始计划三路进击柏林。以朱可夫元帅指挥的白俄罗斯第1方面军作为最强大的集团和攻击的先头部队突破奥德河东、西两岸防线和附近若干地段，从东面攻击柏林。以科涅夫元帅指挥的乌克兰第1方面军前出到尼斯河东岸的南部直到苏台德山麓，从南面攻击柏林。以罗科索夫斯基元帅指挥的白俄罗斯第2方面军前进到奥德河下游，从北面攻击柏林。

面对着苏联红军大兵压境的局面，希特勒已经知道他不可能再发动一场阿登反击战或者来一次所谓的柏林大反攻，来恢复纳粹德国的胜利。不过，困兽犹斗，希特勒要进行最后一次挣扎，让他的所谓"第三帝国"可以尽量推迟几天灭亡，为此他制订了纳粹德国最后的作战计划——柏林保卫战。

于是希特勒下达了命令，将柏林周边的德军全部撤回了柏林，而这个时候苏联红军已经兵临柏林城下，希特勒决定让德军统帅部撤离柏林，他本人则留下"与柏林共存亡"。他下令军事机关的所有参谋和文职人员都毫无例外地参加战斗，并决定对按兵不动的指挥官要在

▼ 苏军共集中了白俄罗斯第1、第2方面军和乌克兰第1方面军共3个方面军，合270个师和骑兵师、20个坦克军和机械化军、14个空军集团军，共250万人的部队准备柏林战役。图为特勒金中将、朱可夫元帅、马利宁上将和瓦伦丁·瓦伦尼科夫（左起）正在制订柏林战役的作战计划。

5 小时内处决，对退却的官兵不仅要处死，还要在他们的尸体上挂起"逃兵""胆小鬼""他背叛了国家，玷污了德意志民族"的牌子示众。

当苏联红军兵临城下的时候，巧合的是希特勒也即将迎来他的 56 岁生日，不过此时的希特勒根本没有心思过自己的生日。大兵压境，命在旦夕，他没有什么心思去过生日。希特勒的全部精力都已经放在如何有效抵抗苏联红军的进攻的问题上了。

希特勒身边的军官们，不希望希特勒留在柏林，他们请求希特勒离开柏林，不过，这些都被希特勒断然拒绝了。连他的情妇爱娃也劝他离开柏林，希特勒执意留在柏林，所以对于这件事，人们就只能作罢。

后来也有人说，希特勒之所以选择留在柏林，很可能跟他的健康状况有关。因为自从 1943 年开始，德军在前线节节败退的消息就让希特勒愤怒不已，所以他的情绪和身体一直在走下坡路。在当时的情况下，希特勒的身体已经不允许他做一次"大逃亡"行动。

而且，如果希特勒选择逃亡，现实条件也是不具备的。因为当时苏联红军已经控制了柏林的制空权，柏林上空漫天飞舞着苏联飞机，乘坐飞机逃亡已经很不现实。而通过海路逃亡也很困难，盟军已经控制了所有海路的进入，就是为了防止让希特勒逃跑。而后来墨索里尼被游击队杀死，暴尸米兰街头的消息也很可能让希特勒打消了逃亡念头。

所以有人猜测，希特勒之所以不逃，不是因为他不想逃，而是根本就逃不掉。所以与其被盟军抓住，或者死在逃亡路上，不如与柏林共存亡，这还能给后人一些大义凛然的印象。

但是希特勒希望拖延失败的进程，所以他制订了柏林保卫战计划。这时，为了柏林保卫战，希特勒已经调集了 50 多万部队部署在柏林市内。此外，在柏林市还组建了 200 多个国民突击队营，守军总兵力超过两万人。

希特勒还下令，让希特勒青年团和所有的党卫军全部都参加到柏林保卫战中。其中，希特勒青年团里不乏十八岁以下的孩子，但是他们已经被法西斯主义洗脑，要为柏林保卫战做出"最后的牺牲"。这些希特勒青年团的装备落后，武器弹药缺乏，没有后勤支援，这注定了他们面对的将是一场悲剧。

而此时，德军统帅部也采取了各种措施，阻止苏军夺取柏林。不过盟国也想先苏军一步抢占柏林，毕竟谁要先抢占了柏林，谁就是打败德国法西斯的最大功臣，还可以插手战后欧洲的政治事务和秩序。尽管反法西斯同盟各大国就柏林划归苏军作战区已达成有协议。但是英、美两国政治首脑急欲于使其军队先于苏军进占柏林。不过英、美军要完成此项任务却是力不从心，所以盟军统帅部不得不放弃了这项行动计划。

▲ 苏军士兵在对柏林郊外和德军开始了激烈的战斗。

　　而此时的苏军，不仅在人数上，而且在装备的数量与质量方面以及战斗意志等诸多方面也优于德军了。因此，柏林战役的战争胜利的天平，在柏林战役发动前就已经完全倒向盟军，特别是苏军一方了。

No.3　最后一战

　　1945 年 4 月 16 日清晨，苏联红军集合三个集团军，共 250 万人，开始对柏林发动"斩首"

性进攻。苏联红军的战斗进攻以炮击揭幕，数以千计的大炮和喀秋莎火箭炮开始炮轰德军阵地，炮击持续了数日之久。日出前，白俄罗斯第1方面军越过奥得河展开攻击。同日清早，乌克兰第1方面军也越过尼斯河展开攻击。不过白俄罗斯第1方面军虽然军力强大，但分配给它的任务也比较困难，因为他们面对的是德军的主力部队，最终白俄罗斯第1方面军的先期进攻以失败告终。

其实海因里希已经预料到了苏联红军会发起进攻，于是早于苏军炮击前就已经把德军第一道防线的全部兵力撤回。苏军一开始的计划，原本是用143盏探射灯的灯光射向德军的阵地，了解德军阵地防御情况的同时扰乱德军的视线，却因为早晨的浓雾而未能实现战略目标，反而让德军看清楚了苏军的编队。

在苏军开始发动进攻的时候，柏林春季泥泞的土地给苏军士兵造成了很大的不便。海因里希命令德军开始炮轰进攻的苏联红军，苏联红军完全暴露在了德军的炮火之下，结果伤亡惨重。苏军缓慢的推进令朱可夫也感到了一丝挫败的感觉，于是他命令后备部队也投入战斗。到傍晚时，苏军前进了大概6公里并取得一些德军控制的地区，但是德军防线仍然原封未动。

朱可夫下令苏军发动大规模攻势，争取一举拿下德军阵地，却遭到德军顽强的抵抗。德军凭借着有利地形，顽强扼守着每一条战壕、每一个散兵坑，给予苏军很大的杀伤。朱可夫不断增加苏军突击力量，并将两个坦克集团军投入战斗，但几次进攻都被德军打退。

4月17日早晨，面对着胶着的战斗，朱可夫下令集中方面军的几乎所有炮火，对德军的阵地开始猛烈轰炸，摧毁德国守军的阵地和战斗意志。在猛烈的炮火进攻后，近千辆苏军坦克排成一列纵队向前推进，前面的一批坦克被击中起火，后面的顶走它继续前进。苏军士兵高喊着口号向前冲击，前面的倒下了，后面的接着往上冲。此时防守在高地上的德军已是伤痕累累，最终经受不住苏军狂潮般的冲击，开始向柏林市区方向后撤。到了18日，苏军终于攻占了泽洛夫高地，歼灭德军近3万人，并继续向柏林城内挺进。

而这时候守卫柏林的德国军队，已经不再是1939年时迅猛无比的虎狼之师了。在守卫柏林在战斗中，孩子、老人或自愿或被迫地加入进来，还有其他国家的志愿兵，甚至连高射炮手、水兵和飞行员，都被拉到了柏林战场上当了步兵。

相对于德军的兵员素质，此时苏军的士气却得到了无与伦比的高涨，无论是地位卑微的列兵还是高高在上的将军，他们都希望自己是第一个进入德国首都的人。苏联红军之所以个个充满着斗志，一是因为在不断的反攻下，德国法西斯已经到了最后灭亡的时刻，二是苏联红军战士，很多都是抱着国仇家恨打到柏林的。

此时的苏军，已然成为一个强大有力的战争与复仇之神了，而他们要面对的敌人，已经从不可一世的战神降格为一群时时处处都想打自己小算盘的，特别是已经没了战斗意志，经常想单独与西方媾和的德国人群体了。

而希特勒在 1944 年遭遇到的刺杀事件，也充分反映了在德国统治层内部，已经有很多军官开始对希特勒不满。而希特勒在刺杀事件后，对身边的将领们也开始怀疑起来，认为谁都要害他。

在这种情况下，德军在统一的战斗意志方面已经发生了严重的分崩离析，而德国经济因为战争和盟军的轰炸，也到了严重崩溃的局面，德国国内充满着厌战情绪。可以说，德国实

▲ 苏联红军攻入柏林郊区

际上已经在此时战败了。

随着苏联红军的三面夹击，如今的"第三帝国"也已经只剩下了柏林这块。在苏联红军的步步逼近下，德军节节溃败，一退再退，已经退到了柏林城内。此时的柏林，已经成为了一块风雨飘摇中的"孤岛"，其东南两面都已经直接暴露在了苏联红军的炮火之下了。

No.4　步履维艰的苏军

4月20日，苏联红军的远程大炮开始向柏林城内发动炮击，这是德国首都首次遭到敌军地面炮火的袭击。德国人发现，他们受到的轰击不是来自空中，而是来自近在咫尺的苏军，他们知道这意味着什么。尽管已被美英轰炸机炸得面目全非，但苏军已到家门口的信号，这样的现实给德国人带去了巨大的心理震撼。

而这天正好是希特勒的生日，他听到了苏军的炮声之后极为气愤，马上质问军官们到底是怎么回事，有位德国将军为了开脱向希特勒谎称，苏联人是在用缴获的德国重炮轰击柏林。

▲ 苏军在柏林外围阵地上部署的重炮

希特勒根本没有想到，苏联红军已经近到可以对柏林市中心进行炮轰。当希特勒知道苏联红军已经距离柏林市中心只有十二公里，而他本人却被蒙在鼓里的时候，希特勒歇斯底里地喊道："应该把前线的军官们都绞死"。

此时的希特勒，已经不再相信纳粹的将领们，他认为这些将领们都背叛了他。而实际上，面对死到临头的困境，的确有数量不少的将领已经背叛了他。这些将领们心里都清楚，德国战败只是一个时间问题，盟军注定不会饶过希特勒。但是对于他们这些军官，可不想为了希特勒殉葬，于是很多将领们开始打起了自己的小算盘，转而与盟军媾和，希望能和盟军达成协议，在战争结束后留下一条命。

希特勒走出了"狼穴"，召见了希特勒青年团的成员，为他们每人颁发奖章。也许在他的心里，只有这些孩子不会背叛他，还肯为他做最后的牺牲了。因为这天是希特勒的生日，为了让希特勒能感受到一丝生日的氛围，在炮声中，希特勒的情妇爱娃·勃劳恩精心设置了一个生日晚会。

戈林、戈培尔、希姆莱、邓尼茨、凯特尔和约德尔等纳粹高级将领悉数出席了这最后的晚餐。除希特勒以外，所有在座的人都已经意识到柏林存在的日子已经不多了，希特勒显得特别沮丧，他对在座的人依旧狂妄地断言："俄国人在柏林城下要遭到最惨重的失败。"只是，晚会刚结束，不少人就开始逃之夭夭。

这个时候，苏联红军已经打到了柏林的郊区，开始和柏林城内的德国守军展开激烈的战斗。但是苏军刚刚攻入柏林就受到了极大损失，虽然在柏林的德国守军已经不能和德军的精锐部队相比，但是他们受到希特勒法西斯主义的洗脑，誓死决定保卫柏林，这让苏军每前进一步都十分困难。

苏军最初的战略是以坦克为先头部队进攻柏林，主要是以苏军坦克在火力准备后，以纵队队形开进柏林郊区的大街。街道上遍地的瓦砾，使本来对坦克部队来说就不宽的街道变得更加狭窄。苏军坦克几乎只能以一路纵队行进，车长和炮长紧张地注视着周围的情况，然而在坦克内视野受限的情况下，他们根本发现不了什么目标。而德国士兵则静静地伏在建筑物内或废墟中间，等着他们的猎物慢慢地进入陷阱。等到苏军坦克完全进入街道后，德国人则用无数长柄火箭弹和88毫米反坦克炮弹从瓦砾堆和建筑物内射出，迎接这些苏军坦克。

虽然"国民突击队"和希特勒青年团的成员没有什么作战经验，但是，大体量的坦克也的确不需要进行精确的瞄准，只要在合适的距离上就可以给苏军坦克以猝然一击。被德国的"铁拳"反坦克炮弹命中的苏军坦克从外表看并没有造成太大的损害，但金属射流往往会引

▲ 苏军炮手在对柏林市区实施炮击。

爆坦克里的燃料和弹药，使这种巨无霸在耀眼的爆炸中成为坦克手的坟墓。侥幸没有爆炸的坦克里，坦克手也会因为受伤而无法打开舱盖逃出。这时，他们的战友们甚至可以听到坦克手们敲打炮塔壁的声音和哀嚎——但谁也不敢去救他们，因为德军的机枪手可能就在某一个角落里等待他们冒头。

　　苏军的坦克先头部队在柏林受到了严重的打击。因为苏军的坦克部队是以纵队行进的，如果进入一个街区的坦克部队遭遇到首、尾坦克被击毁的情形，那么这支苏军坦克纵队就无法移动半步。而遭到突然袭击的苏军坦克手只能对两侧建筑物进行有限射击，乃至盲目射击。

　　随着越来越多的苏军坦克遭到击毁，苏军的攻势也逐渐减弱下来。这时，德国士兵会像一群猎犬一样围攻上来，使用"铁拳"反坦克炮对残存和受伤的苏军坦克挨个"补枪"。逃出坦克的苏军坦克手自然也无法幸免，他们手中的手枪根本无法与德国士兵手中的冲锋枪抗衡。

　　等到喧闹的街道重新沉寂下来后，整个大街上到处都是战死的苏军坦克手尸体和起火的坦克残骸，只有燃烧中的坦克发出的声音和车内偶尔殉爆的弹药发出的爆炸声，苏军几乎所有的坦克部队都遭受了极为可怕的摧毁。

　　面对着这种局面，苏军指挥官们决定放弃以坦克为先头部队，改以步兵冲锋的方式进攻

▲ 在战争接近尾声的时候，希特勒明显苍老了很多

▲ 希特勒与一度受宠的党卫军头子希姆莱在一起。

柏林。由此，苏德双方士兵在柏林城内开始了激烈的巷战。

No.5　激烈的巷战

苏军对胜利即将到来的憧憬又一次落空了。因为在柏林城高大的砖砌楼房、贴着巴伐利亚啤酒、巴黎美容膏广告牌和各种宣传品的灯柱之间，到处都有隐蔽的德军士兵。于是，残酷的巷战开始了。

为了阻止苏军，德军派出了一些坦克和强击火炮对苏军进行了自杀式的伏击，尽管偶尔能略微打乱苏军进攻的节奏，但德军在柏林外围的防御已经土崩瓦解的事实还是谁也无法改变的。德军吸收了斯大林格勒巷战的经验，希望在城市的瓦砾堆中能拖住苏军前进的脚步，柏林城防司令部还警告居民要做好逐屋战斗和激烈巷战的准备。

按照德军的计划，巷战将同时在地面和地下进行，为此德军在柏林街道、地下铁道，甚至下水道网中也建立了防御工事并设置了通信器材，地下铁道和下水道网成了军队运动的通道和用来隐蔽的最佳工事。连柏林市通向外部的公路，现在也都开始用填满石头的公共汽车进行了堵塞，用来阻碍苏军的进攻。

苏联军队历来是"大炮兵主义"的崇尚者，所以炮兵在柏林巷战中发挥了极为重要的作用。在柏林，苏军大量的使用了大口径火炮攻击德军的坚固建筑物，由于榴弹炮的射角更大，因此应用中也取得了更好的效果。对于已发现的德军工事或街垒，苏军的重型火炮时常在两三百米的距离上直接进行瞄准射击，特别是对德军固守的火力点实施了密集射击。在猛烈的炮击摧毁了德军工事之后，苏军士兵便一拥而上，对残余的德军开始进行清剿，而苏军的喷火分队则手持喷火器对固守在坚固工事和坑道内的德军开始最后清理。

在柏林市区建筑内，苏德双方士兵开始了激烈的巷战，狭路相逢的苏德双方官兵还展开了刺刀对刺刀的白刃战。情况往往是一个苏联士兵把德国人掐死以后，才发现自己的肚子也被划开，肠子流了一地，可见巷战的激烈程度。柏林地下的下水道、地铁、地下管道和排水沟，也变成了战场，德国人利用机动兵力的优势，往往能出现在苏军的背后，对苏军进行打击。

在夜间，战斗也没有停歇，苏联士兵手拿火把在黑暗中挪动，一刻不停地进攻。不过，在残酷战斗中，越来越多的德国人逐渐明白，战败是不可避免的！苏联人开始尽量避免从街道上通过，而开始在加强的坦克和火炮支援下，逐个房屋地清剿。越来越多的德军士兵被打死在窗户旁，或者和碎石一道被炸上天，或者被坦克履带碾成肉泥，场面十分惨烈。

▲ 苏军在柏林城内开始对德军发动最后的进攻。

　　与此同时，苏军也摸清了柏林的地下防御设施。苏军近卫步兵第 59 师的一名上尉连长巴拉金带领几名战士进入了柏林地下的下水道，并顺着下水道渗透到德军的侧后，一举消灭了两支德军守备队，并很快俘虏了 68 名"国民突击队"的成员，还有的部队利用穿过运河的地下铁道，也达到了同样的效果。

　　不过，由于地形生疏，苏军在柏林巷战中主要是以小规模的集群来作战。强击群的兵力虽然很少，但在强大的火力掩护下，也对德军进行了猛烈的冲击。在攻击中付出了血的代价后，苏军的强击群开始十分注意避开笔直的大街，专走斜街小巷，这样就无法让德军对其进行大规模的偷袭，苏军的强击群开始利用柏林房屋中被打穿的豁口进行穿插。

　　苏军同时开始改变了进攻的战术，把街区分割成数块，使德军变成彼此孤立的几个部分，再分别进行打击。对一座楼房或一个街区的冲击，苏军从不同的数个方向同时实施，炮兵以拦阻射击的方法对冲击目标的两翼和纵深进行炮击，从而使德军陷入孤立而得不到外界支持。

　　在巷战中，为了对付苏军的强击群和空前强大的火力，德军的防御部队只能采取"打一枪换一个地方"的战术，打完就走。德军用手榴弹、"铁拳"反坦克炮弹、机枪和迫击炮对苏军进行灵活的狙击和偷袭。而在街垒固守的德军部队，因为使用的是庞大的 88 毫米高射炮，行动不便，往往在第一轮战斗后就会成为苏军重炮或强击机的牺牲品。城市作战同样影响德军坦克的机动性，其装甲车辆主要用于在有利地势下进行伏击。由于无法依托街垒或建筑物挡住苏军的去路，因此尽管德军的袭击可以给苏军造成较大伤亡，但对阻止苏军行动的影响并不是特别大。

这一天，德军在赫尔曼戈林大街、威廉大街等柏林主要的要道上都与苏军发生了激战。但在兵力占绝对优势的苏军的不断打击消耗下，德军的战斗力也在不断地减弱，阵地在蚕食之下越变越小。在 4 月 27 日的晚间，苏军已进至纳粹德军的最后防御地区——提尔加登，这里距离包括帝国办公厅、国会大厦等纳粹德国的核心权力机构已经非常近了。

苏军的近卫第 8 集团军和近卫第 1 坦克集团军也进入了柏林市中心区，在空军部一带与德军肉搏。在整个柏林巷战中，由于苏军不断的猛烈进攻，德军虽然顽强抵抗但也在逐步后退，战斗进行得极为紧张激烈。对于苏联红军士兵来说，每一寸土地都必须一寸一寸地攻占，前进每一寸土地都要付出巨大惨重的代价。

在残酷的巷战中，很多被苏军俘获的德军"国民突击队"成员往往因为没有军装而被苏军处决（相对而言处死陆军士兵的情况还算少），因为不穿军服而手持武器者在战争中是不受保护的。当然，德军"诺尔兰德"师的党卫军也在国会大厦前的广场上枪杀了不少苏军战俘。但大多数德国人多少是有些动摇情绪，很多绝望的国民突击队成员开始脱下制服和臂章溜下火线。

在柏林的帝国体育场，纳粹冲锋队营长霍尔特向他的残部宣告，尽管有可能被党卫队当作逃兵枪决，但大家最好还是回家。用他的话说："现在唯一能做的是让他们回家，不然难道让他们向苏联坦克扔石头么？"同时，在党卫军军中，也有不少人已经放下了武器，停止了没有意义的抵抗。

No.6　他们为法西斯殉葬

4 月 26 日，柏林广播电台已不能继续正常播音。在这天，苏联红军对纳粹德国最后的堡垒发起了总攻。

柏林巷战持续了血腥残酷的数天，苏德双方都付出了巨大伤亡的代价，损失惨重。虽然在巷战中德国守军拼死抵抗，但是在苏联红军不断的打击下，苏军已经控制了柏林的大部分建筑，已经逼近柏林的蒂尔花园区。这个花园区是柏林德军最后一处支撑点，由于该阵地有纳粹德国的政府办公厅、国会大厦、最高统帅部等象征第三帝国权力的最高首脑机关，所以，

柏林守备司令部把党卫军最精锐的部队都部署在了这里。

攻克柏林的标志性战斗接近尾声了，但柏林巷战仍然在激烈地进行着。此时，进攻纳粹德国最后堡垒的战斗打响了。已经是强弩之末的德军开始了最后疯狂的负隅顽抗，苏军士兵冒着德军的枪林弹雨，对德国守军发动了最后的"斩首"。但在德军机枪的疯狂扫射之下，苏军士兵每前进一步都要付出惨痛的代价，许多苏军士兵倒在了胜利的前夜。战斗的激烈程

度，真可谓"一寸土地一寸血"。

这些德国守军们，大多数都是纳粹的铁杆追随者，他们被纳粹主义洗脑，抱着"为元首而战"的心理，顽强扼守着纳粹德国最后的堡垒。但在苏军士兵如潮水般的进攻中，这些德国守军们再也无法抵抗苏联红军的前进，他们的命运注定是悲惨的。

当苏军士兵们冲过德国守军的防御，开始向希特勒的藏身之处发动最后的猛攻的时候，此时已经距离希特勒的"狼穴"只有八百米了。这时候，柏林城内的德军依然在和苏军进行着殊死的战斗。毫无疑问，这些殊死抵抗的德军士兵，将成为德国法西斯主义的殉葬品。

在柏林战役中，希特勒不仅命令德国守军战斗到最后一人，还下令在柏林城内进行大清洗，任何在战斗中临阵脱逃的士兵被战地临时法庭处决。柏林的街道两边吊着不少被处决的逃兵，而负责这项任务的是各种党卫军特遣队和战地临时法庭，他们在混乱不堪的柏林街道上到处晃悠，有时就把绞索装在箱子里。

不仅是士兵，任何被怀疑为叛徒和勾结苏联人的柏林平民也遭受到了处决。很多柏林市民因为有"奸细和叛徒"的嫌疑，便被党卫军特遣队不分青红皂白的绞死或枪毙。因为柏林已经被盟军和苏联红军所围困，柏林城内的物资需求非常紧张，供应的食品也极为有限。

在这种情况下，很多柏林市民为了填饱肚子，被迫从食品店偷些食品或者从占领柏林的苏军士兵那里要吃的。但是当他们被党卫军发现后，便以叛徒的罪名立即被处决。还有很多柏林市民不想因为战斗而丧命，想偷偷地离开柏林，这些人一旦被党卫军发现，往往会被以"背叛国家"的罪名绞死和枪毙。

据说当时，党卫军以叛徒和奸细为名处决的柏林市民达上万人，而且无论男女老幼。纳粹德国最后的疯狂，让无数的生命沦为了法西斯主义的殉葬品。但是，随着苏联红军的最后进攻，德国法西斯离灭亡只有不到一个星期的时间了。

No.7　帝国大厦保卫战

柏林保卫战进行得十分惨烈，强大的苏联红军对已经是强弩之末的德军发动了最后的进攻，而困兽犹斗的德军也在拼死抵抗着苏军的猛烈枪炮。苏军每推进一步，都要付出巨大的伤亡代价，可谓"一寸土地一寸血"。

在海因里希部署柏林防御时，并没有在帝国大厦这个区域布置大量的守军和装备。因为受到盟军的轰炸和补给的严重短缺，当时德国的兵力和装备补给都不允许在同一地区布置强大的防守力量。而帝国大厦的主要防御力量全部是由士兵自愿参加的。在帝国大厦里的士兵共有1500人左右，其中1000余名为党卫军，其余全部为外籍志愿兵。

4月29日，当第一个苏联士兵突破德军最后一道防线来到帝国大厦广场前路时，标志着帝国大厦的战斗正式打响了。

苏军在29日开始了对帝国大厦第一轮的冲锋。当时苏军第3突击集团军的主要攻击目标是总理府，因为总理府有强大的抵抗，所以一些指挥员误认为帝国大厦没有强大的防御力量，所以仅仅组织了几百名苏军士兵进行了试探性的冲锋。

但是他们低估了德军的战斗力，结果这些年轻的苏军士兵没有一个踏上帝国大厦的广场。

德军在帝国大厦里布置了数个射击口和窗口架设重机枪，对踏上帝国大厦广场的苏联士兵进行了疯狂的扫射，大批大批的苏联士兵倒在了广场上。但是即使这样白白的牺牲，也并没有阻止苏军指挥官的决心，残酷的巷战已经让所有的士兵都发了疯，尽管前面的人不断倒下，他们依然无所顾及地向帝国大厦冲锋。

经过多次这样的疯狂冲锋，苏军终于冲到了帝国大厦的广场前，不过在德军机枪疯狂的扫射下，苏军很快又被逼到了广场外的街角，因为德军的火力压制太猛烈，以至于苏军的狙击手根本无法展开对德军机枪手的有效打击。

　　苏军的指挥官看到此情此景，最终决定不再进行无谓的牺牲，发布命令出动坦克开进广场。当坦克开进帝国大厦广场时，苏军士兵不由得欢呼了起来，他们隐藏在坦克的后面，开始一步步前进。

　　面对苏军的坦克，德军也很快还以颜色。德军"慕钦堡"装甲师的残存士兵用他们最后一辆坦克和PAK-40反坦克炮对苏军的坦克进行了顽强的抵抗，帝国大厦的守军也对着这几辆坦克发射了数枚"铁拳"反坦克火箭炮，苏军的坦克被掀翻了好几辆。

　　可是，帝国大厦德军的实力的确已经非常有限，当苏军的坦克不断涌入帝国大厦附近时，德军已经打光了所有的重武器，最后残存的士兵们拿起轻武器和反坦克火箭炮开始和苏军展开对射。

　　而在这时，其他地方的党卫军战斗小队在听到枪声后也陆陆续续地赶来，在苏军背后发起了打击。苏军在吃了数次亏以后，不得不在背后重新建立起防线，来抵抗党卫军来自背后

▲ 苏军在柏林郊外的炮兵阵地上，发起了对柏林战役的总攻。

▲ 苏德士兵在柏林城内开始了激烈的巷战。

的打击，但是党卫军战斗小队还是不停地渗入苏军的防线去支援帝国大厦。

真正的大规模进攻帝国大厦是在 30 日的凌晨。当时苏军已经攻占了总理府，全部的矛头开始指向国会大厦。

苏军在 4 月 30 日上午展开了真正意义上的冲锋，但是，在德军机枪的猛烈进攻下，苏军的多次冲锋被打退。于是苏军第 3 突击集团军总司令库兹涅佐夫上将，调动了所有的重武器，准备开始对帝国大厦进行一次性的"斩首"。

30 日上午 11 点，苏军对帝国大厦开始了 20 分钟的炮火覆盖，而苏军在炮火攻击之后便迅速从 3 个方向同时冲向帝国大厦。这时帝国大厦底层突然出现无数的射击口，大部分的苏

军刚刚踏上广场，就被德军子弹穿透身体。突击进攻进行了整整一个小时，苏军没有占到任何便宜，只好退回重做部署。

于是，苏军再次对帝国大厦进行了30分钟的炮火打击，而此时苏军的装甲部队和平射炮部队也开始在这时对帝国大厦底层及各窗口进行了精确打击，把帝国大厦炸开数个大洞。炮火打击后，苏军在浓烟和机枪的掩护下，终于冲进并占领了帝国大厦底层。

不过这时，苏军并没有进行进一步的进攻，因为苏军认为德国人到了这个时候，肯定会出来投降。但是，等了1个小时后，苏军发现自己错了，帝国大厦里的德军并没有一丝投降的意思，于是残酷的争夺大厦的战斗开始了。

德军逐层逐屋的布防，并且在关键地方安置了炸弹，从而给苏军造成了极大的损失和麻烦。在残酷的争夺战斗中，双方都投掷了大量的手榴弹，德军甚至还使用了弯管枪等巷战武器，白刃搏斗也不时发生。

双方在房间内、楼梯上、走廊里等地都展开了激烈的近距离交战。战斗双方几乎动用了所有类型的武器，从匕首、刺刀、手榴弹直到重机枪、火焰喷射器。自动武器像刮风一样狂扫，大厦的墙壁全都变成了蜂窝状。急红眼的德国士兵把本来是"坦克杀手"的长柄火箭弹也用来对付苏军步兵，向冲进来的苏军分队胡乱喷射，击中的地方不是一片血雾，就是轰然一个大洞。由于帝国大厦面积太大，苏军攻进来后，也只能攻占一块地方巩固一块地方，不可能像别的建筑物那样一蹴而就。

苏军甚至把原来室内战斗根本用不上的重机枪也抬进来，向对面的德军猛扫。落到苏军手中的长柄火箭弹也成了德军的噩梦，苏军摸到一枚就不管三七二十一地向德军发射。在硝烟弥漫光线昏暗的大厦内部，不断有双方士兵从楼梯或楼板上的大洞跌下，摔在坚硬的地面上死去。苏军付出惨重代价后，终于肃清了大厦的下面几层的德军。但据守大楼的德军拒不投降，要与苏军死战到底。

据苏军一名老兵回忆，有一次肉搏战是在一个会议厅里进行的，双方居然有几十个人在殊死搏杀。德军子弹用光后，基本上都使用手雷开路然后冲出肉搏的战术，当时双方都像发疯了似地，用刺刀匕首进行冷兵器作战。

30 日晚 21 点 50 分，苏军终于占领了帝国大厦，苏军叶戈罗夫中士和坎塔里亚下士把胜利的红旗升起在帝国大厦的圆顶上。这一标志性的时刻，被苏联随军记者拍摄了下来，成为纳粹德国灭亡的标志，也成为世界反法西斯战争的经典镜头。

No.8 "狼穴"枪声

在苏联红军的步步逼近下，希特勒已经陷入了彻底的绝望。当他听到墨索里尼已经被意大利游击队枪决，并被悬挂在米兰广场的时候，希特勒清楚地意识到他也可能面临着这样的下场。于是，他决定了死后不给苏联红军留下尸体，这是一种耻辱。

4 月 30 日，当苏联红军距离"狼穴"只有几百米的时候，此时的希特勒已经开始处理他死后的事情了。他给随身的所有军官和秘书每人发了一小瓶氰化钾毒药，告诫他们要为了"第三帝国"而死，不能做苏联红军的俘虏。

◀ 苏军在激烈的巷战之后，稍作休息修整。

▶ 柏林城内的德军虽然拼死抵抗，但是仍无法阻止苏军的进攻。

他的情人爱娃这时候也知道，希特勒最后的时刻到了。于是，她在征得希特勒的同意后，举行了一个小小的婚礼。虽然纳粹将领们都献上了自己的祝福，但是这些纳粹将领们都知道，今天就是希特勒最后的一天了，他的末日已经来临。

在举行和情人的婚礼之后，希特勒下达了他这一生中最后一道命令。他命令戈培尔找到汽油，好在他死后焚烧了他和爱娃的尸体，以免让苏联红军找到而大肆宣传。

4月30日下午三时，希特勒吃完了最后一顿午餐之后，和爱娃走进了他的房间，所有的人开始静静地等待。没有人知道希特勒和爱娃在自杀前都说了什么做了什么。大约20分钟后，所有人听到了一声枪响，大家都知道，希特勒已经自杀了。

于是奉命为希特勒焚烧尸体的鲍曼率领两名卫兵进入了希特勒的房间，从房间内拉走了希特勒和爱娃的尸体，并在"狼穴"地面上执行了焚烧任务。而在此时，纳粹宣传部长戈培尔也决定追随希特勒，在预备他的自杀计划了。

戈培尔让妻子用氰化钾毒死了他的六个孩子后，便走到"狼穴"的地面上双双自杀身亡。不过因为柏林战役已经让汽油等物资严重短缺，焚烧戈培尔时汽油已经不够用，所以戈培尔的尸体并没有被完全焚烧，被后来的苏联红军士兵发现。

根据苏联历史文献资料，当苏联红军涌入了希特勒的"狼穴"之后，女医生们掠夺了希

▲ 苏军士兵把红旗插上了德国国会大厦。

特勒夫人爱娃的衣服，高兴地拿着花色胸罩扬长而去，而苏联下级军官们则让留下来的德国工作人员陪着他们喝酒庆祝。不过当苏联人发现戈培尔六个孩子尸体的时候，却被吓得脸色发白。而在总理府附近，被德国人处决的最后一批逃兵，包括几个小孩的尸体，还没有被发现。

当希特勒自杀身亡后，纳粹的高级将领也开始了逃亡之路。戈林被盟军逮捕后，被移交纽伦堡国际法庭审判，但戈林在监狱中服毒身亡。而其他的纳粹将领也受到了相应的惩罚和审判，他们大多数因为战争罪和反人类罪被判处绞刑。

党卫军头子希姆莱也刮掉了自己的胡子，戴上自己的独眼的黑眼罩，穿上一名党卫军士兵的军服，开始了自己的逃亡生涯。但是，他并没有跑掉，两周后，他就落入了英国军队手中。1945 年 5 月 23 日，他咬碎了镶在一颗假牙里的氰化物胶囊，自杀身亡。

在国会大厦的战斗还在进行时，仅仅知道希特勒已死，自己继任为纳粹德国元首的邓尼茨，在通过电台"宣誓就职"的同时，向世人宣布："元首在与布尔什维克的战斗中阵亡"。

在希特勒自杀身亡后，苏联红军也胜利攻克了柏林。1945 年 5 月 1 日凌晨 4 点，朱可夫会见了德军最高指挥部的谈判代表克莱勃斯将军。克莱勃斯带来了希特勒自杀的消息，并要求停火。由于克莱勃斯在无条件投降问题上作不了主，只得返回请示。当天下午，苏军所有火炮一齐向德军阵地开火，明确警告德国人如果不投降就只能自取灭亡。

5 月 2 日早上 7 点左右，德军柏林城防司令官魏德林上将前往朱可夫的前沿指挥所，签署了投降令。至中午时分，柏林剩余守军约 15 万人全部投降。下午三点，柏林城防部队全部放下武器，柏林巷战和整个柏林战役正式结束。第三帝国的首都仅仅抵抗了一周时间就落入了俄国人之手。

至此，苏德战争最后一次决战——柏林会战结束。此役苏军共歼灭德军 80 万人，俘虏 48 余万人，摧毁和缴获坦克和自行火炮 100 余辆，摧毁和缴获飞机 600 余架，摧毁和缴获各种火炮 5 门。而苏军也为此付出了 30 万人伤亡的代价。

1945 年 5 月 9 日，受希特勒继承人邓尼茨的委托，德军最高统帅部代表凯特尔元帅、什图姆普弗上将、弗雷德堡海军上将在柏林军事工程学院的食堂大厅内，向苏联及其盟国正式签署了无条件投降书。

No.9 战后的柏林

虽然德国电台不断向整个柏林上空发出："希特勒已经阵亡"的消息，但是极少数的德国守军仍在和苏联红军激烈的战斗。即使苏军的广播车一遍一遍地行驶在柏林的街道上，告

▲ 苏军攻入柏林总理府

诉他们希特勒已经自杀，让他们放下武器，但是这些德国守军们甚至认为，这是苏联人耍的诡计。

于是，苏军最高指挥部决定，对于坚决不投降者，采取最后的打击。苏联士兵在柏林的残垣断壁中，开始了对最后顽抗的德军的扫荡。当肃清了柏林城内德军所有残余抵抗力量之后，苏联红军接管了柏林。

在柏林城里，苏联人开始发放食物。不过，苏军在执行任务中却也依然免不了敌视和暴力。据说有一些德国居民曾经企图哄抢苏联人发放的面包，结果遭到了红军女兵的手枪射击。另外有些德国糊涂蛋由于没有把家里的枪支上缴，而被拉出去枪毙了，妇女所遭受的苦难则真是一言难尽。

▲ 苏军战士们在希特勒的办公室

　　不得不说，苏联红军占领柏林的初期，双方还是一种紧张的敌对状态的。据说苏联红军进入柏林后，不但对柏林城内开始了抢掠，还对数以万计的柏林妇女实施了强暴。德国人曾强加于俄国人的无穷苦难现在被以最原始的方式加以报复，据说那些从柏林附近战俘营里释放出来的苏军战俘加剧了这种报复。不过老实说，把40多万经历了死亡肆虐的战争的士兵放进一座巨大城市，即使他们没有报复之心，军纪的崩溃恐怕也在所难免。

　　不管斯大林是否打算让红军以"有教养的姿态"出现，事实这是不可能的。强奸和掠夺到处发生，现在红军士兵感兴趣的是报复，是发泄，或者是为战后注定艰难的生活创造一点物资保障，而不是国际主义。在苏德战争中，国际主义已经被希特勒枪毙了，并被送进焚尸炉烧成了灰。

▲ 希特勒自杀后，柏林大批的德军开始陆陆续续缴械投降。

　　苏联红军士兵在城内大部分地方抢劫、强暴妇女和残杀平民，情况持续了几周。对这些行为，红军军官们都视若无睹，直到从反攻德国变成了占领德国，军方和苏维埃秘密警察组织才开始阻止这些事件。不得不说，苏联红军士兵在柏林的这些行为，的确有损苏军士兵的形象。但是，综合于整个第二次世界大战苏联红军的表现，仍不得不承认，这是一支英勇无畏的正义力量。

　　相形之下，大街上成群结队通过的德军战俘的命运还不算太坏。而德军高级将领虽然得到了相当礼貌的对待（有时甚至是盛宴款待），却依然被装上飞机送往苏联。对斯大林来说，

他们都是自己宝贵的战利品，值得收藏。

战争后的柏林一片焦土，没有一栋完整的房屋，没有一处完好的街道。在整个柏林战役之后，柏林已经变成了一堆废墟，很长一段时间内无法恢复其本来的样子。这就是法西斯主义，不仅残害别的国家，也最终也会殃及自己的国家。

柏林战役，最终以苏军辉煌的胜利而告结束，在为时 16 个昼夜的柏林战役中，苏军共消灭和俘虏德军４８万人，缴获坦克 1500 余辆，飞机 4500 架以及大量技术兵器，而苏军自己也付出了伤亡３０万人的惨重代价。

柏林战役的胜利，标志着法西斯德国的灭亡和苏德战争及"二战"欧洲战争的结束。至此，世界反法西斯战争取得了空前胜利。当欧洲战场已经结束的时候，盟国开始了对最后一个法西斯国家日本的最后进攻。

No.10　红军的胜利

从柏林战役可以看出，柏林巷战就其具体的作战方式来说，同斯大林格勒战役具有很大的相似性，都是以小型战斗群围绕坚固建筑物进行攻防作战。然而，柏林巷战就其战役层次来讲却有着本质不同，斯大林格勒由于背靠伏尔加

▲ 被俘虏的德军将领们

河，使德军无法完全包围斯大林格勒。在德军沿河岸进攻受阻后，苏军始终保持了若干渡口在自己手中，保住了身后的水上运输线。苏军依靠伏尔加河的水上运输线，不断将有生力量增援到斯大林格勒城内。正是增援进来的新锐部队多次把斯大林格勒从崩溃的边缘拯救回来，并使斯大林格勒的防御愈加强固。如果没有这些新锐力量，不管苏军有多顽强，在拥有巨大优势的德军进攻下，斯大林格勒也是要迟早落入德军之手的。

相比之下，柏林却不具备这样的条件。当苏军跨过奥得河和尼斯河后，已经是很快完全包围了柏林，柏林守军得不到一兵一卒的增援，尽管可以给苏军造成重大的损失，但迟早要被优势苏军不断消耗并最后消灭。

从战略层次讲，斯大林格勒战役时，斯大林格勒后面就是苏联广大的战略后方，增援的兵力、兵器都有可靠的保障，并能积聚起强大的反攻力量。而当时的柏林后面是被西线美英军队紧紧相逼的西部战线，大片领土已被占领，已经不存在稳定的战略后方，根本不可能得到实施反攻需要的力量。在这种情况下，从纯军事角度来讲，柏林的失陷是不可避免的，一切疯狂抵抗的努力都只是垂死的挣扎。

▲ 苏军俘虏的德国孩子兵

柏林保卫战的失败，宣告了纳粹德国的溃败，纳粹主义成为非法理论，纳粹党被取消，而曾经不可一世的帝国元首——希特勒，从此成为历史的罪人，作为一个肆意斥诸威力的战争狂人而被人类当作了历史以来最大的反面教材之一。

柏林战役的胜利，结束了纳粹主义在德国的统治，给重建一个全新的德国建立了基础。而柏林战役对于苏联人来说意义是极其巨大的，因为柏林的被占意味着第三帝国的崩溃，苏联反法西斯战争的全面胜利，同时战后的苏联在西方划分势力范围时更有筹码，掌握更多的主动权，从而可以在"二战"后在与西方的讨价还价中，给自己划分到更多的势力范围，把更多的东欧地盘，特别是把东部德国划归于自己管理之下。

攻克柏林还意味着苏联东欧霸主地位的形成，在可以预见将来，欧洲没有国家敢于挑战苏联的国家利益，正因为没有了后顾之忧，在攻克柏林后不久苏联就发动了对占领中国东北领土、长期地威胁苏联远东地区安全的日本关东军的大规模全面打击.

攻克柏林成为苏联红军的最高荣誉，这次战役的胜利结束，标志着德国法西斯的彻底灭亡，欧洲人民灾难的终结，这是全世界反法西斯战争胜利进程的重要里程碑。德国纳粹失败后，

▲ 苏军战士的柏林国会大厦前拍照留念。

苏联军没有了后顾之忧，出兵中国东北，以配合美国尽一步促使日本投降。

No.11　希特勒死因之谜

　　1945 年 4 月 30 日，德国法西斯头子希特勒在苏军攻入柏林，逼近总理府的情况下，结束了其罪恶的一生。几天后，德国宣布投降。在希特勒的总理府花园内，苏军找到了两具尸体，经解剖和法医检验，确认是希特勒及其情妇爱娃。

　　希特勒自杀的故事，被一遍一遍地重复，似乎成了一个毋庸置疑的事实。但事实真是这样吗？长期以来，关于希特勒是如何自杀的却始终不为人所知。美国作家威廉夏伊勒在其《第三帝国的兴亡》一书中描述了希特勒自杀的经过。当执行希特勒焚尸任务的戈培尔、鲍曼等人走进希特勒的房间时，看到希特勒和爱娃的尸体趴在沙发上。爱娃是服用氰化钾自杀，而希特勒则是咬碎了氰化钾的小玻璃瓶，同时对着自己的嘴扳动扳机开的枪。而在希特勒的卫队长撰写的《我焚烧了希特勒的尸体》一文中却说，希特勒是用一支手枪击中太阳穴而死的。

　　也有人认为，希特勒之死并不是自杀，而是他杀。希特勒执政后，疯狂发动对外战争，不断扩大战争规模，对内则实行法西斯独裁，个人专制，猜忌同僚，滥杀无辜，积怨甚深。在他当政期间，曾发生数起谋杀事件，但都没有把他杀死。在战争后期，一些军官为了早日结束战争，同英美媾和，可能趁苏军逼近之机杀死了希特勒。

　　关于他杀的观点还有一种看法，苏联作家在其

著作的《春天的十七个瞬间》《奉命要活着》两本书中
描述到，希特勒在苏联红军攻入柏林，大势已去的情况下，
留下遗嘱并决定自杀。他回到了自己的房间，准备自杀。
当 20 分钟过去了，奉命为他焚尸的鲍曼等人走进希特勒
办公室，看到他的新婚妻子爱娃已服毒身亡，而希特勒
却还在迟疑不决。这时，鲍曼从希特勒手里拿过手枪，
对准他的后脑开了一枪，战争狂人就这样结束了生命。
但这种说法并不流行。

　　不过还有一种说法，说希特勒其实已经逃出了柏林，
死在"狼穴"里的只是希特勒的一个替身，这就更让希
特勒的死亡变得扑朔迷离起来。当时连斯大林也一直坚
称，希特勒并没有死，而是潜逃了。

　　而 1993 年，俄罗斯对希特勒之死的官方报告出现改
变，声称莫斯科存放着能证明希特勒之死的物证：一个
据称沾有希特勒血迹的沙发、希特勒的部分下颚骨，还
有一快头骨。然而，2009 年，法医在检测希特勒头骨碎
片时却发现，这个头骨属于女性，希特勒之死也因此再
度成谜。

　　所以一部分人认为希特勒是从天罗地网中逃生了。
当柏林陷于一片火海时，就有希特勒已飞往巴伐利亚或
者其他什么地方的说法，甚至否认了希特勒在死前曾举
行过婚礼。另一些人则有根有据地说，希特勒在柏林失
陷的 3 天之前便和女飞行员莱契一起驾机出逃。而他的
死不过是一种假象，是为了迷惑世人而制造的谎言。又
有人说希特勒从地下通道逃出了柏林，躲到"攻不破的"
南蒂罗尔堡垒中去了。

　　这似乎可说明希特勒早已为脱身作了精心安排，加
之后来的事实证明，大批纳粹战犯都逃往南美洲隐身，"元
首"是否也潜伏在南美洲的某一角落呢？因为苏军士兵

▲ 苏军举行入城仪式，欢庆胜利。

在进入"狼穴"中，曾发现好几个希特勒替身的尸体，所以也有人不禁开始怀疑，自杀的是不是希特勒的替身，或者希特勒根本就没在"狼穴"里待过，而一直是由替身假扮他。

而且，当希特勒同下属告别，同爱娃一起进了办公室自杀后，只有希特勒的近侍林格一人见过死后的希特勒。其余人只见过裹在毯子里的尸体被从希特勒办公室抬出，毯子里究竟是谁，他们却并不知道。

根据上述所说，那么人们又可能会猜想，既然希特勒不打算死，为什么让爱娃服毒？也许是为了让这幕戏演得更加逼真一些，真正的希特勒已经在隔壁换了装，改变了外貌，不该知道这一秘密的人，事先都已经被清理出地堡。而这些也被希特勒的副官证实了，他曾经下令让警卫离开通向希特勒套间的房舍。

▲ 战后的柏林街头，已经成为一片废墟。

　　然后，希特勒悄悄离开地堡。众所周知，4 月 30 日午夜逃出帝国总理府防空洞的人多达 4 万名，希特勒很容易夹在人群中混出去。战争刚结束后的头几周，柏林和德国到处是无家可归的人，希特勒能够不费吹灰之力就消失在人群中。

　　据这些历史资料披露，希特勒在最后时刻曾等过飞机，但白等了，因为机场已被炸毁。但他完全可能通过地铁隧道逃出。当时有 10 艘远洋潜艇停泊在汉堡港，艇长们接到的命令是送政府要员撤退。

　　而希特勒警卫队成员凯尔瑙供称，他在 5 月 1 日看到希特勒还活着。而且，外国报刊战后立即出现了有关希特勒撤到阿根廷（或巴拉圭、西班牙、爱尔兰）的报道。在柏林战役结束后，有人曾在丹麦的北海海滨发现过一只密封的玻璃瓶，里面装着一名德国潜艇水兵的信，说希特勒就在这艘潜艇上。潜艇撞上了沉船，破了个大洞，部分艇员逃生，但希特勒在艇尾紧闭的舱内，无法脱身。

　　这些奇怪的事情，就更让希特勒的死亡变得神秘起来。但是对于希特勒是否真的逃走，现在历史学家们也是众说纷纭，没有百分之百的证据肯定这一猜测。不过，无论希特勒有没有自杀，纳粹德国都已经灭亡，纳粹法西斯再也无力发动一场战争了。所以，即使希特勒没有自杀，真的从柏林逃走了，对于纳粹主义和希特勒本人而言，也没有太大的意义了。

第十章

决战东北

　　德国纳粹被灭亡了，欧洲战场以盟军的完全胜利而告终。在亚洲－太平洋战场，等待日本军国主义的命运也将是彻底的灭亡。同盟国达成协议，由苏联红军出兵中国东北，以给日本关东军最后一击。中国军队和美国军队对日本的反攻，已迫使日本投降。但顽固不化的关东军却试图忤逆日本天皇的决定，誓要决战到底。这支部队是什么来历？誓不投降的关东军面对百战百胜的苏联红军，将如何进行最后的反抗的？而苏联将如何给日本又一个彻底的惨败？

No.1　日本关东军

　　要说起日本关东军的历史，要先谈谈十九世纪日本的状况，才可以更加了解关东军的成立及其历史。

　　十九世纪上半期，日本还是一个封建落后、闭关锁国的国家，在江户幕府的统治下，经济不发展、人民贫困化、封建统治危机不断加深。1854 年，美国利用"黑船事件"，用武力打开了日本的大门，江户幕府相继同美、英、荷、俄、法等国签订了一系列不平等条约，内忧外患促使日本阶级矛盾和民族矛盾日益尖锐化。在资产阶级化的下级武士领导下，提出"尊王攘夷"口号，大搞"尊王倒幕"运动。

　　1868 年，倒幕派发动政变，宣布"王正复古"，迫使将军德川庆喜把政权交给天皇睦仁。接着倒幕军在京都附近打败幕府军，从此统治日本二百多年的江户幕府被推翻，天皇专制下的政府掌握了全国政权。天皇专制下的新政府进行了一些资产阶级性质的改革，如"版籍奉还"，"废藩置县"，"地税改革"等，促进了日本资本主义的发展。

　　当日本发展起来之后，亚洲其他国家仍处在政治、经济落后的状态中。于是在亚洲就形成了日本一枝独秀的局面。日本经济虽然得到发展，但它毕竟基础薄弱，没有资源，缺少资金，

◀ 图为在日本关东军中有"剃刀将军"之称的东条英机。他是日本侵略中国和发动太平洋战争的重要罪犯之一。

▲ 苏军士兵渡过黑龙江，向"伪满洲国"的腹地进军

这对进一步发展形成了限制。为了克服这个致命的弱点，日本开始了历史上有名的"明治维新"。

明治维新所推崇的改革，打破封建关税壁垒，统一货币和银行制度，确立土地和农作物的买卖自由，奖励贸易等，这为日本资本主义的迅速发展创造了条件。日本当时能跑别的国家欺负人，也正是因为有明治维新带来的实力增长做基础。

明治维新之后，日本学习西方先进技术，从而摆脱了贫穷积弱的局面，一跃成为亚洲第一的工业强国。当日本走上工业化强国的时候，明治天皇开始进行扩军备战，妄图取代西方在亚洲的殖民势力。于是日本便迫不及待地建立强大军队，发动掠夺性与破坏性极强的侵略战争。

日本于十九世纪先后发动了侵略朝鲜和中国的战争，并在中国东北与俄国开战。在与沙皇俄国军队激战一年多后，成功击败俄国，取代了俄国在中国东北的殖民。长期觊觎中国东北土地的日本侵略者，借口保护南满铁路权益，专门成立了一支所谓的"满铁"守备队，另外还留驻南满一个师团。两部兵力大约两万人，归属关东州总督指挥。这支部队就是关东军的前身。由此，关东军便开始了盘踞东北长达40年之久的罪恶行径。

▲ 苏军驾驶摩托化部队开始了在中国东北对关东军的"大追击"。

　　这支法西斯军队是在日本军国主义发动的两场战争的历史背景下催生出来的。它在侵略战争中逆生，在侵略战争中发展，在侵略战争中壮大，最终在侵略战争中灭亡。

　　关东军盘踞在中国东北期间，实施法西斯统治，数千万的中国同胞沦为了亡国奴，成为日本法西斯侵略战争的牺牲品。由日本一手扶植起来的傀儡政权伪满洲国，对中国东北三省进行了长期的统治。

　　同时，日本妄想通过建立傀儡政府，让中国东北三省完全变成日本的领土。1936年5月，日本关东军制订了所谓的"满洲农业移民百万户移住计划"。所以日本从国内调集了一大批军队和平民，在东北三省开垦荒地，这就是日本"开拓团"的由来。日本军国主义政府企图利用"开拓团"，造成日本人在东北地区的人口优势，反客为主，让东三省完全成为日本的国土，以达到长期霸占东北的目的。

　　日本关东军占领中国东北期间，大肆开采煤矿、森林木材，并将这些资源源源不断地运送回日本国内。在日本开采的煤矿里，大批中国劳工受到了非人的虐待。

　　九一八事变之后，关东军开始了在这个东北统治时期的鼎盛时刻，这时候驻扎中国东北的关东军已经达到一百多万，随着伪满洲国的建立，日本期望着能够在中国东北建立一个"新的国家"，脱离中国的统治，让东北独立出去。

日本关东军是日本陆军的一个重要组成部分,它因侵驻中国东北地区的大连"关东州"而得名。关东军成立于 1919 年,1945 年 8 月被苏联红军击败而灭亡。关东军共约 120 万人,其中大部分在苏联红军出兵东北后阵亡和被俘。战后,余下的关东军官兵作为俘虏被送到西伯利亚从事强制劳动。苏联红军出兵中国东北,宣告了日本关东军的灭亡和其在中国东北统治的结束。

No.2　十四年的血泪

九一八事变发生后,日本法西斯颠倒是非,污蔑是中国守军对其进行挑衅。九一八事变发生后的第二天,即 1931 年 9 月 19 日,日本各新闻社的号外均以"奉军炸毁'满铁'线,日中两军开启战端"为大字标题,报道中国军队如何挑衅,日本军队如何迎战等。

日本驻奉天特派记者急电发出:"18 日午后 10 时半,在奉天北大营西北侧,暴戾之中国军队将'满铁'线炸毁,并袭击我守备队,我即对彼迎战。我军方面于午夜 11 时当即向全部驻在军队下达准备出动的命令,目前正在激战中"。

九一八事变之后,日本关东军开始对中国东北三省发动侵略进攻,张学良执行蒋介石的"不抵抗政策",被迫撤出中国东北。在九一八事变之后,中国东北三省已经完全被日本占领,并开始了长达十四年的殖民统治。在日本关东军殖民东北期间,无数的中国同胞被蹂躏杀害。日本在东北三省到处修建煤矿、铁路,大肆开采资源,被日本强征的劳工遭受到了非人的待遇。

1942 年 4 月 26 日,辽宁本溪湖煤矿发生瓦斯爆炸,日本矿主为了保存矿产资源而停止向矿井下送风导致 1549 人死亡,占当日入坑工作矿工的 34%。如今,在东北也随处可见"万人坑",这是日本法西斯在中国东北犯下的滔天罪行的铁证。

关东军在中国东北还实行独裁制度,伪满洲国的所有所谓"国家事务"都得递交日本方面过目。后来在远东国际法庭审判日本战犯的时候,伪满洲国皇帝溥仪就曾经说过:在伪满洲国就任皇帝的时候,他唯一的权力就是行使日本人让他行使的权力。

日本当时在中国东北,不但实行法西斯独裁,还实行所谓的"战时管理"条例,把大米等物资集中起来。不但如此,日本关东军还随意杀害任何有"通共"嫌疑的人,整个东北三省笼罩在恐怖氛围当中。

而在中国东北统治期间,日本关东军还成立秘密部队,研制细菌战和化学战,这支部队就是臭名昭著的 731 部队。

▲ 图为苏军坦克与步兵在协同作战。

　　731部队，全名为日本关东军驻满洲第731防疫给水部队，对外称石井部队或加茂部队，是侵华日军假借研究防治疾病与饮水净化为名，实则是使用活体中国人、朝鲜人、联军战俘进行生物武器与化学武器的效果实验，也是日本法西斯阴谋发动细菌战争的主要罪证之一。

　　731部队疯狂残害中国同胞，包括用活人进行冻伤、细菌感染、毒气实验，而且是发动细菌战争的策源地，是日本对外侵略扩张、掠夺资源、践踏中国主权的重要罪证。731部队研制的细菌生化武器，导致了在中国战场上数百万军民的死亡。

　　同时，731部队还进行了惨绝人寰的活体实验和活体解剖。他们将抓来的中国平民和战俘作为实验和解剖对象，在人还完全清醒的状态下，也就是说在绝对不能麻醉的状态下进行活体实验和活体解剖。因为日本军医认为麻醉后的研究数据是不真实的，其活体解剖场景更是惨绝人寰。解剖时，那凄厉的惨叫声是常人所无法想象的，而此项工作也是731部队所有医师所必备的基础技能之一。

　　可以说，凡是人类所能想到的各种惨无人道的试验，尤其是那些可用于大量杀伤敌人，医治自己人的项目，731部队的官兵们竭尽所能都做过了。因为他们清楚，这些试验在和平时期是不可想象的，但为了天皇的所谓圣战，他们并没有任何罪恶感，唯一让他们感到不忍的是那些动物们（比如白鼠）。战后，他们为那些动物树立了一块纪念碑。那些惨死的数万名罹难者甚至连骨灰都没有留下，可见，他们的待遇连动物都不如。

731 部队的实验一共残杀了 3000 多人，而这也只是粗略的统计，事实上被残害的人远比这个数字要多得多。

日本关东军的滔天罪行，激发了全中国人民特别是全东北人民的极大义愤和仇恨。从 1931 年九一八事变之后起，爱国者们就纷纷组成东北义勇军进行抗日救亡的武装斗争。他们高唱着《义勇军进行曲》，用大刀、长矛以及其他的简单武器和日军展开了一场又一场的殊死战斗。

但是，由于没有统一的领导，各路人马只能各自为战，再加上各部义军成分不纯，有旧军队的兵痞，有落过草的土匪，经常内讧且鱼肉百姓，因此很快就失去了人民的支持。一度轰轰烈烈的义勇军运动，只经历一年半就以失败而告终。

除有 3 万多人在东北组织起了抗联（东北抗日联军）继续进行游击战外，其余绝大多数走向溃散。虽然如此，东北义勇军运动的却显示了广大人民拒不承认日本法西斯一手炮制的伪满州国的决心，同时也激发了全中国人民的抗日救国的热情。

No.3 罪恶的关东军

日本侵略者在疯狂围剿抗日武装的同时，对东北的中国同胞和整个社会也实行了极为残酷、极为严厉的高压统治，企图通过恐怖手段的手段，迫使中国人民永远当他的顺民、永远做他的奴隶。为了达到这一目的，日本在"伪满洲国"推行了强化治安的《治安管理法》，用最严厉的法规迫害中国人。

其中最令人愤慨的是中国人不准吃大米，不只是日本开拓团生产的大米不准中国人吃，就连中国人、朝鲜人生产的大米也要一律交"公"，不准中国人吃。一旦吃了，就是犯罪，就要按"国事犯"处理。

同时，为了不漏掉一个反满抗日的人，达到"强化治安"之目的，鬼子们还制定了一部"连座法"，实行了堪称"划地为牢"的"十家连坐"。也就是每 10 户组成一个连坐组，每组推出一名连座长，凡有人外出，又当日不能归宿者，必须向连座长请假，说明去处，事由和归期。平时互相监督、互相提醒，不做"犯法、违规和出格"的事，宣传日满亲善，一德一

▲ 苏军缴获日本关东军的军旗。

心共存共荣，支援大东亚圣战；凡是一户出"问题"，其余几户必须检举，否则一户有罪，几户连坐，严重者都要入狱。日本人认为这是以华制华、以华管华策略的活的运用。

日本人在东北的统治，还喜欢用更加阴险的特务手段，特别喜欢暗下毒手。全"满"各地，布满了宪兵队、警察署。每个宪兵队和警察署下面，都会有一批老百姓恨之入骨的特务。每个特务的手下还有少则三五个多则十几个"腿子"（线人）。他们对老百姓的所有言行都实行严密的监视，恐怖的手段无所不在，民众人人自危。

这些特务并不是所谓的间谍，而是由街头的混混、流氓中的卖国贼等社会痞子组成。他们干的是秘密"活计"，但行动起来却又唯恐他人不知。他们经常打扮成非军非民的模样，让明眼人打眼一看就知道他是干什么的。这样更方便他们依仗日本人的势力作威作福，行敲诈勒索、鱼肉乡民之实。

同时，日本还把中国的农户"并大屯"，也就是把中国农夫集中在一起居住，还不得随意外出。在"并大屯"之后，农民的惨状可想而知。他们多数是从自家老宅拆下些木头，挖个"地窖子"，上边用旧木头、野蒿杆上个盖，蓬上土，将就着住。至于耕种的土地，就只能拼命干活，用镐头刨，用铁锹挖，一小块一小块地开荒了。在"并大屯"中，中国的农民因反抗而被日本人杀了不少，冻死不少，饿死不少，被逼走投无路而自杀的也不少！日本法西斯统治残酷到了极点，中国农民的生活也凄惨到了极点。

当"日本开拓团"的日本移民进入东北之后，日本人强迫农户以低价卖出土地，让开拓团的人接管，再高价租给中国的农户。在"伪满洲国"的每一所学校，都派有日本校长和老师，掌管全校的一切事权，强迫学生不许学习和说中文，只能用日语交流，妄图从教育上令东北彻底"日化"。武力征服加奴化教育，让中国同胞在政治上和经济上以及各个方面都受到极大的压迫。人们必须小心翼翼地生活，就如同四面八方埋上了地雷一样，谁也不敢越雷池一步，否则就会粉身碎骨。14 年内，东北人民被迫害致死者数也不清，被冻饿而死者更不计其数！

就是在日本关东军的残酷统治之下，当日本关东军占领中国东北长达 14 年之后，中国东北人民终于看到了希望的曙光。纳粹德国在欧洲的战败覆灭，已经使苏联红军准备出兵东北。世界反法西斯战争进行到了最后的时刻，苏联红军和盟军已经准备对日本法西斯进行最后的进攻。

No.4 关东军的末日

日本发动太平洋战争的时候，大批关东军曾奉命南下，参加了太平洋战场上的战斗。不过，为了防止苏联对中国东北出兵，日本军部也在不断地扩充关东军的兵力。

1945 年 5 月 8 日，德国法西斯无条件投降后，苏联的视线逐渐转向远东地区。对于苏联的作战意图，日本关东军大本营也十分清楚，只好重新扩充力量，进行备战。为此，关东军将在东北的 25 万退伍的日本军人重新征集。经过迅速补充，关东军兵力一举达到 24 个师团，约 70 万人。关东军兵力的增加只是一种表面的膨胀，武器装备和战斗素养均已远远落后。特别是由于日本在各个战场连遭惨败，士气低落，关东军往日的威风也已经不复存在了。

1945 年 8 月 8 日苏联向日本宣战。此刻，苏军元帅华西列夫斯基指挥的 150 万重兵已经利用夜幕掩护在中苏边境展开。9 日凌晨，苏军突然从三个方向同时向日军发起了强大的突击行动。拂晓时分，苏军几乎在中苏边境所有方向上跨过了国界，强渡额尔古纳河、黑龙江和乌苏里江，分别从后贝加尔、黑龙江沿岸和滨海地区进入了中国东北境内，在 5000 公里的正面战场上展开了强有力的攻击。9 日，毛泽东主席也发表了《对日寇的最后一战》的声明，配合苏军的进攻行动。

▲ 苏军占领哈尔滨。

　　尽管关东军早有对苏作战的准备，甚至一度还拉出与苏军决战的架势，但是，由于关东军所设想的决战时刻是 1946 年。关东军不仅没有侦察到苏军的实力，也没有把苏联对日本作战的时间估计对。

　　苏联红军在预定的战线上展开的强大攻势，疾如电闪，势比雪崩，绝不给关东军任何喘息的机会。而关东军方面，是既无招架之功，更无还手之力。日本内阁铃木首相 8 月 9 日声明："苏联今晨参战，使我们最终处于绝境，已无可能继续作战"。

　　随后几天，苏军加大了攻击的力度，也加快了进攻速度。在苏军马利诺夫斯基元帅指挥下，后贝加尔方面军在 1000 多公里长的地段上，横向展开了坦克装甲部队的快速突击。当时曾出现过这样一个笑话，苏军在海拉尔河的北桥头修理坦克，老百姓过去围观，关东军还没想到苏军已经打到身边了呢。

　　在苏军的强大攻势下，关东军精心布设的阵线很快就土崩瓦解，总司令部慌忙决定放弃"新京"（长春），固守通化，并指令"伪满洲国"皇帝溥仪随总司令部迁往通化，企图在通化一带与苏军决战。但是此时的关东军官兵已经完全没有了斗志，纷纷逃命。原来设想的大决战竟然化为一场拼命追逃的游戏，苏军各个方面军的作战行动都进展顺利。特别是由克拉夫钦科上将指挥的近卫坦克第 6 集团军在大兴安岭的突击行动收到了奇效，在不到一周时间内突进到东北中部地区，创造了一个奇迹。关东军从此一蹶不振。

1945年8月10日，日本大本营下达命令，指示关东军在万不得已的情况下，可以放弃满洲，退守朝鲜。但长期以日军"王牌"自居的关东军为了维护自己"皇军之花"的脸面，仍然负隅顽抗，不肯投降。当然，这种打肿脸充胖子的姿态并不能重新唤起日本的士气。

关东军的惨败就像大地震一样，震惊了日本朝野与天皇。他们原先的太平洋战场失败就决战本土，而本土决战失败则经营满洲的梦想看来落空了。1945年8月9日晚11时，日本天皇在防空室里召开了御前会议，决定接受《波茨坦公告》，宣布无条件投降。但骄横的关东军借口没有收到日军大本营的停战命令，仍然继续抵抗。

关东军陆军大臣阿南惟茂以自己的名义播发了公告，大意说："毅然决然将护持神洲之圣战进行到底，即使食草，咽土，露宿也在所不惜。"8月11日，公告以阿南名义出现在报纸上。首相铃木大为吃惊，急忙奏报天皇，天皇召见阿南责询，阿南解释说："绝对服从圣命，而在投降令生效之前，陆军自然要继续战斗……"。

到1945年8月17日，除海拉尔、虎头和东宁等少数筑垒地域的残余日军仍在顽抗外，关东军已经完全丧失了抵抗能力。眼看败局已定，关东军最后一任总司令山田乙三大将终于向苏军提出了停战谈判的请求。

1945年8月19日中午，苏军阿尔捷缅科上校率由5名军官、6名士兵组成的军使团，在9架歼击机护航下到达长春机场与日军进行谈判。迫于压力，山田乙三向苏军代表交出了象征指挥权的军刀，宣布自己和部属成为苏军俘虏。

不仅如此，那些靠关东军发家的日本高级战犯也都没有逃脱正义的审判。曾任关东军宪兵司令、参谋长的东条英机，曾任关东军副参谋长、参谋长的板垣征四郎，曾任关东军参谋长的木村兵太郎，曾供职于关东军司令部、后任第7方面军总司令的土肥原贤二，曾供职于关东军司令部、后任第14方面军参谋长的武藤章，均被送上了绞刑架。其他一些臭名昭著、恶贯满盈的关东军将领要么受到严厉的处罚，要么背负千古骂名苟且偷生。

No.5 血战东北

虽然在苏联红军出兵中国东北决战决战关东军的时候，基本上没有与关东军发生像欧洲战场上那样太大规模的战役，但也经过了一番血战，才令关东军投降。

当时苏联红军远东第一方面军在开战后第一周的周末，就全部歼灭了关东军第5军。关东军第6军及第1方面军的其他部队，伤亡也特别惨重。但日本关东军仍在抵抗，还很疯狂。

▲ 罪恶的日本 731 部队。

在苏军突破日军的一线防御阵地之后，在进军途中很快就遇到了日军依托极其坚固的筑垒地域的顽强阻击。

东北的东满地区突出部，从抚远到海青、东安、饶河、小木河，再到虎头、虎林一带，从北到南沿边界背后，就是七里河、挠力河和浓江，还有由这些河流和黑龙江、乌苏里江在丰水期溢出来的水而育成的大面积的沼泽地。这些地方，不用说坦克、大炮等重型装备不能通过，就是步兵进入也是相当困难的。所以只能从虎头以南、同江以东的地域突破日军的防御纵深，来完成远东苏军总司令部下达的作战任务。

突破日军纵深防御的任务十分艰巨。因为以虎头为中心点，南有东宁，北有萝北，日本鬼子都用无数中国劳工的生命和中国人民的资材，构筑了从地上到地下的立体防御工事。比如虎头阵地，由虎头山向两翼展开，形成虎南、虎北组成的扇形作战体系。外有明堡，交通壕条条相连，内有暗堡，地下道形成网络。大山底下山体被掏空，形成巨大的、用钢筋混凝土加固的山洞。山洞内修有各种功能的房间，子弹、炮弹的储备比较充足。而三分之二以上的关东军作战部队，都隐蔽在地下工事里。

值得一说的是，为了威胁苏联本土，日军从国内运来一门曾经在九一八事变中用过的大炮。这门巨形榴弹炮的炮管长 10 余米，粗 270 毫米，炮弹直径有 240 毫米，重达 1 吨，内装高爆炸药，电发火。由于这门炮的威力强大，关东军把它安装在虎林县虎头山阵地的山腰处，炮身在山洞中，炮口少许露在洞外，目标直指乌苏里江对岸的苏联城镇伊曼。但是在战争开始之前，东北抗日联军（苏联远东军区第 88 旅）就派人乔装成日军，渗入日军阵地，把巨炮炸毁了。

炸毁一门巨炮，当然决定不了战争的进程，也动摇不了关东军抵抗的决心。除了支持他们的意志——武士道精神之外，他们还坚信，凭借巨大而坚固的主体工事，也能战胜苏军。在战争刚一开始，关东军第3军守卫要塞的各旅团头头们，就曾聚在一起集体发誓："依托坚固工事，战至最后一人。"

石头城要塞（日军又叫狼穴）位于萝北与鹤岗中间，由关东军136旅团负责防守，旅团长是土谷直二郎大佐。虎头要塞由关东军138旅团防守，旅团长是西寺哲三大佐。东宁要塞由关东军第132旅团防守，旅团长是鬼武雄一少将。

苏军第35集团军越过边境不久，就遭到了依托这些坚固工事的日本关东军的顽强抵抗，日军关东军的山顶炮兵阵地的大炮首先开火，一批又一批的炮弹砸向了苏军的坦克部队和步兵部队。苏军的进攻不得不停下来，以请求苏联空军前来支援。时间不长，在歼击机的掩护下，苏联空军轰炸机大机群就到了，它们分批地、轮番地、密集地对关东军的筑垒地域特别是山上的炮兵阵地实施了轰炸，大量的重磅炸弹在关东军的炮兵阵地和钢筋水泥的地堡群中爆炸，大量关东军的炮兵阵地和地堡被炸毁，损失惨重。自构筑这些工事以来，关东军的这样的大流血，尚属第一次，这对关东军的震撼度是可想而知的。

空军轰炸完毕之后，苏军用坦克作为先导，步兵紧随其后，又展开了新一轮进攻。但日军的大炮并未完全被炸毁，轰炸时躲入地下工事的那些炮兵，待苏军一停止轰炸就从地下钻了出来，把残存的大炮和炮弹整理好，又向苏军攻击部队开炮了。苏军方面，部队出现了伤亡，坦克增加了损失。

出现这种情况，苏军第35集团军司令部调整了进攻的策略，开始集中火炮轰击日军的炮兵阵地。顷刻之间，山摇地动，土雾漫天，每一个筑垒阵地前都有几十门甚至上百门大炮同时开火。炮弹的出膛声和爆炸声连成一片，使人根本听不出炸弹爆炸的点数，只能说它像在天空中狂奔地永无休止地巨大惊雷，向四周渺无边际地、毫无间歇地漫过，声势摄魄惊魂。

苏军初战的损失（毁损十数辆坦克，伤亡数百名军人）激怒了远东第1方面军司令员麦列茨科夫元帅，他向35集团军司令部下命令说："要用钢铁和日本鬼子说话，最大限度地减少我士兵的伤亡，要炮击、要轰炸！懂吗？炮击、轰炸！"

于是，苏军第35集团军司令部命令一线炮兵停止炮击，以便烟尘散去，为空军的再此轰炸造成一个目标比较清晰的阵地。时间不久，空军又开始轰炸了，至此，日军所有的大型装备和地面工事，都已基本被摧毁。由于炮弹和炸弹的反复轰击，山头都被削低了2~3米，有些日军甚至被震得双耳失去了听力。

▲ 苏军的坦克在人群的簇拥中缓缓前进，每个人都充满着胜利的喜悦。

日军的炮兵阵地被粉碎后，苏军以坦克为先锋冲击敌人的防御阵地。日军毫不退让，用手榴弹和各种枪弹向苏军展开阻击，同时还紧急调来了 200 多名神风敢死队队员，希望用士兵的生命为代价，对苏军展开殊死的搏击。

No.6 困兽犹斗

在中国东北与苏联红军决战的，不仅仅有日本关东军，还有神风敢死队的成员。说起神风敢死队，都知道他们在太平洋战场曾经重创了美军。神风敢死队的创建人，也是最初的组织者，是狂热的法西斯分子大兴隆治郎。

他组建的这支队伍，用中国古话来说叫"死士"，用现代语言形容是自杀式袭击者。这些自杀式袭击者，绝大多数都是年轻人，他们狂热，他们愚忠，他们坚信用自己的生命能够为天皇陛下换取胜利，死后将被供奉在靖国神社的显要位置将无尚光荣、世代光荣、永远光荣！

◀ 苏军解放中国东北时期的宣传画。

　　但是战争打到这种局面，这些人当中有一部分人开始冷静下来，他们想到了自己父母，想到兄弟姐妹，想到妻儿女友，想逃避死亡而千方百计地活下去。可是怎么能逃避得了呢？日本关东军司令部下令，不去就是死罪，而且株连家属，看来想活命是绝对办不到的！

　　因此可以这样说，神风敢死队是洗脑和强权压迫下的产物。如此这般草菅人命的国家，在世界上，好像只有日本，实在是可悲可叹呀！

　　在太平洋战争中，神风敢死队就有过惊人的表现。比如冲绳战役，美军出动两艘航空母舰，30余艘战列舰和数百艘其他舰只，运载大量美军登陆，与防卫冲绳的日军决战。为了打败美军，日军用300架自杀式"神风号"飞机挂上炸弹，由神风敢死队员驾驶去冲击美舰。

　　"神风号"飞机构造简单，除了枪炮就是挂满的炸弹，所以造价很低。日军为这一次"神风号"出击取了个名字，叫作"雨水作战"，口号是"一机换一舰"。神风敢死队员们驾着自杀式飞机，装满炸弹，冒着密集的炮火冲向美舰，与敌同归于尽。这种战法，效果果然不错，在轰炸机参加作战的配合下，炸沉美国军舰30余艘，炸伤百余艘。冲绳战役虽然失败，但神风敢死队的奋勇冲击，则是日军一直引以为傲的。

　　这次虎头、东宁、石头城要塞的日军炮兵被彻底摧毁之后，苏军的坦克群任意驰骋，可以抵近日军工事瞄准射击。所以，日军在情急之下，便调来神风敢死队员充当炮灰，以对付苏军坦克。队员们在军官的引领和督导下，写好遗书，交代遗物，向天皇陛下宣誓。当这些

▲ 日本首相东条英机。

事情办完之后，队员们便身绑炸药，待苏军坦克临近的时候，一跃而出，快速接近，拉响炸药，与苏军坦克同归于尽。

这招一开始还真灵，一下子打掉了苏军几十辆坦克。但这以后苏军吸取了教训，每辆坦克后面都跟着一些步兵，不等神风敢死队员接近坦克，就用冲锋枪将其击毙。面对如此情景，日军再也无计可施了，只好依托工事死守硬拼。

这是苏军远东第 1 方面军在东部战线面临的态势。

苏军远东第 2 方面军在北线的进展又如何呢？在方面军司令员布尔卡耶夫大将指挥下，苏军很快从黑河、逊克、呼玛等地突破了关东军的第一道防线，在向纵深发展中，在小兴安岭的群山里，也遭遇了关东军依托坚固工事，进行顽强阻击的情况，有时还必须一个山头一个山头地攻取。占领山头之后还要"掏洞"，从山洞中消灭或俘虏残敌。

当苏联空军的轰炸机配合陆军轰炸西岗子以南日军地面防御工事的时候，关东军防守部队从山洞里架出两挺高射机关枪，把苏联空军低空轰炸的轰炸机击落两架。苏军一线指挥官大怒，调来一队坦克，开到洞口当面，向洞口直接瞄准，抵近向里射击。一时间，穿甲弹、高爆弹和燃烧弹，一齐在洞中爆炸、起火、燃烧，日军士兵们不断惨叫。苏军怕鬼子山洞里有弯曲的巷道和房间，炮弹打不到，恐有"漏网之鱼"，所以，又拉来几桶汽油向洞内倾倒。汽油流向山洞的四面八方，用坦克炮向洞里一打，立刻形成一片火海，没被坦克炮打死的日军士兵，就都变成"烧鸡"了。这一洞日本兵到底有多少？谁也不知道。战后有人说可能是一个小队吧，但也有人说是一个中队，但是没人知道到底有多少人。

苏军攻到霍尔莫津西北的群山，又遇到了日军的有力的抵抗。苏军和日军一个山头一个山头地争夺，双方展开了白刃战、肉搏战。战后打扫战场的时候，发现一个苏军士兵和一个日军士兵，在刺杀中迈着同一步伐，同时刺入对方的胸膛，直搭成架，硬是不倒。可见拼杀之残酷。

虽然有时短兵相接，但在大多数情况下苏军还是靠强大的火力取胜。对日军的山顶和地面阵地，主要是用大炮轰，飞机炸，最后才是坦克掩护步兵进行猛烈突击。苏军的攻击特点是：坚决、果断、准狠、连续。比如第 1 梯次坦克被炸毁，第 2 梯次上，第 2 梯次坦克被炸毁，第 3 梯次上。

苏军不仅白天打，夜里也打。但夜里主要是用炮轰，很少用步兵冲锋。所以躲在西南山里的人们，夜间遥看东北方向，就像布满"火烧云"一样，漫天通红。这样的打击，目的是不给日军留一点喘息的机会。关东军自占领东北以来，还从未遇到过如此强硬、如此凶狠的

▲ 哈尔滨市民夹道欢迎苏联红军。

对手，先是力量上不支了，继而精神上垮掉了，最后抵抗意志就彻底瓦解了。许许多多的关东军部队就是在这种既无奈又可怕的情况下举手投降了。

在突破日军北部防御阵地之后，苏军留下一部分步兵和少许坦克，清地面，掏山洞，押俘虏。而大部队则采取坦克楔入，步兵突进，乘胜快速进军的战术，经孙吴过北安，直插并且进占了齐齐哈尔。同时，苏军远东第 2 方面军的其他部队也占领了佳木斯市，协同阿穆尔河区舰队沿松花江向哈尔滨进攻。与此同时，美军太平洋舰队也牢牢控制了朝鲜北部沿岸。关东军在那里也遭受了惨败。

8 月 17 日，关东军总司令山田乙三大将在对溃散部队最终丧失控制的情况下，根据日本大本营指示和幕僚会议决断，发出了同远东苏军总司令部开始停战谈判的要求。接到关东军的投降谈判后，华西列夫斯基元帅命令苏联远东第 1 方面军司令派出代表，到牡丹江和穆棱的机场，通知关东军司令部的代表，只有日军投降当俘时，苏军的军事行动才能停止。

在整个谈判过程中，日本人都很沮丧，武士道的骄傲已经荡然无存。昨日满洲的"太上皇"，显得俯首听命甚至卑躬屈膝，苏方人员每说一句话他们都点头称是。日本关东军从总司令官到每个士兵，精神防线完全彻底崩溃。

从 8 月 19 日起，日军关东军部署在各处的部队都开始投降。到 8 月底，关东军全部被解除武装，解放北朝鲜和南萨哈林的千岛群岛的战役也宣告胜利结束。战争进行了 24 天，以苏联红军胜利、关东军的彻底投降而告终。

至此，在中国东北疯狂了整整 14 年的日本关东军彻底宣告了覆灭。

苏军出兵东北与关东军决战中，关东军总共损失约 67.7 万人，其中 8.3 万人被击毙，59.4 万人投降，而苏军仅伤亡 3.2 万人。关东军的覆灭，让日本彻底结束了其在亚洲各国的法西斯战争。至此，最后一个法西斯国家日本也宣告投降，第二次世界大战以世界反法西斯同盟国的胜利而告终。

No.7 历史的伤痛

日本关东军覆灭后，在中国东北的"日本开拓团"也走到了尽头。而数以万计的"日本开拓团"，在闻听关东军已经覆灭，日本已经投降的消息后，开始了一段悲惨的经历。

其实这些"开拓团"成员，大都是日本关东军的随军家属和日本平民，他们受到日本法西斯的洗脑，以为在中国东北可以得到土地，过上幸福的好生活。在苏联红军出兵中国东北之后，这些"开拓团"成员，大都以一种悲惨的方式，做了日本法西斯的陪葬品。

苏联出兵中国东北之后，很多日本人眼看大事不妙就开始逃跑。那段时间内，很多"开拓民"想要南下回到日本。后来，随着苏联红军部队的挺进，很多日本人绝望自杀，其中不乏堆上炸药和手榴弹集体自杀的事件。

对此，当时黑龙江省方正县老区建设促进会 2005 年出版的《方正人民革命斗争史》一书也有记载："开拓团几处房子着了火，人们不去救。一家房前，从窗户里跑出两个孩子，后边追出一个大人，用刺刀刺死了孩子，然后自己割腹自杀，倒在孩子身边。稍大一点的孩子挣扎爬到房门口，房檐上的草木燃烧着的碎火块掉下来将孩子埋上。一处火堆，人们往火堆里扔衣服、家具、被褥、毛毯等，还有步枪、子弹。一个男孩开枪射杀村头树上拴着的十几匹大马。"

▶投降的日本关东军士兵。

不过这种记载，也从侧面证实了"开拓团"不是单纯的"日本平民"，而是一种准军事化组织。

据方正县当地一个老人回忆："日本人撤退时，一般都先杀掉小孩和女人。妇人搂着孩子围成一圈，日本兵从远处向圈里扔手榴弹，没炸死的孩子，还要用刺刀刺死。我知道有一次，那些日本女人甚至硬把自己的孩子按水里淹死，20 多个孩子呢！反而是中国人收养了那些可怜的日本孩子。光我们方正就有一千多个，后来，他们都回日本了。"

据说当时日本战败宣布投降后，尚在东北的各个开拓团老人、妇女和儿童纷纷结队出走，寻找回国途径，当时部分开拓团民集结在黑龙江省方正县，人数达 1.5 万人。因长途跋涉、体力耗尽，加上传染病流行，开拓团成员大量倒毙，死亡人数超 5000 人，其尸骨被方正人民收集起来合葬在现在的方正地区日本人公墓。部分开拓团民辗转回国，但仍有 4500 多名日本妇女和儿童滞留方正县，方正人民则"以德报怨"收养和照顾了这些开拓团民。

后期，一些被中国家庭收留的日本"开拓团"成员有些开始陆续回到日本。日本政府也在 1994 年出台《中国残留孤儿战争支援法》，并对"二战"遗孤进行援助。但是这些日本遗孤却在日本成为"弃民"，得不到日本政府的社会福利。

2002 年 9 月 23 日，600 余名从中国回到日本的战争遗孤组成原告团，在日本东京都大田区民会馆举行"残留孤儿国家赔偿诉讼原告团结成总会暨誓师大会"，正式状告日本政府，要求日本政府就"弃民"政策作出反省和赔偿。

由此看出，日本法西斯主义不仅给中国人民带来了空前巨大的灾难，也同时给日本本国人民造成了很大的伤害。如今，世界反法西斯战争胜利已经七十余载了，面对着"二战"所带来的人类空前的灾难，值得我们进行深刻的反省和思考……

▼ 1945 年 9 月 2 日上午 9 时，标志着"二战"结束的日本投降签字仪式，在停泊在东京湾的"密苏里"号战舰的主甲板上举行。日本新任外相重光葵代表日本天皇和政府、陆军参谋长梅津美治郎代表帝国大本营在投降书上签字。